对外开放战略研究丛书

中国互利共赢的
对外开放战略

MUTUAL BENEFIT AND WIN-WIN

NEW OPENING-UP STRATEGY OF CHINA

陈继勇　胡　艺　著

社会科学文献出版社
SOCIAL SCIENCES ACADEMIC PRESS (CHINA)

基金项目：

1. 2007 年国家社会科学基金重点项目"经济全球化背景下中国互利共赢对外经济开放战略研究"，项目号：07AJL016；
2. 2011 年国家社会科学基金重大攻关项目"后金融危机时代中国参与全球经济再平衡的战略与路径研究"，项目号：11&ZD008；
3. 武汉大学哲学社会科学优势和特色学术领域建设计划项目"后危机时代世界经济格局变动对中国的机遇和挑战"。

　　经济全球化的不断深化使世界主要经济体都融入全球产业链，世界经济格局也由此悄然发生着变化。2008 年始发于美国的全球金融危机，对全球经济造成的冲击和震荡至今尚未消退，世界经济格局的演变愈发明显。以中国等"金砖国家"为代表的新兴发展中国家的崛起，正对以美国为首的西方发达国家主导的现有国际经济格局和秩序提出新的全面挑战。新兴发展中经济体占全球产值和贸易额的比重正在快速增长，已成为世界经济增长新的拉动力量。在国际经济协调舞台上，以 G20 为代表的多边协调机制发挥着越来越重要的作用。这是一次不同于以往的世界经济格局变动，它不再是西方发达国家之间内部力量的重新调整，而是新兴发展中经济体作为一个整体对发达经济体的全面挑战，可能预示着世界经济格局的一个新纪元。

　　与此同时，我们仍需清醒地认识到，现有的国际经济运行的基本规则仍旧为美国等发达国家所主导，它们在全球产业链、国际贸易、国际金融和投资以及全球治理中的主导地位并未发生根本性的改变，量变还远未达到质变的阶段。况且，美国等国也在积极改变自身的对外经济战略以适应新的世界经济格局，试图维护自身的主导地位，使世界经济仍旧在其可控范围内运行。

　　因此，面对后金融危机时代世界经济格局的深刻变化，全球经济再平衡的新环境以及美国等国对外经济战略的调整，中国必须以一个开放的发展中大国的定位，在深化国内经济体制改革的同时，制定新的对外经济战略应对新的挑战，使中国经济保持长期的稳定增长。新的对外经济开放战略要求我们统筹国内发展和对外开放，实现数量扩张向质量提升的转变，兼顾本国利益和互利共赢，它是一个包含了对外贸易、国际金融、国际投资、国际技术合作、区域经济合作和国际经济协调等多个方面的、开放的战略体系。

　　本人长期从事世界经济与中国对外开放问题的研究。早在 1978 年师从郭吴新教授攻读武汉大学世界经济硕士和博士学位时，就开始对中国与美国的经贸关系进行研究。1993 年，我的论文《重返关贸总协定对国内市场的影响》获安子介国际贸易研究优秀论文奖。1996 年，我主持了国家教委重点社科基金项目"世界贸易组织的建立、发展趋势与我国的对策"，最终成果由人民出版社出版，该成果获湖北省第三届社会科学优秀成果一等奖，是国内最早研究世界贸易组织问题的著作之一，为我国"入世"前后的对外开放战略提出了许多有价值的建议。此后，我先后完成国家社科基金重点项目和教育部首批跨世纪优秀人才基金项目"外商对华直接投资：经济影响、主要经验和对策"等课题，2004 年在人民出版社出版的《国际直接投资的新发展与外商在华直接投资研究》被教育部鉴定为优秀成果，该著作荣获教育部第四届高等学校优秀科研成果三等奖；论文《美中贸易的"外资引致逆差"问题研究》荣获教育部第五届高等学校优秀科研成果二等奖。

近年来，我又主持了国家社科基金重大攻关项目"后金融危机时代中国参与全球经济再平衡的战略与路径研究"（11&ZD008）、国家社科基金重点项目"经济全球化背景下中国互利共赢对外经济开放战略研究"（07AJL016）和教育部人文社会科学重点研究基地重大项目"美国双赤字与世界经济失衡"（07JJD790142）。8 年来，我和我领导的研究团队对新世纪世界经济的发展与中国对外开放战略进行了系统的深入研究，这套丛书是我们团队在该问题上的研究成果。

这套丛书从不同的角度和领域研究了新世纪以来中国对外开放的新战略，涉及对外贸易战略、金融开放战略、引进外资和对外投资战略、国际技术创新与合作战略、区域经济合作战略以及中国参与全球经济再平衡的战略与路径等内容，并根据研究结果提出了可行的政策建议。相信这套丛书的出版将对中国对外开放战略的研究工作产生积极的推动作用，对此有兴趣的学者、政策制定者和相关人士定能从中得到收获。

中国美国经济学会会长

中国世界经济学会副会长

中国亚太学会副会长

武汉大学世界经济研究所所长

陈继勇

2014 年 4 月于珞珈山

目录
CONTENTS

前 言 ……………………………………………………………………………… 001

第一章　互利共赢对外开放新战略的理论构建 …………………… 010

第一节　实施互利共赢对外开放新战略的背景 ………………… 010

第二节　互利共赢对外开放新战略的思想渊源与理论基础 …… 031

第三节　互利共赢对外开放新战略的内涵与现实基础 ………… 049

第四节　互利共赢对外开放新战略的目标、框架与实施重点 … 057

第二章　互利共赢的贸易开放新战略 ………………………………… 064

第一节　实施互利共赢贸易开放新战略的时代背景 …………… 064

第二节　互利共赢贸易开放新战略的原则、内涵及现实基础 … 084

第三节　互利共赢贸易开放战略的目标及战略安排 …………… 090

第三章　互利共赢的金融开放新战略 ………………………………… 094

第一节　实施互利共赢金融开放新战略的时代背景 …………… 094

第二节　互利共赢金融开放新战略的原则 ……………………… 103

第三节　实施互利共赢金融开放新战略的现实基础 …………… 106

第四节　互利共赢金融开放新战略的重点与战略举措 ………… 111

第四章　互利共赢的国际投资新战略 ………………………………… 125

第一节　实施互利共赢国际投资新战略的时代背景 …………… 125

第二节　互利共赢国际投资新战略的基本内涵与现实基础 …… 148

第三节　互利共赢国际投资新战略的重点和举措 ……………… 161

第五章　互利共赢的国际技术创新与合作新战略 ……… 168

第一节　对外开放对中国技术创新能力影响的实证研究 ……… 168
第二节　实施互利共赢国际技术创新与合作新战略的背景 …… 183
第三节　互利共赢国际技术创新与合作新战略的基本内涵与
　　　　基础条件 …………………………………………… 190
第四节　互利共赢国际技术创新与合作新战略的重点及举措 …… 204

第六章　互利共赢的国际区域经济合作新战略 ……… 211

第一节　互利共赢国际区域经济合作战略的实施背景 ………… 211
第二节　互利共赢国际区域经济合作新战略的理论内涵 ……… 219
第三节　互利共赢国际区域经济合作新战略的现实基础及
　　　　面临的挑战 ………………………………………… 224
第四节　进一步实施互利共赢国际区域经济合作的战略选择 …… 240
第五节　实施互利共赢国际区域经济合作新战略的案例分析
　　　　——以亚太地区为例的实证分析 ………………… 249

第七章　实施互利共赢对外开放战略的政策建议 ……… 256

第一节　推进经济增长方式转变的政策建议 …………………… 256
第二节　实现消费、投资与出口协调发展的政策建议 ………… 260
第三节　转变外贸增长方式的政策建议 ………………………… 266
第四节　深化金融市场开放的政策建议 ………………………… 269
第五节　提高利用外资质量的政策建议 ………………………… 274
第六节　加快"走出去"步伐的政策建议 ……………………… 278
第七节　加快创新型国家建设的政策建议 ……………………… 280
第八节　推进国际区域经济合作的政策建议 …………………… 285

参考文献 …………………………………………………… 289

后　记 ……………………………………………………… 298

一 研究背景和意义

中国互利共赢对外开放战略是在经济全球化不断深化、世界经济严重失衡和中国开放型经济大国地位确立的背景下提出的对外开放新战略。

经济全球化实现了商品、资本、技术和劳动等要素在世界范围内的自由流动和最优配置，成为推动世界经济发展的重要力量。世界各国都积极调整自己的对外经济政策，加速扩大对外开放和经济体制改革，以适应经济全球化的发展进程。但经济全球化具有两重性，它在实现各国经济相互依赖、相互促进、优势互补的同时，仍受到发达资本主义国家的主导和支配。各国从全球化中所取得的收益是不均等的，发达国家和发展中国家经济发展水平的差距在不断扩大，从而导致世界经济的严重失衡。这种失衡既表现为部分国家储蓄消费失衡、贸易收支失衡，更表现为世界财富分配失衡、资源拥有和消耗失衡、国际货币体系失衡。中国作为世界上最大的发展中国家，又是世界经济失衡的重要一方，有责任倡导一个旨在实现世界各国协调发展的全球化，改变以往以数量增长为主要特征的对外开放战略。这要求我们必须实施互利共赢的新开放战略，兼顾中国与他国利益，才能从容面对失衡的局面，实现中国经济和世界经济的可持续发展。

改革开放30多年来，中国成功开辟了中国特色社会主义发展道路，实现了从高度集中的计划经济体制到充满活力的社会主义市场经济体制、从封闭半封闭到全方位开放的伟大历史转折。中国经济已经成为世界经济的重要组成部分，国内生产总值和进出口总额占全球的比重不断上升，已成为世界第二大经济体和贸易国。开放型经济大国地位的确立也使中国对外经济关系面临着全新的环境和问题，中国的发展给全球经济带来巨大机遇的同时也带来一定的竞争和压力。中国互利共赢的新开放战略在对外开放中不仅重视外部资源为我所用，更强调中国给国际社会带来的机遇，这是开放理念的一个重大调整。目前的中国有能力也有责任以大国眼光审视全球，以大国视角处理自身及所处世界的经济和政治等问题。

此外，中国在多年的改革开放中也积累了一些亟待解决的现实问题，比如经济增长内生动力不足，自主创新能力不强，部分行业产能过剩矛盾突出，结构调整难度加大。连年大量的贸易顺差使中国贸易伙伴间的贸易摩擦不断升级，大量出口的低附加值产品使中国贸易条件不断恶化的同时与周边国家的低水平竞争不断升级，高能耗高污染产品的出口增大国内资源环境压力的同时又损害了"中国制造"的国际声誉，缺乏灵活的汇率机制加剧了国内的流动性过剩和通货膨胀的压力，大量外资涌入控制了中国部分产业的市场，制约了中国企业技术水平的提高和中国品牌的发展等。这些问题同样要求我们实施新的开放战略，重新审视对外开放的收益与成本，为中国的对外开放创造良好的外部环境，开创中国与世界各国协调发展的新局面。

新中国成立以来，特别是1978年实行改革和扩大型对外开放以来，从最初提出对外开放，到利用国内外两种资源、两个市场，再到今天互利共赢开放战略的提出，中国经历了"部分让利"、"互利"到"共赢"的三个发展阶段。中国的对外开放从数量扩张逐步转向质量提升，参与国际竞争与合作的深度与广度不断拓展。互利共赢的新开放战略确立了新时期中国对外开放的指导思想，为中国未来开放型经济水平的提升奠定了战略基础，具有很高的理论价值和实践意义。

首先，该战略的研究有助于丰富中国特色社会主义对外经济开放理论。实行对外开放和积极参与经济全球化进程，是中国特色社会主义经济理论的一个重要内容。不断总结的中国对外开放经验，形成了中国特色社会主义经济开放理论的主要来源，本研究从互利共赢的角度提出对外开放新战略，强调中国对外经济开放的收益与成本分析，可以丰富中国特色社会主义经济开放理论。

其次，该战略的研究有助于在对外经济开放中贯彻落实科学发展观。

科学发展观强调以人为本，通过统筹城乡发展、统筹区域发展、统筹经济社会发展、统筹人与自然和谐发展、统筹国内发展和对外开放，实现经济社会全面协调可持续的发展。实施互利共赢的对外开放战略，主要统筹国内和国际两个市场资源，有助于在对外开放中贯彻落实科学发展观。

再次，该战略的研究有助于推动和谐世界问题的研究。"构建和谐世界"是针对当前不和谐世界提出的崭新命题，是构建社会主义和谐社会在外部国际环境的延伸，体现了中国对人类未来发展的高度责任感和深刻思考，体现了中国在重塑国际经济新秩序中的世界责任。对中国互利共赢对外开放战略的深入研究，有助于构建和谐发展环境，实施互利共赢，消除对"中国威胁"的担忧，建立新型南北经济关系，做出发展中大国的贡献。

最后，该战略的研究有助于构建长期稳定的对外经济合作伙伴关系。中国互利共赢对外开放新战略综合考虑我国自身和合作伙伴的经济利益，将为中国经济长期可持续增长提供外部经济支撑。

二　研究现状

扩大型对外开放30多年以来，中国经济更深、更广地融入世界经济大循环，对世界经济的影响力不断增大。长久以来，国内理论界一直在思考、整理和总结我国对外开放的经验和教训，以期更好地推进对外开放的各项方针政策。近年来，关于中国对外开放的研究主要集中在以下几个方面。

一是系统回顾中国对外开放的历史演进过程，分析中国对外开放理论和战略的发展。有学者系统论述了新中国成立后60多年对外开放三个阶段对外贸易的发展历程，从20世纪50年代"一边倒型"开放到1958年后"突围型"开放，再到改革开放后的"扩大型"开放，新中国始终坚持对外开放，并取得了很大的成绩（陈争平，2009）。还有学者重点研究了改革开放后中国对外开放的发展过程，将1978年后的对外开放划分为扬帆启程、沿海向内地推进、加速纵深发展和"入世"后四个阶段，全面阐释了中国对外开放的理论基础和基本特征，并展望了未来的开放战略（陈文敬，2008）。还有部分学者认为中国开放型经济的发展将经历规模扩张、结构提升到要素优化三个阶段（张幼文，2005）。各地区必须根据不同情况实现开放的阶段性推进，通过国内体制改革的深化来提高对外开放水平，调整对外经济发展模式以实现对外开放的科学发展（李安方，2007）。

二是总结中国在经济全球化过程中对外开放的利益得失。部分学者认为经济全球化趋势不可能取代民族国家各自的实际利益和独立自主的地位，国家利益是根本的政治经济利益（张松涛，2007）。在目前的经济全球化浪潮下，中国已经成为世界开放的得益者，并将继续从中得到国家利益（华民，2006）。另一部分学者则总结分析了我国对外开放取得巨大成功之后的不足，认为目前中国对外开放战略具有粗放型的特征，即外贸增长突出数量追求，外资引进长期以数量为导向，对外贸和外资数量的片面追求使一些地方政府行为严重异化。过度强化了经济责任而严重弱化了社会责任，不符合"科学发展观"对构建"和谐社会"的基本要求，其结果是忽视对国民福利增长的关注，国内地区经济增长差异加大。中国对外经济开放发展不可能持续进行，必须探索新的开放观，实施新的开放战略（张幼文，2005；李安方，2007）。

三是针对我国正在成为新兴经济与贸易大国这一现实，探讨对外开放战略的调整。有学者认为开放型经济大国地位的确立使中国已经深刻地改变和影响着世界经济与贸易的格局。中国已进入对人类做出较大贡献的时代，从中国国家核心利益出发，中国应该确立从世界性开放型经济大国到世界性开放型经济强国的基本目标（胡鞍钢，2007）。外部环境的根本变化使中国原有的对外开放战略与政策必须根据发展目标的动态演进做出相应的调整，真正实现统筹对外开放与国内发展（国务院发展研究中心"新形势下对外开放战略研究"课题组，2005）。中国对外开放战略将实现四个转变，即从以出口创汇为核心目标转变为以促进经济发展模式转变为目标，从追求外贸外资规模与速度转为讲求质量与效益，从以"引进来"为主转变为"引进来"与"走出去"并重，从制造业开放为主转变为制造业与服务业并重（国务院发展研究中心"新形势下对外开放战略研究"课题组，2010）。

综上所述，现有研究尚未在回顾总结扩大型对外开放30多年成就的基础上形成一个统一的理论框架，未能在"互利共赢"思想的基础上提出新时期对外开放战略的详细规划，更缺乏在统一的互利共赢对外开放新战略框架内，对对外贸易、金融开放、国际投资、国际技术合作、国际区域经济合作等具体开放领域的详细战略规划和相关的政策建议。而本书的重点正是提出系统的互利共赢对外开放新战略，并提出相应的政策建议。

三　研究方法与创新

本书主要采用了以下几种分析方法：①马克思主义政治经济学分析方法。中国互利共赢对外开放战略的研究坚持以马克思列宁主义为基本指导思想，深入贯彻毛泽东思想、邓小平理论、"三个代表"重要思想和科学发展观，用科学的态度研究新情况、解决新问题，用辩证唯物主义的思想来分析和构建中国互利共赢的对外经济开放战略体系。②国际政治经济学分析方法。本书利用国际政治经济学的分析方法，基于现实主义的大国关系研究方法和国内政治研究方法，基于建构主义的社会化研究方法，深入探讨中国和其他国家或地区间互利共赢的双边经贸关系的战略及其构建。③成本－收益核算方法。本书基于广义的成本－收益分析方法，通过系统回顾新中国成立 60 多年，特别是扩大型对外开放 30 多年，各领域的发展历程，对开放的各项成本与收益进行细致分析和深入探讨，并针对新时期的新环境提出新的战略和政策建议。④指标、指数测度方法。本书注重定性分析和定量测度的结合。比如在分析中国实际利用外商直接投资国内地区分布不均衡问题时，我们测算了基尼系数（Gini Index）、阿特金森指数（Atkinson Index）、广义熵指数（Entropy Index）、变异系数（Co_ Variation Index）和分位数比率（QuantileRatio）五个指标，通过这些指标来测度中国吸引外资的地区不均衡程度的变化。再如在考察国际区域经济合作战略中的区域成员间贸易依赖度问题时测度了贸易份额指数（Trade Share Index）、贸易密集度指数（Trade Intensity Index）和 HM 指数（Hubness Measurement Index）。⑤向量自回归（VAR）分析法。本书在分析对外开放对中国技术创新能力的影响时，采用向量自回归的方法，定量分析了对外贸易、外商直接投资和留学回国人员对中国技术创新能力提升的作用，并做了脉冲响应分析和方差冲击分析。⑥案例分析法。本书在分析中国互利共赢的国际区域经济合作战略时，以中国参与亚太经济合作的实践为案例，通过指标测算了中国与亚太国家（地区）的贸易依赖度，指出了中国参与亚太地区经济合作时实施互利共赢对外开放新战略的路径选择。

本书的创新之处主要体现在三个方面：①研究视野的创新。本书将中国的对外开放战略放在经济全球化和世界经济失衡的大背景之下进行深入、系统、全面的分析和研究，提出了系统的互利共赢对外经济开放战略。②研究体系的创新。本书不仅从总体上研究中国互利共赢的对外开放战略，还从对外贸易、金融开放、吸收外资与对外投资、国际技术合作和国际区域经济合作等层面具体研究互利共赢对外开放经济战略的分项战略，二者融为一体、互为补充。③研究内容的创新。本书既构建了中国互利共赢对外开放新战略的理论框架，还系统研究了对外开放几个具体领域的热点问题，比如互利共赢的贸易开放战略与我国外贸增长方式的转变、互利共赢的金融开放战略与国际金融风险的防范、互利共赢的国际投资战略与"引进来""走出去"相结合的投资政策支撑体系、互利共赢的国际技术创新与合作战略和开放性创新型国家建设、互利共赢的国际区域经济合作战略与中国自由贸易区建设的推进等。

四 总体思路和体系框架

本书采用"总分总"的研究思路展开系统研究。首先，进行中国互利共赢开放战略的理论构建，阐述战略的实施背景、思想渊源和理论基础，分析互利共赢的战略内涵和现实基础，并提出战略目标、战略框架以及战略重点，从而为理解整个战略脉络奠定坚实的基础。再次，分别深入研究互利共赢对外开放总体战略的五个分战略，包括互利共赢的贸易开放战略、金融开放战略、国际投资战略、国际技术创新与合作战略以及国际区域经济合作战略。最后，在上述研究的基础上，提炼出有价值的系统对策和建议。

本书共分七章。

第一章"互利共赢对外开放新战略的理论构建"。本章对中国互利共赢对外开放战略的实施背景、思想渊源、理论基础、战略内涵、现实基础、战略目标、战略框架以及战略重点展开全面论述，是整个战略体系的统领。笔者认为，经济全球化、世界经济严重失衡和世界经济格局多极化格局凸显是中国互利共赢对外开放新战略实施的国际背景，而中国开放型经贸大国地位的确立和面临着多年积累的一系列亟待解决的重大现实问题是战略实施的国内背景。中国经历了"一边倒"开放、"突围型"开放和"扩大型"开放三个阶段的对外开放之后，开放型经济水平不断提高，开始步入从"部分让利"、"互利"走向"共赢"的开放之路。对外开放在给中国带来巨大收益的同时也对中国的发展造成了一定的损失和潜在的风险，但总的来说，收益大于成本，利大于弊。互利共赢对外开放新战略是科学发展观的重要组成部分，也是对马恩列对外开放思想、毛泽东对外开放思想、邓小平对外开放理论以及江泽民对外开放思想的重要继承和发展，是一脉相承的对外开放思想体系，而比较优势理论与非零和博弈理论则是互利共赢的坚实理论基础。互利共赢开放新战略是一个开放的体系，其战略内涵应是不断充实和完善的，现阶段主要包括统筹国内发展和对外开放、实现数量扩张向质量提高的转变、兼顾本国利益和别国利益等。新中国成立60多年来特别是扩大型对外开放30多年来中国经济社会建设所取得的伟大成就是互利共赢对外开放新战略实施的现实基础。互利共赢对外开放新战略的目标主要有：不断提高我国开放型经济的整体质量，以中国的发展促进地区和世界的共同发展，构建长期稳定的对外经济合作关系，推动和谐世界的建设。该战略涵盖的内容既包括传统贸易、金融、投资等领域的进一步开放，也包括国际技术创新与合作以及国际区域经济合作等新领域的热点问题。

第二章"互利共赢的贸易开放新战略"。本章重点关注贸易开放战略，在总结回顾中国贸易开放历程的基础上，结合当今国际经济环境和国内经济形势，系统提出了中国互利共赢贸易开放新战略的战略原则、战略内涵、现实基础、战略目标和战略安排。笔者认为，互利共赢贸易开放战略是在经济全球化趋势不可逆转、全球收支严重失衡、国际贸易保护主义抬头、"中国威胁论"甚嚣尘上等背景下提出的，其基本原则是贸易开放必须符合中国利益，同时兼顾伙伴利益，最终实现全球共赢。其战略内涵体现在数量质量兼顾，转变对外贸易增长方式；优化对外贸易结构，提高对外贸易效益；追求贸易基本平衡，减少贸易摩擦；国内和国际统筹发展。互利共赢贸易开放新战略实施最重要的现实基础是中国世界经济大国和贸易大国地位的确立。

第三章"互利共赢的金融开放新战略"。本章重点关注金融开放战略，在回顾总结中国金融开放历程、特点和问题的基础上，结合国际和国内背景提出了中国互利共赢的金融开放新战略的战略原则、战略内涵、现实基础、战略重点和战略举措。笔者认为，中国金融开放走过了初步开放、扩大开放和加速开放三个阶段后，积累了一系列亟待解决的新问题。如金融风险防范体系尚未建立、金融体制改革滞后、金融对内开放与对外开放不协调等。互利共赢的金融开放新战略要深化"以我为主"的思想，强化"竞争合作"的手段，实现"互利共赢"的目标，坚持"稳健有序、安全可控"的原则。在中国金融体制改革不断深化发展、金融产业迅速壮大、金融市场体系不断完善、金融对外开放领域稳步扩大和金融基础设施逐步强化的条件下，中国互利共赢的金融开放新战略的重点应放在继续深化金融改革促进开放上，重点解决国内金融市场开放和市场准入、资本账户有序开放、人民币汇率制度的进一步改革、人民币国际化、国际货币体系和金融监管重建以及外源性金融风险预警和防范等问题。

第四章"互利共赢的国际投资新战略"。本章重点关注投资领域的开放战略，在全面剖析国际投资新环境、新变化的基础上，提出了互利共赢国际投资新战略的战略内涵、现实基础、战略原则、战略重点和战略举措。笔者认为，经济全球化为各国经济发展和分享世界市场收益带来新机遇的同时也对国际生产和国际直接投资区位选择带来新的挑战，中国实施互利共赢国际投资新战略的关键就是推动利用外资和对外投资的协调发展，确立利用外资和对外投资的战略重点，提高利用外资和对外投资的质量和效益，进而完善内外联动、互利共赢、安全高效的国际投资体系，形成经济全球化条件下中国参与国际经济合作与竞争的新优势，建立持久和平与共同繁荣的和谐世界。

第五章"互利共赢的国际技术创新与合作新战略"。本章重点关注开放经济条件下中国的技术创新和技术合作战略，在定量分析了对外开放对中国技术创新能力提升的影响之后，全面回顾了中国技术创新和国际技术合作的历史，深入剖析了中国创新和国际技术合作存在的现实问题，提出了互利共赢的国际技术创新与合作新战略的战略内涵、现实基础和战略举措。笔者认为，对外贸易、外商在华直接投资和海外归国人力资本三个对外开放的主要途径对中国技术创新能力的提升具有积极的作用，中国的国际技术创新与合作经历了三个阶段，从最初单纯的引进外国生产线填补国内技术空白阶段，到"市场换技术"战略下的外资利用阶段，再到现在的互利共赢阶段，在取得成绩的同时也形成了诸如原始创新能力不足、技术引进吸收能力不强、对外技术依存度不断提高、利用国际创新资本和人才机制不全、科技成果商业化应用能力不强等问题。互利共赢的国际技术创新与合作新战略强调在开放经济条件下，充分利用国际创新资本和创新人才加快创新型国家建设，促进经济增长方式的转变和产业结构的升级，积极参与国际技术开发、合作和推广。公平与效率兼顾的市场机制、创新环境建设、企业主体地位的强化、"官、学、民、产、研、用"相结合的创新协调机制建设等是该战略最重要的举措。

第六章"互利共赢的国际区域经济合作新战略"。本章重点关注国际区域经济合作战略，在全面分析国际区域经济合作发展的基础上，提出了中国互利共赢国际区域经济合作新战略的战略内涵、现实基础和战略选择，并以中国参与亚太区域经济合作的实践为例提出了中国进一步实施互利共赢国际区域经济合作战略的路径选择。笔者认为，在 WTO 多哈回合谈判停滞不前的情况下，加强国际区域经济合作就成为各国应对经济全球化的必然选择。中国根据新的国情条件和国际环境对国际区域经济合作战略进行了调整，具体表现为中国从 2007 年正式开始实施的自由贸易区（FTA）战略，这意味着中国是以自由贸易区为主要形式参与国际区域经济合作。中国互利共赢国际区域经济合作战略的实施需要遵循积极参与、合理控制、循序渐进、先易后难、重点突出、协调推进、差异对待的原则，加强制度建设、产业对接、贸易合作、非贸易合作和宣传工作等。

第七章"实施互利共赢对外开放战略的政策建议"。本章基于前六章的研究，提出系统的政策建议。笔者以互利共赢为基本理念，在互利共赢对外开放新战略的战略框架内，共同推进经济增长方式转变，实现消费、投资和出口协调发展，转变外贸增长方式，深化金融市场开放，提高利用外资质量，加快"走出去"步伐，加快创新型国家建设，推进国际区域经济合作八个方面提出了具体的政策建议。

第一章

互利共赢对外开放新战略的理论构建

　　自 1978 年始，中国扩大型对外开放经历了 30 多年的时间，从"部分让利"阶段到"互利"阶段，从单纯的数量扩张到注重开放质量，从在国内引入竞争机制到主动参与国际竞争与合作，从特区试点开放战略到全面利用两种资源、两个市场的开放战略。2006 年在"入世"过渡期结束之时，中国在《国民经济和社会发展第十一个五年规划纲要（草案）》中第一次提出将"互利共赢"作为中国对外开放新战略，它明确了全球化时代中国对外开放的新规则，也是中国和平发展的唯一选择，更是中国发展史上的一次重大变迁，从封闭经济中走出的中国，已开始大国复兴的漫漫征途。本章将从理论上构建互利共赢对外开放战略的整个体系框架，阐述新战略的战略背景、思想渊源、理论基础、战略内涵、现实基础、战略目标、战略框架和实施重点。

第一节　实施互利共赢对外开放新战略的背景

一　全球背景

（一）经济全球化的不断深化

　　经济全球化推动了商品、资本、劳动力和技术等要素在世界范围内的自由流动和最优配置，这不仅有利于发达国家经济，也有利于发展中国家的经济发展。发达国家经济实力雄厚，凭借其多年的要素积累，拥有资金、技术和其他方面的优势，而发展中国家技术落后、资金匮乏，却拥有丰富的劳动力资源和自然资源，这样可以优势互补，使经营资源不足、经济发展水平低的发展中国家从经济全球化中获得好处。经济全球化还推动了国际的商品交换，扩大了世界市场，促进了国际贸易的迅速发展。发达国家和发展中国家通过积极调整自己的对外经济政策，加速扩大对外开放和经济体制改革，以适应市场全球化的发展进程。经济全球化促进了国际分工的发展和产业结构的升级，使国际分工进一步细化为价值增值环节的分工。资本、技术等生产要素在国家间的自由流动，不仅有利于发达国家向外转移夕阳产业，发展技术密集型产业，实现产业结构的高级化，而且也向发展中国家提供了发展机遇，通过大量引进资本和技术，弥补本国资金、外汇和技术的缺口，凭借后发优势，迅速实现产业升级、技术进步、制度创新和经济增长。经济全球化还向各国提供了更多的促进发展的因素，同时也使各国有可能采取一致行动以应付经济危机、通货膨胀等事件，从而减轻损害，保持经济稳定增长。①

但经济全球化具有两重性，在实现各国经济相互分工、相互依赖、优势互补、相互促进的同时，仍没有摆脱发达资本主义国家的主导和支配。全球经济仍由少数发达国家所左右，它们凭借技术和资本优势支配全球分工，利用发展中国家的自然资源、劳动力资源、环境资源，占领市场，获得高额利润。它们垄断世界金融，主导世界金融体系，使世界市场服从自己发展的需要。它们还掌握着制定市场经济规则的权力，具有操纵市场经济秩序的优势。虽然世界各国都想通过开放抓住全球化的机遇，但各国从全球化中所取得的收益是不均等的，当前的现实是发达国家和发展中国家经济发展水平差距在不断扩大。这说明目前的经济全球化虽然增加了各国的经济利益，但在利益的分配上并没有实现"共赢"，即没有实现世界各国经济的协调发展。

经济全球化飞速发展及其结果，使信息、观念、人才、资源、资本和产品以史无前例的速度和容量在全球范围内流动起来，同时经济全球化也愈来愈深刻地影响着全球各个角落的人们和国家认识世界及其与世界相处

---

① 江春明、佟家栋：《世界经济概论》，天津人民出版社，2007，第 38～40 页。

的方式。经济全球化使世界各国发展越来越呈现出一损俱损、一荣俱荣的系统效应，作为世界上最大的发展中国家，我们的正确选择只能是推进合作共赢。中国有责任倡导一个旨在实现世界各国协调发展，更多体现发展中国家利益的全球化，互利共赢战略正是有利于推动和谐世界建设的新开放战略。[1]

（二）世界经济严重失衡

当前，国际社会十分关注世界经济失衡问题。这种失衡既表现为部分国家储蓄消费失衡、贸易收支失衡，更表现为世界财富分配失衡、资源拥有和消耗失衡、国际货币体系失衡。导致失衡的原因是复杂的、多方面的，既有经济全球化深入发展、国际产业分工转移、国际资本流动的因素，也同现行国际经济体系、主要经济体宏观经济政策、各国消费文化和生活方式密切相关。从根本上看，失衡的根源是南北发展严重不平衡。因此，只有广大发展中国家有效实现发展，世界经济复苏步伐才会坚实，世界经济增长才能持久。

中国作为世界经济的重要一员，又是世界经济失衡的重要一方，原有的以数量增长为主要特征的对外开放战略已不适应当前的实际，必须实施互利共赢的新开放战略，兼顾我国与他国利益，才能从容面对失衡的局面，实现世界经济和中国经济的可持续增长。具体来说，应该完善促进平衡发展的国际机制，支持联合国在解决发展问题方面更好地发挥指导和协调的作用，推动世界银行增加发展资源、增强减贫和发展职能，敦促国际货币基金组织建立快速有效的金融救援机制，优先向最不发达国家提供融资支持。应加大形式多样的发展投入，并优先用于解决发展不平衡问题，发达国家应认真落实蒙特雷共识[2]，切实增加对发展中国家的援助规模，

---

[1] Branstetter, L., and N. Lardy, "China's Embrace of Globalization", NBER Working Paper No. 12373, 2006.

[2] 2002年3月，联合国在墨西哥的蒙特雷召开发展筹资国际会议，达成"蒙特雷共识"，强调发达国家和发展中国家应该建立一种新的伙伴关系，全面落实《联合国千年宣言》中提出的旨在消除贫困、改善社会状况、提高生活水平和保护环境等各项可持续发展目标。该共识主要包括调动国内经济资源、增加私人国际投资、开放市场和确保公平的贸易体制、增加官方发展援助、解决发展中国家的债务困难和改善全球和区域金融结构、发展中国家在国际决策中的公正代表性等六个方面的内容。

推动联合国千年发展目标的实现。应高度重视技术合作对促进平衡发展的重要意义，降低人为技术转让壁垒，为广大发展中国家缩小发展差距创造条件，尤其要加强绿色技术领域合作，避免形成新的"绿色鸿沟"。应着力转变经济发展方式，既要增强紧迫感、积极推进，又要区别情况、从实际出发，允许不同发展阶段的国家在转变经济发展方式过程中选择适合本国国情的道路和节奏，不能挤压发展中国家应有的发展空间。[①]

（三）世界经济多极化格局凸显

当今世界正处在大发展、大变革、大调整时期，国际关系、国际格局、国际秩序正处在新一轮调整变化之中。国际形势继续发生复杂深刻变化，一系列重大事件带来的国际经济政治格局演变十分深刻复杂，世界多极化前景更加明朗。一方面，中印等发展中大国兴起，发展中大国的群体性兴起正在成为当今世界发展的重要趋势；另一方面，发达国家综合国力和核心竞争力领先的格局没有改变，发达国家不仅竭力维护和扩大对他们有利的国际政治经济旧秩序，还千方百计图谋取得更大的政治经济利益，在国际经济中仍处于重要地位。

多极化格局的凸显改变了发达国家和发展中国家的力量对比，也深刻影响着处理国际经济事务的机制。比如在此次国际金融危机的应对中，G20 替代 G8 成为全球经济的多边协调机制得以确认，标志着世界经济管理新时代的开端。G20 的成员构成更为多元化，既包括所有的主要发达国家，也包括中国、印度、俄罗斯和巴西等发展中大国，还包括韩国等新兴工业化国家以及沙特等石油产出国，这表明以前以美国为首的发达国家协商解决世界经济问题的时代已经一去不复返了，代表不同声音和利益的成员都会在现在和未来的世界经济问题应对中发挥越来越重要的作用。中国作为最大的发展中国家，又是一个开放的世界经济大国，必将在世界经济问题的解决中发挥越来越大的、独特的作用，而这都需要我们采取互利共赢的新开放战略应对新的世界经济多极化格局。

---

① 胡锦涛 2009 年 9 月参加在美国匹兹堡举行的 G20 集团领导人第三次金融峰会上发表的题为"全力促进增长推动平衡发展"的讲话。

二 中国背景

(一) 中国成为世界经济与贸易大国

扩大型对外开放以来,中国成功开辟了具有中国特色社会主义的发展道路,实现了从高度集中的计划经济体制到充满活力的社会主义市场经济体制、从封闭半封闭到全方位开放的伟大历史转折。2013 年中国经济总量达到 56.9 万亿元,稳居世界第二位,是仅次于美国的世界第二大国,中国的兴起被称为"20 世纪最重大的事件之一",中国经济已经成为世界经济的重要组成部分。中国国内生产总值占全球的比重和进出口总额占全球的比重不断上升,2009 年中国是世界第二大进口国、第一大出口国,而 2013 年中国的商品进出口总值已经超过美国,跃居世界第一。截至 2012 年底,中国累计实际利用外资 1.3 万亿美元,是仅次于美国的全球第二大外资引进国。在国际金融危机导致全球经济深度衰退的背景下,中国经济对世界经济和国际贸易增长的贡献率越来越大。中国经济的崛起为全球经济创造了机遇,中国的繁荣是各国发展的源泉。

中国已经是国际体系的重要成员。中国加入了 130 多个政府间国际组织,签署了 300 多个国际公约,与多个国家和地区建立了自由贸易区,妥善应对国际金融危机、气候变化、环境保护、能源安全、公共卫生等全球性问题。中国发展对世界的作用和影响不断提高,国际环境发展变化对中国发展的作用和影响也不断增大。因此,必须把坚持独立自主同参与经济全球化结合起来,既要坚定不移坚持独立自主,又要勇敢参与经济全球化。

已成为世界第二大经济体和第二大贸易国的中国,对外经济关系正面临与以往不同的新环境和新问题。中国经济贸易的发展既可能给全球贸易带来巨大机遇,也可能带来一定的竞争和压力。中国与国际社会的经贸互动关系,正在发生重大变化。中国立足于经济大国,新对外开放战略必须考虑与全球多边贸易体系的关系。互利共赢的开放战略正是基于中国成为经济大国这一新起点,在对外开放中更多纳入与国际社会的互动关系,互利共赢不仅重视外部资源为我所用,更强调中国给国际社会带来机遇,从开放理念上看这是一个重大调整。以往的中国只是一个竞争力不够强的发展中国家，目前的中国有能力也有责任以大国眼光审视全球，以大国视角处理自身及所处世界的经济、政治等问题。①

（二）中国经济面临着一系列新的重大现实问题

中国的对外开放进入新的阶段，面临着一系列新的难题。比如经济增长内生动力不足，自主创新能力不强，部分行业产能过剩矛盾突出，结构调整难度加大；就业压力总体上持续增加和结构性用工短缺的矛盾并存；农业稳定发展和农民持续增收的基础不稳固；财政金融领域潜在风险增加；医疗、教育、住房、收入分配、社会管理等方面的突出问题亟待解决；连年大量的贸易顺差使中国与美国、欧盟等贸易伙伴之间的贸易摩擦不断升级；大量出口的低附加值产品既使中国的贸易条件不断恶化，同时也使与周边国家的出口产品之间的低水平竞争不断升级；出口的高能耗高污染产品既增大了国内的资源环境压力，又损害了"中国制造"产品的国际声誉；对资源产品的大量需求成为影响粮食、石油、矿产等产品国际价格的重要因素；缺乏灵活的汇率机制加剧了国内的流动性过剩和通货膨胀的压力；在华外商直接投资的增长控制了中国部分产业的市场，制约了中国企业技术水平的提高和中国品牌的发展等。这些问题要求我们必须兼顾对外开放中自身利益和别国利益，重新审视对外开放的收益与成本，为中国的对外开放创造良好的外部环境，开创中国与世界各国协调发展的新局面。

三　中国对外开放的历史回顾

2014 年，新中国走过了 65 年的风雨历程。这 60 多年间，中国一直奉行的独立自主和平外交及对外开放政策，是以毛泽东为核心的党的第一代中央领导集体所创立、坚持并延续至今的。坚持对外开放是新中国 60 多年来不曾动摇的基本经济政策之一，是几代中央领导集体一脉相承的重要经济思想。正如胡锦涛总书记在中共十七大报告中提出的："我们要永远铭

---

① 《国际商报》对国务院发展研究中心外经部副部长隆国强进行的题为"互利共赢：中国对外开放新战略之思"的专访内容，中国评论新闻网（http：//www. chinareviewnews. com），2007 年 1 月 20 日。

记，改革开放伟大事业，是在以毛泽东同志为核心的党的第一代中央领导集体创立毛泽东思想，带领全党全国各族人民建立新中国、取得社会主义革命和建设伟大成就以及艰辛探索社会主义建设规律取得宝贵经验的基础上进行的。"新中国的对外开放历程大体可分为三个时期："一边倒"开放、"突围型"开放和"扩大型"开放。[①]

（一）"一边倒"对外开放时期（1949～1960 年）

1949 年，新中国成立一年内就同 17 个国家建立了正式的外交关系。但是以美国为首的西方国家对新中国实行经济封锁和外交孤立政策。1949 年 11 月，在美国提议下 17 个主要发达资本主义国家成立了"巴黎统筹委员会"，对包括新中国在内的社会主义国家实行战略物资和高技术的出口限制。中国对西方资本主义国家的开放之门被迫关闭。这种情况下，中国仍然坚持对外开放，但只能完全倒向社会主义阵营一边，实行"一边倒"的对外开放政策。

这一时期的对外开放对中国当时的经济复苏和现代工业体系的建立有着重大意义。20 世纪 50 年代苏联援建中国的 156 项工程相当成功，基本上构成了中国现代化大工业的骨架。中国的进出口贸易也获得了很大的发展。在出口方面，中国以农产品出口为主，但是矿产量以及其他物资的出口量也在逐年上升，其比重由 1952 年的 18% 上升到 1957 年的 25%。在进口方面，主要是从苏联和东欧国家引进经济建设所必需的技术设备、生产资料以及武器装备。同时中国致力于和广大亚非国家建立良好的贸易合作伙伴关系，打破西方发达国家的经济封锁，如用大米换锡兰的橡胶，用煤炭换巴基斯坦的棉花等。同时，内地对港澳出口一直稳步增长。20 世纪 50 年代，中国进出口贸易额中对苏联贸易占一半，对东欧社会主义国家的贸易也占有较大比重。值得一提的还有 1957 年春开始举办且从未中断的"广交会"，它也是中国打破西方经济封锁的一项重要举措，目前已经举办了 109 届，这表明新中国从成立之初就一直坚持对外开放的政策。

---

① 陈争平：《共和国开放三阶段外贸发展特点》，《中国经济史研究》2009 年第 3 期。

（二）"突围型"对外开放时期（1961～1977 年）

"一边倒"的对外开放延续了十来年，随着 1960 年苏联突然宣布撤回在我国的所有专家，废止 257 个科技合作项目，停止重要设备和物资的供应，中苏交恶开始。此后，苏联也开始对中国进行打击和封锁。到 1965 年时，中苏贸易额占中国对外贸易总额的比例下降到 9.6%，到了 1970 年下降至 1%，中国与东欧其他社会主义国家的经贸关系也出现大面积萎缩。中国面临着一个由美国和苏联组成的反华包围圈的这样一个不利的局面。为了应对形势的变化，中国的对外开放政策也由"一边倒"转变为"突围型"，并开始把技术引进从以前面向苏东国家转为面向西方国家，同时扩大与第三世界国家的经贸交往。

1964 年法国率先与中国建交，从而打破了西方对我国的封锁。1971 年第 26 届联合国大会恢复了中华人民共和国在联合国的合法权利，中国恢复联合国安理会常任理事国的席位。1972 年美国总统尼克松访华，中美关系开始正常化。同年，日本首相田中角荣访华，中日邦交正常化。至此 20 多年以来以美国为首的西方国家封锁、遏制新中国所形成的"坚冰"终被打破。至 1978 年，中国进出口贸易年总额由 1950 年的 11.3 亿美元增加到 206.8 亿美元，位居全球第 27 位，出口商品仍以农副产品为主，进口商品以成套设备和其他生产资料为主。这一时期中国通过卖方信贷等方式从日本和西欧进口了大批成套设备和先进技术，促进了中国基础工业，尤其是冶金、化肥、石化的发展，为后来的经济腾飞奠定了必要的物质基础。

（三）"扩大型"对外开放时期（1978 年至今）

1978 年至今的 30 多年来，中国的对外开放从试点型的扩大开放，到利用国内外两种资源、两个市场，再到今天互利共赢战略的提出，经历了"部分让利"、"互利"到"共赢"的三个发展阶段。中国的对外开放从数量扩张逐步转向质量提升，参与国际竞争与合作的深度与广度不断拓展。

1. "部分让利"的试点型开放阶段（1978～1991 年）

1978 年党的十一届三中全会正式做出了把工作重点转移到社会主义现代化建设上来的战略决策，开始了中国从封闭半封闭到对外开放、以经济建设为中心的改革开放的历史性转变，并逐步形成了低度开放的经济。这一阶段的对外开放是由经济特区逐步扩大到沿海、沿江、沿边地区的渐进式梯度开放。1979年决定对广东、福建两省的对外经济活动实行特殊政策和灵活措施。1980年决定设立深圳、珠海、汕头和厦门4个经济特区。1984年开放大连等14个沿海港口城市。1985年分两步开放长江三角洲、珠江三角洲、闽南厦漳泉三角地区和辽东半岛、胶东半岛。1988年设立海南省，兴建中国最大的经济特区。1990年决定开发和开放上海浦东，实行经济技术开发区和某些经济特区政策。1991年开放满洲里等4个北部口岸，还相继批准上海外高桥等沿海重要港口设立保税区。①

这一阶段的对外开放主要是发挥经济特区的"窗口"作用，一方面是为了进行经济体制改革的试点，另一方面是为了引入国际通行的经济运行和管理的体制，建立中国与世界联系的通道，还谈不上实现中国与世界其他国家在经济上的互利，而为了引入我们急需的外国产品、资本、技术和管理，实现我们改革开放的长远战略目标，我们在税收、土地等政策上给予了较大的优惠，没有过多计较开放的短期经济利益，但我们却从这阶段的对外开放中获得了长远的收益。一是打破了中国长期存在的高度集权式和行政式的经济管理体制，为中国僵化的计划经济注入了一股清泉，竞争的归位使经济充满了新的活力。二是突破了中国经济长期封闭半封闭的状态，缓解了国内资源的短缺，并借鉴外国经验推动了国内的体制改革和价值观念的再造。三是形成了从经济特区到沿海、沿江、沿边地区的渐进式开放战略成为中国对外开放成功的主要经验之一。

在这阶段的对外开放中，我们是通过部分让利，牺牲暂时的经济利益换取了长期、宝贵的成功经验，并逐步走向了体现互利的全面开放阶段。

2. "互利"的全面开放阶段（1992～2000年）

1992年，以邓小平南方谈话和"十四大"确立社会主义市场经济体制的改革目标为标志，中国的对外开放加速向纵深发展，并形成了全方位、宽领域、深层次的对外开放格局。1992年以上海浦东为龙头，开放武汉等6个沿江城市和三峡库区，实行沿海开放城市和地区的经济政策。同年，

---

① 唐海燕：《全球化与中国开放战略》，华东师范大学出版社，2003，第109～116页。

开放哈尔滨等 4 个边境和沿海地区省会城市，开放珲春等 13 个沿边城市，开放太原等 11 个内陆省会城市。2000 年，伴随着西部大开发战略的实施，对外开放又进一步扩大到广大西部地区。至此，全方位对外开放地域格局基本形成。但这一阶段的对外开放已不同于上一阶段，出现了重大的战略转变。不仅开放的地域由沿海向内地拓展，而且战略重点也由特区体制试点转向全面的制度建设。① 根据"十四大"和十四届三中全会建设社会主义市场经济体制的要求，中国陆续对财税体制、金融体制、外贸体制和外汇体制等进行了重大的改革，扫除了制约开放的制度障碍，理顺了国内改革与对外开放的关系，为中国对外开放水平的大幅提高提供了重要的保证。1993 年进行了分税制财税体制改革，之后的几年内中国大幅降低进口关税，调整出口退税税率，并对加工贸易实行进口料件保证金台账监管制度。同年，中国还进行了金融体制的改革，确立了中国人民银行独立执行货币政策的宏观调控体系和政策性银行与商业银行分离的金融组织体系。1994 年改革了外贸体制，提出统一政策、开放经营、平等竞争、自负盈亏、工贸结合、推行代理制，建立适应国际经济通行规则运行机制的外贸体制改革目标。同年，进行了外汇管理体制改革，实行汇率并轨。1996 年中国开始接受国际货币基金组织协定第八条款，实行人民币经常项目下的可兑换。

随着一系列重大改革的实施，中国的对外开放度大幅提高，中国经济从对外开放中获得了巨大的收益。中国的经济总量从 1992 年的 2.66 万亿元上升到 2000 年的 8.95 万亿元，增长了近 2.4 倍。同期，对外贸易总额从 1655.3 亿美元上涨到 4743.0 亿美元，增长了近 2 倍，实际利用外商直接投资从 110.1 亿美元上涨到 407.2 亿美元，累计利用外商直接投资 3233.1 亿美元，外汇储备从 194.4 亿美元增长到 1655.7 亿美元，对外经济合作营业额从 30.5 亿美元增长到 113.3 亿美元。同时，人民收入水平和财政收入也得到较大幅度的提高。从 1992 年到 2000 年，城镇居民家庭人均可支配收入从 2026.6 元上涨到 6280.8 元，农村居民家庭人均纯收入从 784.0 元上涨到 2253.4 元，全国财政收入从 3483.4 元增加到 13395.2 元，

---

① 李安方：《探索对外开放的战略创新——"新开放观"研究的时代背景与理论内涵》，《世界经济研究》2007 年第 3 期。

分别是原来的 3.1 倍、2.9 倍和 3.8 倍，特别是涉外就业岗位的收入水平也相对较高，外商投资企业员工的工资水平这一时期是各类企业中最高的。[1]

在中国获得对外开放巨大红利的同时，世界各国也从中国外向型经济的迅猛发展中获得了极为可观的收益。首先受益的是来自世界各国的在华投资者，在华外商投资企业大多数所获利润高于在其他地方的投资。快速发展的出口加工贸易使中国已成为很多外商投资企业生产和销售的平台，越来越多的跨国公司把中国作为其全球战略重点，在中国投资，在中国采购，在中国生产加工，又从中国出口，获得了十分可观的利润。[2] 其次，中国的贸易伙伴也从中国经济和贸易的快速发展中获益匪浅。一方面中国大量质优价廉商品的出口提升了他国消费者的福利水平，同时缓解了各国的通货膨胀压力，另一方面中国快速增长的进口需求为贸易伙伴国创造了大量的就业机会，拉动了其经济的增长。[3]

这一阶段中国和世界各国因分工深化和资源配置效率的提高，均从中国对外开放程度的快速扩大中获得了各自的利益。但这一阶段中国对外开放政策和战略的核心特征是规模扩张，所以主要考虑的应是如何增强自身竞争力，如何扩大出口多创汇，不必过多考虑国际责任。中国经济在数量数据上的优异表现也掩盖了自身经济和贸易发展中的一些深层次问题，比如大量贸易顺差引起的贸易摩擦不断增多、贸易条件恶化、国内流动性过剩、对外技术依存度过高、资源和环境压力不断增大等。因此面对新环境和新问题，我们必须实施全新的开放战略，从"互利"迈向"共赢"。

3. 迈向"共赢"的开放型经济形成阶段（2001 年至今）

2001 年 11 月 10 日在卡塔尔首都多哈举行的世界贸易组织（WTO）第四届部长级会议以全体协商一致的方式，审议并通过了中国加入 WTO 的决定，标志着中国长达 15 年复关和加入 WTO 进程的结束，也标志着成为 WTO 第 143 个成员方的中国对外开放步入历史的新阶段。在这一阶段，中

---

① 数据来源于国家统计局网站，http：//www.stats.gov.cn。

② Bai Chong-en, Chang-Tai Hsieh and Yingyi Qian, 2006, "The Return to Capital in China", NBER Working Paper No. 12755.

③ 江小涓：《开放兼容才能强国》，《人民日报》2008 年 4 月 16 日。

国的对外开放战略主要表现为开放领域的扩大和开放模式的转型以及国内体制与世界规则的全面对接。加入 WTO 后，原区域性推进的对外开放转变为全方位的对外开放；开放领域由传统的货物贸易向服务贸易扩展；市场准入的程度进一步提高，市场环境也随着一系列法律和法规的制定和完善而更加透明和规范；最惠国待遇、国民待遇等 WTO 的基本原则和中国加入 WTO 的承诺，成为中国的对外开放政策所遵循和参照的基本依据。[①]

　　加入 WTO 十几年来，中国经济发生了巨大的变化，中国已经成为举足轻重的世界经济大国和贸易大国。中国国内生产总值从 2001 年的 9.59 万亿元增长到 2013 年的 56.88 万亿元，年均增长超过 10%，已成为世界第二大经济体。同期，对外贸易额更是出现"井喷式"增长，从 0.51 万亿美元增加到 4.16 万亿美元，增加了 7 倍多，成为世界第一大贸易国。2013 年中国吸收外商直接投资和非金融类对外直接投资分别达到 1176 亿美元和 902 亿美元，均居发展中国家第一位。截至 2013 年底，外汇储备已高达 3.82 万亿美元，高居世界第一。[②] 这一系列数据显示中国的对外开放已接近规模数量扩张的临界点，即将开启从量变到质变的过程，中国经济已开始从单纯强调数量增长的外向型经济向质量与数量并重的开放型经济转变。

　　与此同时，中国对外开放中出现的诸如贸易摩擦增多、贸易条件恶化、对外技术依存度过高、"中国威胁论"等问题也迫使中国必须采取新的开放战略。解决这些问题，一方面要立足自身，正确认识本国在对外开放中的收益与成本，不断提高开放型经济的水平，另一方面要在开放过程中兼顾本国和他国的利益，实现对中国开放利益公平的共享，为开放创造良好的外部环境。

　　在新的历史阶段，面临新的问题，我们必须实施互利共赢的新开放战略才能把握住新的机遇、应对新的挑战。然而，这一新战略的理论体系、战略内涵、战略目标、战略重点和战略措施都还需要不断完善和发展，这

---

① 陈文敬：《中国对外开放三十年回顾与展望（一）》，《国际贸易》2008 年第 2 期。陈文敬：《中国对外开放三十年回顾与展望（二）》，《国际贸易》2008 年第 3 期。

② 数据来源于国家统计局（http：//www. stats. gov. cn）、商务部（http：//www. mofcom. gov. cn）和中国人民银行网站（http：//www. pbc. gov. cn）。

也是中国未来对外开放中所面临的最大的理论和现实问题。①

四　中国对外开放的成本－收益分析

对外开放在带给中国巨大收益的同时，也对中国经济发展造成一定损失和潜在风险。我们只有进行系统的成本－收益分析，才能真正认识对外开放，从而在未来的深入开放中，制定有效措施规避风险，增加收益，最终稳步有序地推进中国经济社会的可持续发展。

（一）制度成本及收益的界定及主要构成

始终坚持的对外开放，对中国而言实质是制度创新的一种表现，它推动了中国从计划经济向市场经济的逐步转型。因此，我们认为可以从制度经济学的视角，对对外开放这类制度的成本进行界定，并对其具体构成展开研究，探讨新中国成立60多年来中国对外开放的主要成本以及可获得的收益内容。张广利等（2009）在研究制度成本的内涵及其构成时曾经提出：制度成本是以制度设计为起点、制度变迁为终点的整个制度周期，在实际发展中的一切耗费既包括经济成本，也包括政治成本、社会成本和文化心理成本等多种形式②。传统的制度经济学理论认为：制度的变迁需要耗费一定的人力、物力和财力等社会资源的投入，但其制度的产生和变迁的最终目的是为了更大的制度绩效，即使其获得的总体收益大于其付出的成本。由于制度变迁的过程影响一国社会制度的方方面面，因此其成本不仅包括经济领域的成本，还包括政治、社会等多个领域的成本。因而我们认为：可以将中国对外开放的成本分为四类，即经济成本、政治成本、社会成本和文化成本，其对应的对外开放收益也可以分为四类，即经济收益、政治收益、社会收益和文化收益。

---

① 胡艺、陈继勇：《迈向互利共赢的开放之路》，《亚太经济》2008年第6期。
② 张广利，陈丰：《制度成本的研究缘起、内涵及其影响因素》，《浙江大学学报》（人文社会科学版）2009年第9期。

（二）对外开放的成本分析

1. 对外开放的经济成本

（1）贸易壁垒减少给中国政府造成的直接损失。

从中国对外开放的步骤看，第一步是实现贸易开放。而贸易开放的实质是减少对外的关税和非关税壁垒，实现自由贸易。虽然中国实施独立自主的对外开放政策从新中国建立之初就开始了，但真正开始加快减免关税和实施非关税壁垒的步伐是从 1978 年实施扩大型对外开放之后进行的。而自 2001 年中国加入世界贸易组织后，中国加快了关税减免的速度，平均关税水平从 2001 年的 15.3% 降至目前的 10% 以下。同时从 2005 年 1 月 1 日开始，中国已经按照加入世界贸易组织时承诺的时间表，全部取消了进口配额和进口许可证等非关税措施。早在 2004 年 7 月 1 日开始，中国就取消了已实行 50 年的外贸经营权审批制度。关税和非关税壁垒的取消不仅使中国与此相关的财政收入大幅度减少，而且使中国政府的外贸行政权力有所减弱，这是对外开放过程中，中国不得不承担的直接成本之一。

（2）加重了国内企业面临的竞争压力，民族产业的健康发展受到一定影响。

随着对外开放的不断深入，中国的农业、制造业、金融业乃至高技术产业等必将面临来自外部世界更为激烈的市场竞争。长期以来，中国的国际竞争优势主要体现在劳动密集型产业上，由于中国人口多、人均收入水平偏低，中国的劳动密集型产业竞争力相对较强，其吸引的外商直接投资数量和总额也相对较多。同时，随着中国经济总量的持续扩大，引入外资结构的不断优化，资本密集型和技术密集型产业的引入成为中国对外引资的主要方向之一，对外出口产品的重心也正在向这些类型的产品集中，但这些产业的发展和产品制造的增多，导致中国与其他国家或地区，尤其是与发达国家间贸易和投资的发展模式，从传统的互补型经济发展模式向竞争型经济发展模式转向。尤其是 21 世纪初，随着中国加入世界贸易组织，对外开放水平进一步提升，中国国内的农业、制造业、金融业及高技术产业都面临着国外进入企业更为激烈的全方位竞争，这在一定程度上影响了中国国内企业的发展速度，强迫国内企业需要投入更多的资源和成本，去改进自身生产经营模式，国内市场也出现更为激烈的"优胜劣汰"。

（3）出口加工型贸易模式在一定程度上制约了中国自主创新水平的提升速度。

对外开放的重要内容之一是加快引进国外的高新技术，新中国成立以来，在扩大对外开放的背景下，中国从苏联、美国、欧盟等国家和地区引入了大量民用和军用技术，为中国经济的发展提供了充足的推动力。迄今为止，中国对外高技术产品贸易，尤其是对世界科技水平最高的美国的高技术产品贸易一直呈现巨大的贸易顺差。但是，这些高技术产品贸易顺差主要集中在信息与通信类产品贸易顺差上，在生物技术、生命科学、核技术及其他顶尖高技术产品贸易方面，中国对美国仍呈现贸易逆差。而且，中美信息与通信技术产品贸易顺差也主要是由以美国和其他国家或地区在华外资企业对美加工贸易顺差造成的，高技术产品加工贸易是中美信息与通信产品贸易的核心内容。但这种贸易模式也使中国在传统制成品和高技术产品等多种类型产品对外贸易和引进 FDI 进程中，形成了以加工贸易为主的出口模式，中国在其中更多的是从事加工装配类生产工序，这一定程度上也使得大量资源与人力，转移到这些传统制成品和高技术产品加工装配生产工序上，从而延缓了中国国内自主创新和研发水平的提升，这也是中国在对外开放的初级阶段付出的主要代价之一。

（4）出口加工型 FDI 大量增加和中国对外贸易顺差的不断扩大，使中国面临的国际经贸摩擦日益增多。

中国商务部投资指南显示，近年来中国引进外商直接投资的规模在不断扩大，截至 2012 年底中国实际利用外资总额约 1.3 万亿美元，随着中国吸引 FDI 的迅速增加，在对外贸易领域产生了巨大的"外资引致逆差"效应。由于外资在华企业对外出口增加的影响，中国对外贸易顺差持续扩大。据中国商务部统计，2012 年中国对外贸易顺差达到 2311 亿美元，其中外商投资占中国企业对外贸易顺差额的比重达超过 60%。而持续的对外贸易顺差，使中国外部经济环境不断恶化，尤其是中国与美国、欧盟等为代表的发达国家或区域经济集团，以及与以印度为代表的发展中国家之间的经贸摩擦不断增多。据中国贸易救济信息网统计，自世界贸易组织正式成立以来，中国已经连续 14 年成为世界贸易组织成员方实施反倾销或发起反倾销调查的首要对象国，对中国采取的贸易救济措施层出不穷。

2. 对外开放的政治成本

（1）对外直接投资缺乏保护带来的政治损失。

在扩大型对外开放的头 20 多年里，中国将主要的精力放在"引进来"方面，主要的政策优惠集中在吸引外部投资方面。近年来，随着"引进来与走出去相结合"战略的提出，中国企业开始加快速度进行对外直接投资。仅 2013 年中国非金融类对外直接投资额就高达 902 亿美元。但是，在扩大对外直接投资的同时，我国对海外直接投资监管不够，缺乏对海外投资的风险保护和政治担保机制，使得尤其是国有企业几乎是在没有任何保障的情况下独自承担海外投资的政治和经济风险，结果出现了一些海外投资项目经营状况差、国有资产流失严重，以及贪污、挪用公款等现象，给国家造成了一定的损失。

（2）与贸易和投资伙伴国关系紧张或破裂带来的直接政治损失。

自新中国成立之后，中国在对外开放和国际经贸合作的国家或地区构成上，一直存在着严重依赖某一个国家或地区集团的问题，这导致中国的贸易对象高度集中，一旦中国与这些国家和地区集团间的政治和经济关系出现矛盾或问题，就会给中国经济发展造成巨大不利影响和经济损失。最典型的案例就是中国和苏联间的经贸关系，在新中国成立之后，由于以美国为首的主要资本主义国家对新中国实行封锁、包围和孤立，20 世纪 50 年代，中国对外贸易的地区方向主要是苏联及其领导的东欧社会主义国家，其中同苏联之间的贸易额接近中国对外贸易总额的 50%，中国国内急需的机器设备和武器装备基本上都是从苏联进口的，重要的技术和资本引进也主要来自以苏联为首的社会主义国家阵营。然而，从 1960 年中苏关系恶化之后，苏联停止了对中国的重要设备和物质的出口，使中国的技术引进和工业化水平的提升大幅减慢，给中国经济发展和外贸增长带来了损失。此外，中国实行扩大型对外开放之后，随着中国市场化进程的不断深入，中国对外贸易方向也逐步转向西方资本主义国家，美国成为中国对外出口的主要国家之一，但 20 世纪 90 年代初由于某些政治因素的影响，美国等西方发达国家对中国实施了全面的经济制裁，使中国对外出口受到阻碍，遭受一定的经济损失。这些都充分表明了中国在对外开放进程中是付出了一定代价的。

（3）对外开放度的不断提高和对国际市场的依赖日益强化，使中国的经济安全受到严峻挑战。

随着中国对外开放水平的提高及中国对外贸易顺差的日益扩大，美国、欧盟等发达国家或地区，以减少对中国的贸易逆差为由，在政治领域要求中国的金融市场，尤其是外汇市场尽快全方位开放，突出表现在对人民币升值的要求上。在外贸顺差持续扩大及外来政治压力的双重影响下，2005 年 7 月 21 日，中国开始实施人民币汇率制度改革，此后，人民币兑美元等主要国家的货币汇率不断升值，据中国人民银行统计，从 2005 年 7 月 21 日开始，美元兑人民币汇率就一直保持下降的趋势，从最初的 1 美元兑 8.3 人民币一直下降到目前的 1 美元仅能兑换 6.1 人民币。人民币汇率的不断升值，不仅给中国对外贸易的持续扩大带来一定的风险和不确定性，而且还导致大量外来资本流入国内，使国内金融市场和房地产市场等出现流动性过剩现象，进而导致整个宏观经济出现急速通货膨胀的预期，给国民经济的平稳快速发展带来长远不利影响，中国经济安全也因此受到一定不利影响，进而也影响到中国社会经济的整体稳定。

3. 对外开放的社会成本

对外开放在不断提升中国国民收入整体水平的同时，也带来了一定的社会问题，其中最主要的表现是中国国内收入差距不断拉大和收入分配不均等问题。国家统计局的相关资料显示，早在 2000 年中国城乡居民的基尼系数就超过了国际公认的 0.4 的警戒线，达到了 0.412，使中国进入了社会不公平的发展阶段。因此 2000 年后的 10 多年间，国家统计局停止了对中国基尼系数的统计公告，直到 2013 年初，国家统计局才公布了 2003 年到 2012 年的基尼系数。中国官方的基尼系数从 2009 年最高的 0.491 回落到 2012 年的 0.474。而据联合国的统计数据，2011 年中国的基尼系数就突破了 0.55，成为世界经济中贫富差距最大的国家。中国城乡收入差距及国内整体收入差距始终保持在一个很高的水平，这将极大地影响中国社会的不稳定发展。除此之外，随着中国对外开放的持续深入和国内收入差距的不断拉大，国内资本和财富逐渐向少数富人集聚，而这也极大地推动了中国大量富人向发达国家或地区移民，尤其是从 2011 年以来，中国国内居民向美国、加拿大等发达国家的移民趋势日益增强，这也直接导致了中国大量资本和财富的外流，对中国未来经济和社会的发展都会产生巨大不利影响和损失。

4. 对外开放的文化成本

对外开放的表现之一是文化领域的扩大开放，而在持续的文化开放和经济开放进程中，不可避免地会引入大量外来文化，从而影响中国传统文化和具有社会主义特色的新文化。尤其是从 20 世纪 90 年代开始，随着世界信息技术和互联网技术的加速发展，在经济全球化的带动下，文化开放已经成为中国难以避免的趋势之一，外来文化与中国传统文化之间的相互影响和交叉正日益深入。同时从中国文化产业发展的角度看，对外开放给中国文化领域造成的成本和损失更为巨大。据现有资料统计，目前世界文化市场主要是由美国的迪士尼公司、时代华纳公司以及其他发达国家的企业占领，中国文化产业在世界文化市场上的国际竞争力还相对偏弱。因此，扩大型对外开放必然给中国的文化产业和企业带来巨大的冲击，使其面临更为激烈的文化竞争。而对外经济和文化开放的同时，美国等发达国家或地区也开始向中国渗透或输入自己的世界观、价值观及生活方式，并逐步改变中国国内的主流文化思想和人们的传统价值观，尤其是现有的外来文化传播已经开始影响中国传统文化的健康发展，如何实现二者的协调发展已经成为中国文化发展面临的巨大难题之一；而文化开放带来的文化竞争的日益激烈，也在一定程度上削弱了中国文化产业的国际竞争力，使中国文化安全难以保证。因此，这些都已经成为当前中国文化发展在对外开放进程中面临的主要成本和代价。

（三）对外开放的收益分析

尽管我们付出了一定代价，但 60 多年的对外开放对中国经济、政治、社会、文化等领域均产生了巨大的积极影响，中国国力的不断增强和经济的高速发展是与对外开放紧密相连的。

1. 对外开放的经济收益

对外开放最直接的收益就是中国的经济得益。新中国成立 60 多年以来，尤其是扩大型对外开放以来，随着对外开放加速扩大，中国在对外贸易、投资、金融领域的经济规模不断扩大。20 世纪 90 年代之后，中国国内 GDP 的增长率保持了年均 10% 左右的增速。伴随中国经济的高速增长，中国国内的产业结构也随着外资引入及对外直接投资的增多逐步调整与升级，已经基本形成了以制造业和第三产业为主的产业结构。而在国内经济实力不断提升的背景下，中国的科技和研发实力也在不断增强，正在从改革开放初期的以引入和改进国外高新技术为主的技术发展战略，向以独立自主创新的技术发展战略转变。对外开放的实施对中国的贸易、投资、金融、技术等各个方面都产生了巨大的积极影响，为中国经济的腾飞和稳定发展做出了巨大贡献。

2. 对外开放的政治收益

新中国成立之后，对外开放就被以毛泽东为核心的党的第一代领导集体确定为基本国策之一并加以贯彻实施。在此后新中国 60 多年的发展历程中，对外开放在政治领域发挥了极其重要的积极作用，使中国获得了巨大的政治收益，主要表现在三个方面。第一，对外开放是中国实现独立自主、自力更生发展的有效政策支撑。长期以来，中国在外交政策、经济发展等方面均信奉独立自主、自力更生，而这使得中国在与一些超级大国进行政治和经济交往时，常常因为不按照其政策要求，而受到制裁。但正是对外开放政策的贯彻实施，使中国一次又一次挺过发展的困难时期，始终保持国民经济平稳快速发展。例如，20 世纪 50~70 年代，在中苏关系日益恶化、中国外部经济形势日益严峻的时期，中国政府将技术引进和对外贸易方向转向西方国家，如美国、日本等，成功地通过对西方国家的贸易替代和贸易转移，抵消了对苏联进出口贸易减少的不利影响，并最终将中国的贸易对象从 20 世纪 50 年代以苏东国家为主转向以西方资本主义国家为主，为 20 世纪 80 年代中国经济飞速发展打下了坚实的基础。第二，通过对外开放，中国在世界政治与经济格局中的地位不断提升。经济是基础，政治是上层建筑，只有一国经济实力不断增强，才能在政治上获得相应的地位。而对外开放政策正是通过"经济"这一途径间接提高了中国在世界格局中的地位。20 世纪 60~70 年代，中国通过对亚非拉国家的经济援助和经贸往来，获得了这些国家在联合国中对中华人民共和国的支持，1971 年 10 月第 26 届联合国大会恢复了中华人民共和国在联合国的合法权利；20 世纪 80 年代，中国通过构建"经济特区—沿海开放城市—沿海经济开放区—沿江、内陆和沿边开放城市"的全方位对外开放布局，经济开始加速腾飞；20 世纪 90 年代，在因政治问题遭受美国等西方资本主义国家经济制裁的情况下，我们通过对外开放转移经贸合作对象，成功地避免了国内经济的加速下滑；21 世纪初，在国内就业压力日益加重的情况下，对外开放为中国输出劳务，保持经济平稳快速增长提供了动力等。第三，对外开放有利于中国的国家安全，为中国军事工业的发展提供了充足的动力。新中国成立之初，中国面临以美国为首的西方资本主义国家的全面封锁和打压，是对外开放使中国能从苏联等社会主义国家进口武器装备和机器设备，支持了新中国国防工业的快速发展。近年来，从俄罗斯及欧盟地区国家进口的军事设备，也一定程度上为中国航空航天和武器装备行业的发展提供了充足的动力，有力地保证了中国的国家安全。

3. 对外开放的社会收益

中国对外开放的不断推进，给中国的社会发展带来了以下四个方面的巨大收益。第一，对外开放产生的"财富效应"，提高了中国国内居民的生活质量和水平。2012 年全国就业人员保持持续快速增加的态势，就业人员达到 76704 万人，城镇居民年人均可支配收入从 1980 年的 439 元提高到 2012 年的 24565 元，农村居民年人均纯收入从 1980 年的 191.3 元提高到 2012 年的 7917 元。2012 年底，中国全部金融机构本外币各项存款余额高达 94.3 万亿元，其中，城乡居民人民币储蓄存款余额高达 41.0 万亿元。此外，股票、债券、基金、保险金等金融资产在中国家庭资产组成中所占的比重正不断扩大。第二，对外开放使中国国民的各项素质显著提高，文化、卫生和体育事业不断进步。2012 年末，中国广播节目综合人口覆盖率达到 97.5%，电视节目综合人口覆盖率达到 98.2%；同时，全国卫生机构总数达到 96.2 万个。2008 年中国北京成功举办了奥运会和残奥会，中国金牌总数位列世界第一。2010 年上海又成功举办了世博会，广州还成功举办了亚运会。第三，对外开放促使中国的教育与科技水平不断提高。中国高层次人才的培养人数在近年间加速增长，中国对科技研发的投入也日益增多，自主创新能力不断增强，国家科技发展水平在经济实力的支撑下有了质的飞跃。第四，对外开放促进了中国各项社会体制改革的推进，人民

生活保障水平不断提高。国有企业改革、社会保障体制改革等不断完善和
发展。

4. 对外开放的文化收益

对外开放不仅包括政治和经济领域的开放，还包括文化领域的开放和
交流。从 1949 年新中国成立之初，中国就一直在文化方面加强与其他国家
的交流。1951 年 4 月中国与波兰签订了第一个对外文化合作协定，开始向
世界传播与介绍中华民族优秀传统文化和社会主义新文化。1978 年中国实
行扩大型对外开放以后，中国对外文化交流的规模和范围不断扩大，交流
的深度和广度也不断提升。迄今为止，中国已经与世界上近 200 个国家签
订了文化合作协定。尤其需要指出的是，21 世纪初以来，中国的文化开放
层次正在逐步升级，从以往的"引进来"逐步转变为"走出去"。最突出
的表现是：目前中国已经在 30 多个国家和地区开办了 60 多所孔子学院，
大规模地传播中国传统文化，加强其他国家和地区对中国的认识，最终通
过文化间的交流发展了中国与世界各国的友好关系，促进了世界多元文化
的发展与和谐世界的构建。

对外开放是中国对内和对外经济制度变迁的主要表现之一，其影响涉
及经济、政治、社会、文化等多个领域，发生的成本与收益一般难以完全
从数量视角展开测度，并进行综合比较，因此本文更多的是从定性的视
角，全面系统地比较中国对外开放的经济、政治、社会和文化成本及收
益。但从改革开放 60 多年来中国在经济、政治、社会和文化领域的实际发
展情况看，虽然中国在经济、政治、社会和文化等多个领域的对外开放中
付出了直接或间接的代价，但中国对外开放的实际收益仍大于付出的代
价。因此，当前我们仍然需要坚持以独立自主的改革开放为基本国策，深
化对外开放的深度和广度，同时应注意尽可能规避或减少对外开放中的成
本支出，与其他国家和谐共处，增加中国在全球一体化过程中的实际收
益，最终做到在扩大对外开放过程中，中国与合作国家和地区间的互利共
赢，共同发展。①

---

① 成本－收益分析部分的数据来自国家统计局历年《国民经济和社会发展统计公报》以及
相关领域的普查公报，http://www.stats.gov.cn/tjgb/。

第二节　互利共赢对外开放新战略的
思想渊源与理论基础

一　中国对外开放的思想渊源

新中国成立至今的 60 多年来，中国始终坚持对外开放的思想，并根据各个阶段的经济社会发展特点付诸实践。互利共赢对外开放新战略是科学发展观的重要组成部分，也是对马恩列对外开放思想、毛泽东对外开放思想、邓小平对外开放理论以及江泽民对外开放思想的重要继承和发展，是一脉相承的对外开放思想体系，具有坚实的理论基础。

（一）马恩列对外开放思想

产业革命使资本主义生产方式在西欧确立起来，并以英国为中心逐步形成和扩张成一个资本主义的世界经济体系。马克思和恩格斯的"世界历史"理论、列宁的"利用西方资本主义的"思想，揭示了人类社会从封闭走向开放的必然趋势，阐述了马克思主义最初的对外开放思想，从某种意义上甚至开了全球化思想的先河。

1. 对外开放是生产力发展的必然结果

马克思和恩格斯在批判地继承了黑格尔"世界历史"思想的基础上，以西欧为具体对象，阐述了历史向世界历史转变的过程，认为这种转变是完全物质的且可通过经验证明的。随着中世纪城乡的分离、城市中生产和交往的分离、各城市间生产上的新分工，最初的地域局限性开始逐渐消失。到 17 世纪中叶，工场手工业和新兴商业集中于英国，为其创造了一个世界性的大市场，形成了传统工场手工业所无法满足的多样化产品需求，最终在 18 世纪催生了资本主义的"大工业"——把自然力用于工业目的，实行最广泛的分工，采用机器生产。经过一段时间的发展，各国以往自然形成的闭关自守的状态得以消失，每个文明国家和每一个人都依赖于整个世界，首次开创了世界历史。

2. 对外开放对资本主义有着双重影响

马克思和恩格斯认为资本主义生产方式区别于以往的显著特征，就是其具有的国际性质。资产阶级的真实任务就是建立世界市场，并以此为基础展开生产。资本主义制度的扩张将一切民族都卷到现代文明中来，世界结成了一个以国际分工为基础的商品生产体系。当然，这一经济体系是一个不平等的体系，是"未开化和半开化的国家从属于文明国家"、"农民的民族从属于资产阶级的民族"、"东方从属于西方"的体系。这一体系的形成和扩张给后进国家造成了巨大的痛苦。但同时，这一体系把物质生产转变为在科学帮助下对自然力的统治，创造的生产力比以往一切时代的全部还要多、还要大，造成了以全球互相依存为基础的国际交往，产生了世界历史意义上的无产阶级，为新世界的诞生奠定了物质基础。①

3. 世界经济是一个相互联系、相互依存的整体

列宁在苏俄社会主义实践中具体地探索了对外开放，极大地丰富和发展了马克思和恩格斯的对外开放思想。他认为在大工业时代，世界经济已经是一个相互联系的整体，世界各国无论实行哪种政治制度，都不可避免地相互依赖。欧洲没有俄国，便不能恢复元气。而欧洲衰弱又会使美国危急。同样，俄国的经济建设也只有在与世界经济的广泛联系中才能实现，社会主义国家不同世界其他国家联系是无法生存的，必须把自己的生存和发展与资本主义关联起来。

4. 吸收西方资本主义的一切文明成果

列宁认为社会主义必须建立在资本主义所创造的经济文化高度发达的基础之上。随着社会主义制度在经济、文化落后的俄国确立，苏维埃政府就必须通过一切途径获得社会主义制度赖以生存和发展的物质基础，也就必须实行对外开放，学习西方资本主义国家的文明成果。列宁认为社会主义国家的对外开放是全面的对外开放，他曾形象地做出比喻，认为"苏维埃政权＋普鲁士的铁路秩序＋美国的技术和托拉斯组织＋美国的国民教育＋……＝社会主义"。在开放内容上，社会主义国家的对外开放涉及经济、政治、文化等各个方面。列宁还创造性地提出了社会主义俄国实行对外开放的具体方式，即租让制和对外贸易。同时，列宁也充分认识到实行

---

① 吴科达：《关于马克思、恩格斯、列宁对外开放思想的两个问题》，《青岛大学师范学院学报》2003 年第 2 期。

对外开放会给苏维埃俄国带来消极影响，要求谨慎地实施对外开放。①

（二）毛泽东对外开放思想

党的十七大报告指出："改革开放伟大事业，是在以毛泽东同志为核心的党的第一代中央领导集体创立毛泽东思想，带领全党全国各族人民建立新中国、取得社会主义革命和建设伟大成就以及艰辛探索社会主义建设规律取得宝贵经验的基础上进行的。新民主主义革命的胜利，社会主义基本制度的建立，为当代中国一切发展进步奠定了根本政治前提和制度基础。"毛泽东思想是一个完整的科学体系，具有非常丰富的内涵，包括许多有关中国对外开放的重要内容。

1. 在平等互利基础上发展对外通商关系

毛泽东指出中国人民愿意同世界各国人民实行友好合作，恢复和发展国际通商事业，以利于发展生产和繁荣经济。根据中国人口众多、资源丰富的情况，只要有可能，就发展同世界上任何愿意和我们往来的国家的通商贸易关系。中国还应该对别的国家和民族进行帮助，对世界有些益处。同别的国家一样，不仅要为自己而且还要对世界做些贡献。和别的国家互相帮助，发展经济关系，尤其同亚洲、非洲、拉美国家之间的相互了解、交流经验，很有必要。

2. 建设社会主义要坚持自力更生为主、争取外援为辅的原则

毛泽东对"以我为主"和"外援为辅"的辩证关系有着十分精辟的分析。他认为中国的革命和中国的建设，都是以依靠发挥中国人民自己的力量为主，以争取外国援助为辅，外国援助和帮助是可以的，但不能干涉内政。他还提出了对外贸易的总方针，即自力更生为主，争取外援为辅，平等互利、互通有无，帮助民族主义国家建立独立经济。

3. 结合中国实际，学习一切民族和国家的先进经验

毛泽东指出，一切民族、一切国家的长处都要学，政治、经济、科学、技术、文化、艺术的一切真正好的东西都要学。但是，必须有分析有批判地学，不能盲目地学，不能一切照抄，机械搬运。外国资产阶级的一

---

① 孙德杰、贾曦：《列宁的对外开放思想及其启示》，《社会主义研究》1998 年第 2 期。

切腐败制度和思想作风，我们要坚决抵制和批判。但是，这并不妨碍我们去学习资本主义国家的先进的科学技术和企业管理方法中合乎科学的方面。这种学习有两种方法：一种是专门模仿；一种是有独创精神，学习与独创相结合。我们学习外国先进经验要与中国实际相结合。[①]

（三）邓小平对外开放理论

党的十七大报告指出改革开放伟大事业，是以邓小平为核心的党的第二代中央领导集体带领全党全国各族人民开创的。面对十年"文化大革命"造成的危难局面，党的第二代中央领导集体坚持解放思想、实事求是，以巨大的政治勇气和理论勇气，科学评价毛泽东同志和毛泽东思想，彻底否定"以阶级斗争为纲"的错误理论和实践，做出把党和国家工作中心转移到经济建设上来、实行改革开放的历史性决策，确立社会主义初级阶段基本路线，吹响走自己的路、建设中国特色社会主义的时代号角，创立邓小平理论，指引全党全国各族人民在改革开放的伟大征程上阔步前进。邓小平同志是中国社会主义改革开放和现代化建设的总设计师，建设有中国特色社会主义理论的创立者。邓小平理论是一个科学的理论体系，是对毛泽东思想的继承和发展，对外开放理论是其重要组成部分。

1. 中国的发展离不开世界，对外开放是长期的基本政策

邓小平清醒地分析了 20 世纪 80 年代的国际局势，认为世界大战不再是不可避免的，和平与发展成为时代的主题。随着生产力和科学技术的发展，国家间的经济联系和交流更为密切，对外开放已经成为世界性的潮流。这一论断改变了我们对世界形势的判断，是中国实行全面的对外开放的基本条件。他还指出对内经济搞活、对外经济开放不是短期的政策，是个长期的政策，最少五十年到七十年不会变。之后更不会改变了。即使是变，也只能变得更加开放。对外开放不是一种策略，也不只是一般的战略方针，而是我们的基本国策。坚持改革开放、坚持四项基本原则，是以经济建设为中心的党的基本路线的两个基本点。同时，中国仍是世界上很贫穷的国家之一。农业和科学技术远远落后于发达国家，中国要改变落后状

---

① 陈家勤、范新宇：《国际经贸理论通鉴：中国党和国家领导人论国际经贸卷》，对外经济贸易大学出版社，2007。

态，要发展生产力，要实现四个现代化，不开放不行。只有实行对外开放，才能把世界上最先进的技术吸收过来作为中国发展的起点。

2. 要实行全方位、多层次、多种方式的对外开放

邓小平针对 20 世纪 80 年代国际形势的巨大变化，提出抓住机遇全面开放的重要思想。他主张中国的对外开放要面向三个方位，即对西方发达国家开放；对苏联和东欧国家开放；对发展中国家开放。邓小平同志认为中国土地辽阔、经济发展不平衡，全国都要对外开放，但必须是有步骤、有秩序、分层次地进行。在这一思想指导下，中国最终形成从经济特区，到沿海地区，再到沿江、沿边地区，最后到广大内地的多层次开放格局。邓小平同志认为对外开放不能仅局限于外贸，还应该大胆利用外资，学习利用世界上一切先进技术和先进成果，把开放向技术转让、人才交流等各个领域拓展。

3. 坚持独立自主、平等互利的开放原则

邓小平坚持认为，独立自主、自力更生，无论过去、现在和将来，都是我们的立足点。我们坚定不移地实行对外开放政策，在平等互利的基础上积极扩大对外交流。我们搞的现代化，是中国式的现代化。我们建设的社会主义，是有中国特色的社会主义。我们主要是根据自己的实际情况和自己的条件，以自力更生为主。当然，独立自主、自力更生与对外开放是相辅相成的。因此，我们要有计划、有选择地引进资本主义国家的先进技术和其他对我们有益的东西。[①]

（四）江泽民对外开放思想

十七大报告指出改革开放伟大事业，是以江泽民为核心的党的第三代中央领导集体带领全党全国各族人民继承、发展并成功推向 21 世纪的。从十三届四中全会到十六大，受命于重大历史关头的党的第三代中央领导集体，高举邓小平理论伟大旗帜，坚持改革开放、与时俱进，在国内外政治风波、经济风险等严峻考验面前，依靠党和人民，捍卫中国特色社会主义，创建社会主义市场经济新体制，开创全面开放新局面，推进党的建设

---

① 蒋建农：《毛泽东的开放观和邓小平的创造性发展》，《中共党史研究》1995 年第 3 期。

新的伟大工程，创立"三个代表"重要思想，继续引领改革开放的航船沿着正确方向破浪前进。江泽民的对外开放思想十分丰富，他的一系列论述，极大地丰富和发展了邓小平对外开放理论。

1. 对外开放是中国的一项长期的基本国策

进入 20 世纪 90 年代，江泽民紧紧抓住经济全球化加快的趋势，强调中国要发展、要进步、要富强，就必须进一步扩大对外开放，吸收和借鉴一切先进的东西。他指出："实行对外开放，是中国推进现代化建设的一项重大决策，也是中国一项长期的基本国策。""面对经济、科技全球化趋势，我们要以更加积极的姿态走向世界，完善全方位、多层次、宽领域的对外开放格局，发展开放型经济，增强国际竞争力，促进经济结构优化和国民经济素质提高。"

2. 加入 WTO 是推进全方位、多层次、宽领域对外开放的重要契机

江泽民指出，中国加入世界贸易组织，标志着中国的对外开放进入了一个新的阶段，是中国改革开放进程中具有历史意义的一件大事，也是进一步推进全方位、多层次、宽领域对外开放的重要契机。这意味着我们要更加深入、更加全面地参与国际竞争。总的来说，加入世贸组织后，既有机遇，也有挑战，看不到机遇是错误的，看不到挑战同样也是错误的。对有利的一面要抓住机遇，积极加以运用；对不利的一面，要抓紧工作，努力规避风险。他还强调要"适应经济全球化和加入世贸组织的新形势，在更大范围、更广领域和更高层次上参与国际经济技术合作和竞争，充分利用国际国内两个市场，优化资源配置，拓宽发展空间，以开放促改革促发展"。

3. 坚持"引进来"和"走出去"相结合，全面提高对外开放水平

面对 21 世纪中国经济社会发展的新情况和新问题，江泽民指出实施"走出去"战略是对外开放新阶段的重大举措。鼓励和支持有比较优势的各种所有制企业对外投资，带动商品出口和劳务输出，形成一批有实力的跨国企业和著名品牌。实施"走出去"战略，是把对外开放推向新阶段的重大举措，是更好地利用国内外两个市场、两种资源的必然选择，是逐步形成我们自己的大型企业和跨国公司的重要途径。①

---

① 钱胜：《江泽民经济思想研究》，安徽人民出版社，2005。

（五）胡锦涛对外开放观

胡锦涛的对外开放观是科学发展观的重要组成部分，是与前三代领导核心的对外开放思想一脉相承的，又是与时俱进的，它是与中国当前面临的国际经济局势紧密相连的新开放观。

1. 坚持对外开放的基本国策

胡锦涛指出，要坚持对外开放的基本国策，把"引进来"和"走出去"更好结合起来，扩大开放领域，优化开放结构，提高开放质量，完善内外联动、互利共赢、安全高效的开放型经济体系，形成经济全球化条件下参与国际经济合作和竞争的新优势。

2. 提高开放型经济的质量

胡锦涛指出，要加快调整和完善对外经济发展模式，提高对外贸易和利用外资的质量和水平。以优化进出口商品结构为重点，加快转变外贸增长方式。必须加大产业结构调整力度，增加自主知识产权和高附加值产品出口比重，着力实施品牌战略，切实提高贸易效益。推动加工贸易转型升级，积极改善贸易不平衡状况。以引进先进技术、先进管理和海外智力为重点，提高利用外资质量。加强金融市场基础性制度建设，增强金融业的国际竞争力和抗风险能力，维护国家经济安全。以扩大能源资源和技术合作为重点，继续实施"走出去"战略。

3. 开放合作、互利共赢，共建和谐世界

胡锦涛认为，当今世界正在发生前所未有的历史性变革，我们所处的时代，是一个充满机遇和挑战的时代。当今世界正处在大发展、大变革、大调整时期，国际经济政治格局演变十分深刻复杂，世界多极化前景更加明朗。但随着经济全球化的不断深化，全球经济已经成为一个有机互动的整体，在人类漫长的发展史上，各国人民的命运从未像今天这样紧密相连、休戚与共。要生存和发展，我们的正确选择只能是推进合作共赢。胡锦涛同志主张用更全面的观点看待发展，促进共同繁荣，以宽广深邃的战略眼光、以互利共赢的时代思维审视和处理国家关系。国与国之间应该客观认识和正确对待对方的发展，相互视为合作双赢的伙伴，而不是零和竞争的对手，相互支持对方和平发展。同时，尊重各自选择的发展道路，相互交流发展经验，彼此借鉴发展模式。中国坚定不移地走和平发展道路，既充分利用世界和平发展带来的机遇发展自己，又以自身的发展更好地维护世界和平、促进共同发展。他指出这个战略选择，立足中国国情，顺应时代潮流，是实现中华民族伟大复兴的必由之路。尽管当今世界还存在着这样那样的矛盾和冲突，不确定、不稳定因素有所增加，但和平与发展仍是当今时代的主题，世界要和平、国家要发展、人民要合作是不可阻挡的历史潮流。面对纷繁复杂的世界，应更加重视和谐，强调和谐，促进和谐。

4. 积极参与国际事务，共同承担相应责任

胡锦涛认为，当代中国的前途命运已日益紧密地同世界的前途命运联系在一起，中国发展对世界的作用和影响不断提高，国际环境发展变化对中国发展的作用和影响也不断增大，必须把坚持独立自主同参与经济全球化结合起来，统筹好国内和国际两个大局，为促进人类和平与发展的崇高事业做出贡献。他还认为妥善应对全球性重大挑战和威胁，是世界各国的共同责任。各国应该从人类生存和发展的高度，用相互联系的眼光看待和应对全球性重大挑战和威胁，树立共同责任意识，多方入手，统筹兼顾，携手应对。当然，全球性挑战和威胁从根本上是发展问题，要兼顾发达国家和发展中国家的利益和需求，加强和完善全球经济治理，促进世界经济协调持续发展。倡导包容性增长，推动平衡增长。[①]

二 互利共赢的理论基础

（一）合作博弈理论中的互利共赢思想

博弈论是研究相互依赖条件下如何实现最优决策的一门科学，博弈论为经验验证理性行为的假设提供了演绎基础，有助于人们解释国际政治中的重大问题。博弈论分析中有零和博弈、负和博弈和正和博弈三种可能的结果。零和博弈是指参与博弈的各方，在严格竞争下，一方的收益必然意味着另一方的损失，博弈各方的收益和损失相加总和永远为"零"，双方不存在合作共赢的可能。正和博弈亦称为合作博弈，是指博弈双方的利益

---

① 张晓彤：《试论胡锦涛的时代观》，《瞭望（新闻周刊）》2009 年第 43 期。

都有所增加，或者至少是一方的利益增加，而另一方的利益不受损害，从而达到经济学中所谓帕累托改进的效果。它研究人们达成合作时如何分配合作得到的收益，即收益分配问题。合作博弈采取的是一种妥协的方式。博弈各方通过合作产生合作剩余，再根据各方的力量对比和技巧运用分配这些合作剩余，从而达到"双赢"的结果。合作剩余的存在和分配既是妥协的结果，又是达成妥协的条件。在合作博弈中，对局各方不再是完全对立的，一个局中人的所得并不一定意味着其他局中人要遭受同样数量的损失。博弈参与者之间不存在"你之所得即我之所失"这样一种简单的关系，这意味着参与者之间可能存在某种共同的利益，蕴涵着博弈参与者"双赢"或者"多赢"这一博弈论中非常重要的理念。博弈中通过一定的条件求得双赢或者共赢的前提条件就是相互信任和信息充分沟通。

在博弈论的经典案例"囚徒困境"中，追求自身利益最大化的理性行为者获得的却是最差的结果，要实现各自利益的最大化就需要双方放弃背叛战略，转而实行合作，就是实现个体理性与集体理性的统一从而实现互利共赢。这种"双赢"思想不仅集中体现在传统国际贸易和国际经济合作理论中，而且对于解决当前的国际经济问题也是至关重要的。在经济全球化席卷世界的背景下，各国的经济联系是如此的紧密，一国的经济金融危机会迅速传播成为世界性的经济危机，当然一国的经济复苏也会成为带动世界经济重新起航的引擎。如果各国都仅是追求自身利益的最大化，采取"以邻为壑"的保护政策，最终将会延迟全球经济的复苏，注定造成"多输"的局面。

互利共赢在理论上是可能的，在现实中是可行的，但是如果合作仅仅是一种局部性、偶然性的现象，还不能说互利共赢已经实现，只有合作成为各国的优先选择，成为国际关系中的一种普遍现象的时候，我们才能说互利共赢已经实现。全球化的发展给国际关系带来巨大影响，推动国家间博弈发生重大变化，使合作成为各国的普遍选择，从而为互利共赢的真正实现奠定了坚实的基础，"零和博弈"观念正逐渐被"双赢"观念所取代。[①]

---

① 张定胜：《互利共赢的博弈论分析》，《理论月刊》2008 年第 12 期。

（二） 绝对优势和比较优势理论中的互利共赢思想

封建主义解体后的 15～18 世纪是西欧资本原始积累时期，重商主义成为当时欧洲最受欢迎的政治经济思想，它认为金银是财富的唯一形式，一国的国力基于通过贸易的顺差所能获得的财富，主张国家干预经济生活，由政府管制农业、商业和制造业，发展国家垄断的对外贸易，通过高关税率及其他贸易限制措施来保护国内市场，并利用殖民地为母国的制造业提供原料和市场，禁止金银输出，增加金银输入。由于不可能所有贸易参加国同时出超，而且任一时点上的金银总量是固定的，所以一国的获利总是基于其他国家的损失，即国际贸易是一种"零和博弈"，不可能实现互利共赢。

进入 18 世纪，以英国为代表的西欧国家面临着从工场手工业转向机械大工业的工业革命，而封建主义和重商主义成为这一变革的障碍。亚当·斯密代表工业资产阶级的利益，在他 1776 年出版的代表作《国富论》中猛烈抨击了重商主义，提出了国际分工与自由贸易的绝对优势理论。斯密首先分析了分工的利益，认为每一个国家都有其适宜生产的某些特定的产品的绝对有利的生产条件，去进行专业化生产，然后彼此进行交换，则对所有交换国家都有利。绝对优势说是建立在劳动价值论基础上，并从劳动分工原理出发，在人类认识史上第一次论证了贸易互利性原理，克服了重商主义者认为国际贸易只是对单方面有利的片面看法，首先阐释了贸易分工互利的双赢思想。从某种意义上说，这种双赢理念仍然是当代各国扩大对外开放，积极参与国际分工贸易的指导思想。

比较优势理论是对绝对优势论的继承和发展，大卫·李嘉图在其 1817 年出版的代表作《政治经济学及赋税原理》中提出了比较优势理论。比较优势理论认为，国际贸易的基础是生产技术的相对差别而非绝对差别，以及由此产生的相对成本的差别。每个国家都应根据"两利相权取其重，两弊相权取其轻"的原则，集中生产并出口其具有"比较优势"的产品，进口其具有"比较劣势"的产品，这样两国的经济福利都能够提高。比较优势理论在更普遍的基础上解释了贸易产生的基础和贸易利得，大大发展了绝对优势贸易理论。更为重要的是，比较优势理论的普遍适用性使其所倡导的自由贸易是互利共赢的这一经济哲学更加深入人心，至今仍是推动国际贸易发展最坚实的理论基础。

（三）新兴外包理论中的互利共赢思想

所谓外包，指的是一项服务由一个国家提供并由另一个国家使用，或者一件商品的各个部件在不同国家生产然后在另一个国家完成装配。在国际贸易悠久的历史中，外包是一个相对新颖的现象，但它已经成为开展国际贸易的重要原因。它可以解释当今国际贸易中公司内贸易比重的持续上涨现象，也可以解释中间投入品贸易比重超过最终产品贸易的现象。外包区别于传统的国际贸易模式，但新兴的外包理论同样得出了双方从外包这种新型贸易形式中获得"双赢"的结论。

外包理论将产品或服务的生产和营销过程中的所有活动进行了有效划分。每件产品的生产过程都包括研发、零部件生产、零部件装配和市场营销等环节，这被称为价值链。价值链的每个环节所需的熟练劳动相对使用量是不同的，从低到高依次为零部件装配、零部件生产、市场营销和研发。这就产生了外包的基础，发达国家拥有较多的熟练劳动力，因此会集中完成价值链中的市场营销和研发环节，而将零部件的生产和装配外包给非熟练劳动力丰富的发展中国家，从而产生所谓的价值链分割。价值链的分割带来了零配件贸易和公司内贸易的繁荣。当发展中国家通过持续的基础设施投资和关税下调等措施降低外资企业投资的水电煤气、交通和通信等资本成本和贸易成本的时候，外包活动会进一步深化，价值链分割点会发生移动，发达国家会将熟练劳动需求更大的价值链环节外包给发展中国家。如此，则发达国家和发展中国家对熟练劳动力的相对需求都会提高，从而使得两国熟练劳动力的相对工资水平也相应提高。

更重要的是，外包理论还告诉我们，整体上看外包所得总是存在的，因为各国专门从事不同价值链环节上的活动使得两国企业都能够生产出更多的最终产品，这种产出的增加表明了生产率的提高，也即贸易所得的创造。

随着中国和印度等国的不断成长，在发达国家和发展中国家之间的贸易中有越来越多的外包，甚至有人将发达国家向中印等发展中国家的产品和服务外包看作是中印经济腾飞最重要的因素。美欧等发达国家担心长期、大量的生产和服务外包会削弱自身的竞争优势，培养强大的竞争对手，并强化了自己对于接收外包发展中国家的经济依赖。但理论和实践都表明，发达国家和发展中国家基于外包的深化合作是一个"双赢"的结果。发达国家借此集中从事研发和营销等更擅长、也更有利可图的价值链环节，将发展中国家牢牢锁定在自身设定的技术路线和市场范围内，同时也使本国消费者享受到了价低质优的产品和服务。发展中国家则通过外包绕开了自身所欠缺的技术和市场问题，又可直接进入新兴的高端产业，加速了产业结构的升级，提高了劳动者收入水平。①

（四）国际金融合作理论中的互利共赢思想

国际金融合作是指世界各国之间以及各国与国际经济组织之间通过信息交流、政策协调和制度建设等方式，在金融制度安排和政策实施上进行合作与妥协，达到促进金融效率、培育金融市场、防范金融风险的目的。国际金融合作可分为全球金融合作、区域金融合作以及次区域金融合作等。国际金融合作具体包括各国间的汇率协调与联动、统一货币安排、货币互换合作、支付结算系统的互通、金融市场的结合、金融机构的准入、金融信息的共享、金融危机的管理等内容。其中，货币合作是最核心的内容，最优货币区理论则被认为是指导国际货币合作最重要的理论，而互利共赢思想是最优货币区理论的出发点。

最优货币区理论，首先是由加拿大经济学家罗伯特·蒙代尔于1961年提出的。随后，麦金农、弗莱明、克鲁格曼等经济学家都对此做出过贡献。最优货币区理论考虑生产要素流动、经济开放度、通货膨胀率、政策一体化、外部冲击、转换成本等因素，以判断在两个或多个区域实行共同货币是否更有利。因为任意两个区域，他们可以使用各自的货币，也可以使用共同货币，取决于是否好处多于弊端。如果几个区域在上述方面满足一定条件，则组建统一的货币区是可行的。统一货币是国际货币合作的最高形式。货币区内的成员国之间的名义汇率是固定的，存在一种占主导地

---

① 罗伯特·C. 芬斯特拉、艾伦·M. 泰勒：《国际贸易》，中国人民大学出版社，2011。

位的货币作为成员国汇率确定的共同基础；成员国间的货币完全的可自由兑换，存在一个类似中央银行的超国家的协调和监管机构；成员国让渡货币主权，货币区作为一个整体对外保持浮动汇率。

最优货币区理论不仅阐释了组建单一货币区的条件，而且指明了最高形式货币合作给各成员国带来的利益。一是通过货币金融合作实现区内商品、资本、人员和技术的自由流动，不仅促进了区内贸易自由化，提高了区内贸易效率，而且还能够通过资源整合与优化配置，提高区内生产效率，提高经济福祉。二是消除成员国之间的结算成本，规避汇率波动风险，实现区内金融资源共享，减少外汇储备，降低资源限制成本。三是通过经济金融的高度融合，促进成员国的政治与外交合作，一致对外，抵御竞争风险。正是由于货币金融合作能给所有的成员国带来诸多的利益，实现成员国之间的"共赢"，欧元才得以诞生，世界其他区域的货币金融合作方兴未艾。虽然欧元区遭遇了很多现实的困难，但应该清醒地认识到欧元区的问题并非欧元的问题，而是区内国家竞争力减退的结果，是经济基本面的问题。可以预见，如果退出欧元区，欧元区发生主权债务危机国家的长期经济问题只会更为恶化。

（五）国际资本流动理论中的互利共赢思想

早在 19 世纪中叶，资本的跨国流动就已出现，并引起了广泛的关注。马克思就指出资本家不会把过剩的资本用于提高人民的生活水平，而是输出到国外，因为它在国外能够按更高的利润率来使用。资本天生具有国际性，它为了获取剩余价值，不受国家和民族界限的局限。它要开拓世界市场，要到遥远的异国他乡去寻找原料，对它的剥削对象进行掠夺。19 世纪末 20 世纪初，资本输出逐渐开始替代商品输出成为帝国主义阶段的重要特征。列宁指出许多落后国家卷入世界资本主义的流通范围，主要的铁路线已经建成，发展工业的基础条件已有保证，为帝国主义的大量资本输出创造了可能。

二战后，以国际直接投资为主要形式的国际资本流动快速发展，有力地推动了经济全球化的进程，并催生了跨国公司这一经济全球化的最重要载体，也使西方国际直接投资理论和跨国公司理论得到了极大的发展。海默、金德尔伯格等的垄断优势理论，弗农的产品生命周期理论，巴克利、卡森等的内部化理论以及邓宁的国际生产折衷理论等从多个角度研究了国际直接投资的动因、方式和影响。

国际资本流动对资本输入国和输出国的影响是双重的，但总体来看积极作用大于消极影响。对于资本输入国的积极影响主要是外国直接投资形成的资本累积以及附带的相对先进技术和管理促进和加快了资本输入国的经济发展和经济结构的改造，增加了资本输入国新兴工业部门和第三产业部门的就业机会，提高了高素质人才的收入水平，同时增强了输入国的出口创汇能力，改善其国际收支。而对资本输出国而言，对外投资有利于其占领更为广阔的世界市场，促进商品出口，获取国内经济发展所需的原料、燃料和其他紧缺资源。同时，还可让本国消费者享受更低价的商品，企业赚得巨额利润回报。由此可见，国际资本流动使资本输出国和资本输入国之间达成了"共赢"的结果。

（六）国际区域经济合作理论中的互利共赢思想

参与国际区域经济合作的国家采取合作共同推动区域内部的自由贸易，主要是希望通过合作的方式消除贸易壁垒，深化彼此之间的分工，从而获得更多的福利。区域内部贸易量增长只是这个福利的表现形式，最根本的福利来源应该是由区域内部贸易壁垒消除后产生的专业化分工经济。所谓的分工经济（Economics of Division of Labor），也被称为"一加一大于二的效果"（Superadditivity），即两人分工合作能够取得的产出水平比不分工简单相加的产出水平更高。

根据国际区域经济合作理论，一国参与区域经济合作可以获得静态利益和动态利益。静态利益主要指的是在关税取消之后，贸易量的增大，包括贸易流效应和贸易条件效应。贸易流效应主要指区域成员之间贸易壁垒消除之后贸易量的增长，即所谓的贸易创造效应。区域经济合作组织成立之后，成员之间的关税壁垒将被取消，引起的同盟内一个成员国国内较高成本产品的消费向同盟内伙伴国国内较低成本产品的转移。这种转移具有两个方面的内容：一是减少或取消与国外产品同类的成员国国内商品的生产，成员国国内所需产品转而从伙伴国进口；二是增加消费伙伴国的产品以替代成本较高的成员国国内产品。前一种情况相对于成员国国内生产是一种成本的减少，这产生了一种生产效应（Production Effects）；后一种情况使成员国对这种产品的消费需求增加，进一步增加了该国消费者剩余，这是一种消费效应（Consumption Effects）。贸易条件效应主要指国际区域经济合作带来成员贸易条件的改变。自 20 世纪 50 年代，普雷维什和辛格提出了著名的"普雷维什 - 辛格命题"，即发展中国家在与发达国家进行不等价交换中，贸易条件不断恶化，与发达国家的收入差距也将不断拉大。大量的实证分析已经表明，对于发展中国家而言，参与国际区域经济合作确实有利于改善一国的贸易条件。

动态利益则指的是关税及非关税壁垒的消除，使商品、资本交易的成本降低，为深化分工创造市场条件，从而推动经济增长。国际区域经济合作通过一体化程度的提高，改善一国宏观经济政策质量，引进、模仿和吸收一体化伙伴国的先进技术等，使得一体化通过影响本国要素使用效率，最终促进经济增长。国际区域经济合作还会对区域投资水平产生影响，进而增强其长期增长。一般认为，国际区域经济合作促进投资主要源于两大因素：一是伴随商品、资本及其他要素流动障碍的消除所激发的区域成员相互投资的增加；二是增加区外企业的对内投资。

此外，国际区域经济合作还可以给成员国带来非传统收益，包括：发布经济稳定信号，通过一体化对外显示出经济稳定、对外开放的信号，有利于吸引外部投资；展现具有信用的形象，即加入一体化组织可以使一些发展中小国对外更具有信用形象，增强外部投资信心；增加谈判筹码，建立国际区域经济合作组织可以使区内成员国与区域外国家或地区谈判时更有讨价还价的优势；获得保险，对于发展中成员小国而言，加入国际区域经济合作组织犹如购买了强有力的后备保险，尤其是当与发达成员国经济一体化时保险效果更加明显；国际区域经济合作组织还可以作为协调成员国关系和政策的工具和机制。总之，国际区域经济合作理论深入探讨了各国参与合作、寻求共赢的必然性和可能性。

三 中国"互利共赢"开放原则的解析

1978 年扩大型对外开放以来，中国走过的是一条迈向互利共赢的开放之路。中国经历了"部分让利"、"互利"到"共赢"的三个发展阶段。

"让利",是指在对外开放的某一个具体阶段暂时牺牲短期的经济利益来达到更为重要的长远目标。

"互利",是国际经济交往的基础,体现了国际经济交往中资源配置效率提升所带来的非零和博弈的结果,它是交易双方愿意长期交易的经济保障。正如古典经济学家亚当·斯密和大卫·李嘉图在绝对优势说和比较优势说中所揭示的那样,各国应该并且愿意对外开放的原因在于自由贸易给贸易双方都能带来好处。

"共赢",则在互利的基础上更进一步,它是指交易双方能够更加公平地共享开放红利,实现双方协调发展的要求。它就如同比较优势说中的贸易条件,决定了两国在贸易利益上的分配。如果说"互利"是一个做大蛋糕的效率问题,那么"共赢"则是一个切割蛋糕的分配问题,互利可能使双方共同受益的程度不同,从而造成两国经济发展水平差距的扩大,而共赢正是要解决这一问题,实现双方的协调发展。互利,是开放的基础,而共赢则是开放的理想目标。

目前,中国的对外开放正处于新的历史时期,处于由数量扩张向质量提升转变的关键节点,也是由开放型经济大国向世界经济强国转变的起步阶段。互利共赢对外开放新战略充分体现了科学发展观的要求。科学发展观是对党的三代中央领导集体关于发展的重要思想的继承和发展,是同马列主义、毛泽东思想、邓小平理论和"三个代表"重要思想既一脉相承又与时俱进的科学理论,是中国经济社会发展的重要指导方针,是发展中国特色社会主义必须坚持和贯彻的重大战略思想。科学发展观,第一要义是发展,核心是以人为本,基本要求是全面协调可持续,根本方法是统筹兼顾。而互利共赢的对外开放新战略所强调的质量提升、统筹兼顾、互利共赢、共同发展正是科学发展观在对外开放中的具体要求。①

事实上,近年来中国的一系列举动已经标志着中国的开放战略从"互利"迈向了"共赢"。

第一,在扩大进口方面,大幅削减关税,取消进口非关税措施,进一

---

① 胡艺、陈继勇:《迈向互利共赢的开放之路》,《亚太经济》2008年第6期。

步开放服务贸易领域。中国关税总水平由"入世"前的15.3%下降至9.8%，并已按承诺全部取消6种农产品外的进口配额管理，有数量限制的进口商品不到进口总额的1.5%。中国还改革了"边境背后"的措施，包括简化通关程序、提高通关效率、减少文件要求、加强能力建设、便利商务人员通关等，有力推进了贸易和投资的自由化和便利化。

第二，在出口管理方面，一系列政策措施密集出台，集中指向减少顺差、追求贸易平衡。商务部几次增补加工贸易禁止和限制类产品目录，取消部分商品出口退税，开征出口税，促进进口已成为中国重要的宏观经济政策取向。2007年对2831项商品的出口退税税率进行调整，并公布了新的《加工贸易限制类商品目录》，共涉及2247个限制类商品，其中新增的1853个商品类别主要涉及塑料原料、纺织纱线等劳动密集型行业，使中国"两高一低"产品的出口得到抑制。

第三，在双边多边经贸合作方面，加快了自由贸易区的建设，使更多的国家分享到"中国机会"，同时建立了中美战略经济对话等友好协商解决贸易摩擦的新机制。2010年的第1天，中国－东盟自由贸易区正式启动，它拥有19亿消费者、近6万亿美元国内生产总值和4.5万亿美元贸易总额，是世界上人口最多的自由贸易区，是全球第三大自由贸易区，也是由发展中国家组成的最大自由贸易区。中国－东盟自由贸易区的建立成为中国对外开放发展新阶段的标志性事件。此外，中国还先后同巴基斯坦、智利、新西兰、新加坡、秘鲁等国签署了自由贸易协定，启动和推进了与冰岛、澳大利亚和挪威等国的自由贸易区谈判。

第四，在人民币汇率机制改革方面，中国于2005年7月21日，开始实行以市场供求为基础的、参考一篮子货币进行调节的、有管理的浮动汇率制度。人民币汇率不再盯住单一美元，形成更富弹性的人民币汇率机制，五年多来人民币对美元累计升值已超过20%。此外，还全面清理宽进严出的外汇管理政策，放宽居民、企业用汇管制，鼓励企业"走出去"。

第五，在对外经济援助方面，中国已向160个国家和区域组织提供了超过2000个援助项目，为发展中国家培训了1.8万余名管理和技术人才，减免了一部分发展中国家逾160亿元的对华债务。对外援助方式从初期单一的无偿援助发展为当前的无偿援助、无息贷款、优惠贷款、混合贷款、合资合作等多种方式。援助内容从物资援助扩展到成套项目、投资合作项目、一般物资、现汇援助、技术合作、人员培训和派遣志愿者等多个领域。2006 年，中非峰会的召开以及中非合作论坛的发展成为中国推行互利共赢对外开放战略的一个最好的注解。

第六，在外商对华投资方面，优化利用外资结构，提升利用外资质量。2007 年出台了新的《外商投资产业指导目录》，鼓励发展节能环保产业，并且在鼓励外商投资产业目录中不再列入"限于中西部地区"的条目。2008 年开始施行统一的《企业所得税法》，新税法将内资企业和外资企业的所得税税率统一为 25%，同时还出台了《反垄断法》和《关于外国投资者并购境内企业的规定》，着手构建一个以反垄断和保障国家经济安全为核心的规范市场竞争的规制体系，这都成为中国对外资的需求从数量为主转向以质量为主的主要标志。①

特别值得一提的是，中国互利共赢的对外开放新战略在全球共同应对国际金融危机的过程中发挥了重要作用。2007 年，随着"两房"国有化，雷曼兄弟倒闭，AIG 收归国有等一系列事件的出现，美国次贷危机全面爆发，并迅速席卷全球，演变为全球金融危机，对世界各国经济造成了巨大的冲击，世界经济至今仍在低谷徘徊。世界各国携手共同面对国际金融危机成为近几年来世界经济的焦点。中国作为一个负责任的大国，迅速采取了各项措施应对金融危机的冲击，并成为国际合作应对危机的重要推动力量。2008 年 11 月，G20 领导人金融市场和世界经济峰会在华盛顿举行，胡锦涛主席发表重要讲话，提出"加强国际金融监管合作，完善国际监管体系；推动国际金融组织改革，提高发展中国家在国际金融组织中的代表性和发言权；鼓励区域金融合作，充分发挥地区资金救助机制作用；改善国际货币体系，稳步推进国际货币体系多元化"四项共同应对国际金融危机的重要主张。在此后的两次 APEC 领导人非正式会议、两次 G20 领导人金融峰会、上海合作组织峰会、"金砖四国"领导人会晤、联合国千年发展目标高级别会议、世界经济论坛、中国与东盟领导人会议、哥本哈根气候变化会议等会议上，中国作为重要的参与者和推动者为全球共同应对危

---

① 以上数据部分来源于姜波等《喜迎十七大：扩大对外开放实现互利共赢——全面提高开放型经济水平的实践与思考》，《经济日报》2007 年 10 月 13 日。

机做出了特殊的贡献。G20 伦敦峰会就国际货币基金组织增资和加强金融监管等全球携手应对国际金融危机议题达成多项共识。匹兹堡峰会同意将峰会机制化，使 G20 峰会成为国际社会合作应对国际经济金融危机、加强全球经济治理的重要和有效的平台，将新兴市场和发展中国家在国际货币基金组织中的份额至少增加 5% ，将发展中国家和转轨经济体在世界银行的投票权至少增加 3% 。在全球合作应对国际金融危机进程中，中国在自身面临巨大困难和严峻挑战的形势下，以负责任的姿态，做出不懈努力。在本国经济面临巨大困难的形势下，保持了人民币汇率基本稳定和稳中有升，为世界金融市场稳定做出了自己的贡献；组织大型采购团赴海外采购，显示了中国坚持对外开放、推动恢复世界经济增长的坚定态度；积极参与国际金融公司贸易融资计划，决定提供首批 15 亿美元的融资支持；尽最大努力向有关国家提供支持和帮助，同有关国家和地区签署了总额达 6500 亿元人民币的双边货币互换协议；明确宣布将采取 8 项新举措以推进中国同非洲的合作，包括建立中非应对气候变化伙伴关系、启动"中非科技伙伴计划"、向非洲国家提供 100 亿美元优惠性质贷款、扩大对非产品开放市场。这既是中国互利共赢对外开放新战略的集中体现，也展示了中国"国际社会中负责任的大国"形象。

第三节　互利共赢对外开放新战略的内涵与现实基础

一　互利共赢对外开放新战略的内涵

互利共赢的对外开放新战略作为一个开放的体系，其战略内涵应得到不断的充实和完善，我们认为现阶段其至少应包括以下几个要点。

（一）统筹国内发展和对外开放

科学发展观要求统筹国内发展和对外开放。在中国扩大型开放 30 多年的历史中，一方面国内改革为对外开放的发展提供了必要的制度保证，如 1994 年开始的各项经济体制的改革为对外经济的发展扫清了体制障碍；另一方面对外开放反过来也促进了国内改革，如加入 WTO 之后，中国按"入世"承诺对国内经济、政治体制进行了大幅度的改革。因此，以改革促开放，用开放推动改革成为中国改革开放的又一成功经验。而互利共赢的开放战略是这一成功经验的继承和发展，强调在今后的开放过程中必须注重内外联动，以国内经济发展作为互利共赢开放战略实施的基础保障，利用互利共赢开放战略的实施为国内经济快速持续健康的增长提供良好的外部条件。

（二） 实现数量扩张向质量提升的转变

中国对外开放的战略以往主要是以规模数量扩张为主要特征，这是由中国经济发展阶段所决定的。但当中国由外向型经济转为开放型经济时，对外开放就不仅是中国经济发展的一个部分，而是中国经济发展的一个基本前提，面对中国经济发展中遇到的增长质量不高、自主创新能力不强、资源环境压力过大、区域发展不均等问题，以数量增长为主的开放战略是不可持续的。因此，互利共赢的新开放战略必然要包括对外开放质量提升的内涵，即要加快外贸增长方式的转变，创新利用外资方式，创新对外投资和合作的方式，防范国际经济风险，开展多层次的国际技术和能源合作等。

（三） 兼顾本国利益和别国利益

一方面，中国 30 多年的扩大型对外开放取得了巨大的经济成就，但也付出了一定的代价。有学者认为如果按主体的性质和要素结构来分析中国对外开放的收益和成本，得出的结论可能和按国家地理标准分析得出的结论迥然不同，中国要素从中国对外开放中获得的收益更小而成本更大。目前中国存在的有出口无产业、有产业无技术、有技术无产权、有增长无效益等现象就从一定程度上说明了这个问题。因此，实施互利共赢的对外开放战略仍需要以我为本，正确认识对外开放的收益和成本，保证中国从本国的对外开放中获得合理的收益，这是最终实现互利共赢的基础。①

另一方面，互利共赢的开放战略是一种新型的合作开放战略，是可长期持续发展的开放战略，它不同于新老殖民主义扩张掠夺式的对外战略，

---

① 张幼文：《经济全球化与国家经济实力——以"新开放观"看开放效益的评估方法》，《国际经济评论》2005 年第 9～10 期。

也不同于传统资本主义的自利独赢、赢家通吃的对外战略，其核心就是兼顾本国利益和别国利益。作为中国对外经济交往的指导思想，互利共赢既是一种思维方式，也是一个能够付诸行动的主张。它包含着对利益的追求，但并不止于对利益的追求，它的着眼点是通过国家之间经济合作的路径，更好地促进中国和世界其他国家的协调发展。①

二　互利共赢对外开放战略的现实基础

互利共赢的对外开放战略是中国在新时期面临新情况和新问题提出的新的开放总战略，它赖以实施的现实基础正是新中国成立以来，特别是扩大型对外开放以来中国经济社会建设所取得的伟大成就。

（一）经济实力显著增强，发展态势良好

1. 经济总量大幅度提高，综合国力明显增强

1952 年，中国 GDP 只有 679 亿元，到 1978 年增加到 3645 亿元，2012 年达到了 51.93 万亿元，年平均增长超过 8.1%，而 1961～2012 年世界年平均增长速度不到 3.5%。中国经济总量占世界的比重由 1978 年的 1.8% 上升为 2008 年的 6.4%，位居美国和日本之后，2010 年又超过日本，成为第二大经济体。人均 GDP 从 1952 年的 119 元上升到 1978 年的 381 元后，迅速提高到 2012 年的 39830 元。国家财政收入从 1950 年的 62 亿元，上升到 1978 年的 1132 亿元，到 2012 年已达到 117210 亿元。外汇储备从 1952 年的 1.39 亿美元，上升到了 1978 年的 1.67 亿美元，截至 2012 年底已高达 33116 亿美元，稳居世界第一。

2. 工农业产品的供给能力位居世界前列，产业结构在不断优化升级

中国的农产品供给不仅解决了占世界 1/5 人口的吃饭问题，还为加快工业化进程提供了重要支持。工业的快速发展不仅解决了基本生活必需品的短缺问题，而且还使中国逐渐成为一个世界制造业大国。第三产业的发展不仅基本满足了人们不断增长的对服务业的需求，还在与第一、第二产业的良性互动中催生了大量新兴产业。产业结构基本实现由农业为主，向

---

① 胡鞍钢：《中国崛起与对外开放：从世界性开放大国到世界性开放强国》，《学术月刊》，2007 年第 9 期。

一、二、三次产业协同发展的转变。2012 年，中国第一产业占比由 1978 年的 28.2% 下降为 10.1%，第二产业占比从 47.9% 下降为 45.3%，第三产业占比则由 23.9% 大幅上升至 44.6%。其中，工业结构实现了从门类简单到齐全，从以轻工业为主到轻、重工业共同发展，从以劳动密集型工业为主导，向劳动、资本和技术密集型共同发展的转变。

3. 基础设施完善，对经济发展的支撑能力显著增强

兴建的农田水利基础设施使农业生产条件不断改善。能源生产能力显著提高，中国是世界上除美国之外的第二大能源生产国，能源总自给率达到 90%。以铁路为骨干，公路、水运、民用航空和管道组成的综合运输网基本形成。高速铁路营业里程位居世界第一，高速公路迅速发展，总长度位居世界第二。覆盖全国、通达世界、技术先进、业务全面的国家信息通信基础网络业已初步建成。目前，中国电话网络规模居全球第一，发展速度也位居世界前列。截至 2012 年末，全国固定及移动电话用户总数达到 139031 万户，电话普及率达到 103.2 部/百人。互联网上网人数为 5.64 亿人，其中宽带上网人数为 5.30 亿人，互联网普及率达到 42.1%。

4. 居民收入水平不断增长，消费需求持续提升

中国城镇居民人均可支配收入由 1949 年的不足 100 元提高到 2012 年的 21986 元，农村居民人均纯收入由 1949 年的 44 元提高到 2012 年的 7917 元。收入的增加使城乡居民拥有的财富呈现快速增长趋势。2012 年底城乡居民人民币储蓄存款余额达 40.62 万亿元，比 1952 年底的 8.6 亿元增加了 3.7 倍。收入的提高带来了消费需求的增长。中国居民人均消费 1952 年为 80 元，1978 年为 184 元，2008 年为 8181 元，2012 年为 15531 元。居民消费结构也改善明显，城镇居民家庭恩格尔系数由 1957 年的 58.4% 下降到 2012 年的 36.2%。[①]

（二）社会主义市场经济体制基本建立，各项改革不断深化

经过 30 多年的扩大型对外开放，中国实现了经济体制的根本性转变，社会主义市场经济体制已经基本建立。

---

① 数据来源于国家统计局网站，http：//www.stats.gov.cn。

1. 所有制结构不断完善

中国实行扩大型对外开放后，随着对社会主义初级阶段理论及所有制理论认识的重大飞跃，中国的所有制结构经历了由单一的公有制经济到多种所有制经济共同发展的历史性转变。同时，国有企业和垄断行业的改革继续深化，非公有制经济发展环境继续优化。国有资产监督管理体制框架基本形成，股份制改革取得积极进展。国有企业联合重组步伐加快，主辅分离、辅业改制和分离企业办社会职能的工作成效明显。垄断行业体制改革顺利推进。城市供水、供气等公用事业价格和经营市场化改革进程加快。中小企业的融资环境得到改善，5家大型国有商业银行、股份制商业银行和部分符合条件的城市商业银行都在总行设立了中小企业金融服务专营机构。

2. 确立了市场在资源配置中的基础性地位

20世纪80年代以来，中国价格改革力度加大。目前商品和服务价格绝大多数由市场决定的格局进一步巩固，政府价格决策和管理行为更加规范，资源性产品价格改革取得积极进展。成品油价格和税费改革深入推进，彻底取消了公路养路费等六项收费。节能环保项目企业所得税减免政策得到落实，部分地区率先开展了二氧化硫和化学需氧量排污权有偿使用和交易试点。此外，资本市场基础性制度建设得到加强，新股发行体制得到改革和完善，创业板市场主要制度基本确立并开始运行。

3. 国家宏观经济调控体系稳定运转

中国目前已经形成以国家规划、产业政策为导向，财政政策和货币政策等相互配合、协调运用的宏观经济调控体系。同时，中国投资管理体制积极推进，财税体制改革继续深化，金融体制加快创新，金融监管体系逐步完善。汇率形成机制和利率市场化改革也迈出重大步伐。从2005年7月起，实行以市场供求为基础的、参考一篮子货币调节的、有管理的浮动汇率制度，人民币汇率弹性逐步增强，汇率总体趋向升值。

4. 收入分配制度和社会保障制度进一步完善

从新中国成立初期到1978年，国家、企业和居民三者分配关系表现为"国家得大头、企业得中头、个人得小头"，居民收入分配则实行绝对平均主义。扩大型对外开放后，这种平均主义的分配方式逐步发生改变。目前，中国已经形成了按劳分配为主体、各种生产要素按贡献参与分配的收入分配制度。此外，中国还建立了兼顾公平与效率的社会保障制度，涵盖了基本养老，基本医疗，最低生活保障，失业、工伤、生育保险制度，社会救助体系，廉租住房制度等诸多内容。

5. 开放型经济体系基本形成

伴随着 30 多年的扩大型对外开放，尤其是"入世"以来，中国的涉外经济体制改革不断深化，目前已经形成了全方位、宽领域、多层次的对外开放格局和比较完善的开放型经济体系。按照 WTO 的要求，我们大幅调低了商品的平均关税，取消了各种非关税壁垒，开放了包括现代服务业在内的几乎所有产业，规范了出口退税制度，完全放开了经常项目交易并积极推进资本项目的开放，加强了对知识产权和投资利益的保护，进一步完善了贸易摩擦应对机制，近年来还在上海等五市开展跨境贸易人民币结算试点，批准北京等 20 个城市为中国服务外包示范城市。①

（三）科技事业飞速发展，创新能力稳步增强

新中国成立初期，中国科技水平十分落后，全国科技人员不超过 5 万人，其中专门从事科学研究的不到 500 人，科研机构只有 30 余个。经过多年的努力，科技事业飞速发展，创新能力持续增强，科技成果举世瞩目，一些技术达到世界先进水平，有力地支撑了经济社会的发展。

新中国成立之后，特别是扩大型对外开放以来，中国研发投入不断增加，到 2012 年，全社会研究与试验发展经费支出 10240 亿元，占 GDP 的 1.97%。中国研发人员总量仅次于美国，特别是企业研发人员数量明显增长，已成为中国科技人才队伍的主体。对科技的重视和研发投入的增加使科技成果大量涌现。新中国成立初期到 1978 年，成功爆破了原子弹和氢弹，发射了人造卫星。中国是世界上首先人工合成牛胰岛素结晶的国家。扩大型对外开放以来，科技成果更是层出不穷，建成了正负电子对撞机等重大科学工程，秦山、大亚湾核电站并网发电，银河系列巨型计算机不断升级并全部研制成功。中国科学家与世界其他国家科学家一道完成了人类基因组计划的 1% 基因绘制图，在世界上首次构建成功水稻基因组物理全

---

① 数据来源于国家发展和改革委员会网站（http：//www. sdpc. gov. cn/）和国家统计局网站（http：//www. stats. gov. cn）。

图。建成的当今世界上最大的水利枢纽工程——长江三峡水利枢纽工程突破了水利工程的多项世界纪录。量子信息领域避错码被国际公认为量子信息领域"最令人激动的成果"。中国自主研发的"嫦娥"一号绕月飞行成功，"神舟"系列航天飞船成功发射，神舟七号载人航天飞行的圆满成功标志着中国成为世界上第三个独立掌握空间出舱技术的国家，是中国空间技术发展具有里程碑意义的重大突破。高性能计算机曙光 5000A 跻身世界超级计算机前十位，首款 64 位高性能通用 CPU 芯片问世。超级杂交水稻不断取得重大突破。虽然中国在自主创新能力和科技成果产业化方面仍有待提高，但不断取得的大量科技成果也将成为中国未来参与世界经济技术合作与竞争的重要基础。[①]

（四）人才储备较为丰裕，教育事业快速发展

从新中国成立初期到 1978 年，中国在重视基础教育的同时也适度发展了高等教育。文盲率由 1964 年的 33.58% 下降到 1982 年的 22.81%，基本普及小学教育，学龄儿童入学率达到 95.5%。扩大型对外开放以来，义务、高等、职业等教育方式都得到快速发展。2012 年，全年研究生教育招生 59.0 万人，在校研究生 172.0 万人，毕业生 48.6 万人；普通高等教育本专科招生 688.8 万人，在校生 2391.3 万人，毕业生 624.7 万人；各类中等职业教育招生 761.0 万人，在校生 2120.3 万人，毕业生 673.6 万人；全国普通高中招生 844.6 万人，在校生 2467.2 万人，毕业生 791.5 万人；全国初中招生 1570.8 万人，在校生 4763.1 万人，毕业生 1660.8 万人；普通小学招生 1714.7 万人，在校生 9695.9 万人，毕业生 1641.6 万人；特殊教育招生 6.6 万人，在校生 37.9 万人，毕业生 4.9 万人；幼儿园在园幼儿 3685.8 万人。中国的教育普及程度已接近中等收入国家平均水平。此外，中国还不断更新教育观念，深化教学内容方式、考试招生制度、质量评价制度等改革，提高学生综合素质，加强教师队伍建设。[②]

---

① 数据来源于科技部网站（http：//www.most.gov.cn/）和国家统计局网站（http：//www.stats.gov.cn）。

② 数据来源于教育部网站（http：//www.moe.edu.cn/）和国家统计局网站（http：//www.stats.gov.cn）。

（五） 政治基础稳固，法律体系逐步完善

经过新中国成立以来 60 多年的风雨考验，中国的政治局势稳定，未来经济社会发展的政治基础稳固。此外，中国政府还在不断地加快行政管理体制改革，建设服务型政府。为了形成权责一致、分工合理、决策科学、执行顺畅、监督有力的行政管理体制，近年来中国政府致力于健全政府职责体系，完善公共服务体系，推行电子政务，强化社会管理和公共服务。加快推进政企分开、政资分开、政事分开、政府与市场中介组织分开，规范行政行为，加强行政执法部门建设，减少和规范行政审批，减少政府对微观经济运行的干预。规范垂直管理部门和地方政府的关系。减少行政层次，降低行政成本，加快推进事业单位分类改革。

市场经济运行赖以依靠的法律体系也日益完善，民主法制建设取得新进步。特别是随着中国加入 WTO，为了使中国的法律体系与国际接轨，中国在近几年相继制定并实施了一系列重要法律、法规，有效保证了开放经济条件下的市场经济的正常、有序运行。2006 以来，中国相继颁布并实施了《企业破产法》《反洗钱法》《企业所得税法》《物权法》《劳动合同法》《就业促进法》《反垄断法》《循环经济促进法》《企业国有资产法》《食品安全法》《侵权责任法》等，并通过了对《审计法》《合伙企业法》《银行业监督管理法》《个人所得税法》《科学技术进步法》《保险法》《统计法》等的修改决定，一个维护市场经济良好运行的社会主义法律体系基本形成。①

（六） 国际经济地位不断提高和国际影响力日益扩大

新中国成立 60 多年来，中国经济社会发生了翻天覆地的变化，经济总量、人均收入在世界主要国家和地区中的位次大幅上升，主要工农业产品产量名列前茅，对外贸易长足发展，外汇储备迅速增加，中国的国际地位大幅提高。2008 年，中国 GDP 超过德国，跃居世界第 3 位，2010 年，中国 GDP 超过日本，位列第 2。中国的对外贸易也取得了长足发展，在世界进出口贸易中所占份额越来越大，特别是加入 WTO 以来，年平均增长率

---

① 资料来源于全国人民代表大会网站（http://www.npc.gov.cn/）。

更是超过 20%。到 2012 年，中国对外贸易总额已达 3.9 万亿美元，超过美国，位居世界第一。扩大型对外开放战略后，中国的服务贸易也获得了巨大发展，以年均 17% 左右的速度增长。随着中国投资环境的不断改善，吸引的外商直接投资逐年增加。1979～2012 年，中国吸引外商直接投资累计约 1.3 万亿美元，是发展中国家中吸引 FDI 最多的国家。此外，中国还成为国际旅游重要的目的地和出发地。2012 年中国国际入境（过夜）旅游人数已达 13241 万人次，旅游外汇收入高达 500 亿美元，稳居世界前十。2012 年中国出境旅游人数也高达 8318 万人次，位列世界第 5。

随着对外开放的不断深入，中国综合国力显著增强，对国际社会的贡献和影响越来越大，极大地影响世界经济增长格局。扩大型对外开放 30 多年来，中国的 GDP 总量翻了 4 番多，对世界经济的贡献率也大幅提升。1978 年，中国经济对世界经济的贡献率为 2.3%，到 2007 年，中国经济对世界经济的贡献率已上升到 19.2%，超过世界所有国家，比美国高 3.5 个百分点，比欧元区高 6.3 个百分点，比日本高 11.7 个百分点。1978 年，中国经济对世界经济增长的拉动为 0.1 个百分点，而同期美国经济对世界经济增长的拉动达到 1.7 个百分点，到 2007 年中国经济对世界经济增长的拉动已提高到 0.7 个百分点，高于所有国家位居第一。此外，新中国成立 60 多年来，扶贫事业和扫盲工作取得了巨大成就，贫困发生率降至 1% 左右，全国文盲率降至 6%，这些成绩的取得，对世界减贫和扫盲事业做出了巨大的贡献。[①]

第四节　互利共赢对外开放新战略的目标、框架与实施重点

一　互利共赢对外开放新战略的战略目标

中国互利共赢对外开放战略是针对新时期的新情况提出的，是未来若干年中国对外开放的总战略，它的实施将实现以下几个战略目标。

---

① 数据来源于商务部网站（http：//www.mofcom.gov.cn）和国家统计局网站（http：//www.stats.gov.cn）。

（一） 不断提高中国开放型经济的整体质量

作为中国开放型经济条件下的总战略，其首要的目标就是继续拓展中国对外开放的广度和深度，提高开放型经济的水平，这是实现互利共赢开放战略其他目标的基础。这就要求我们把"引进来"和"走出去"更好地结合起来，扩大开放领域，优化开放结构，提高开放质量，完善内外联动、互利共赢、安全高效的开放型经济体系，形成经济全球化条件下参与国际经济合作和竞争的新优势。

（二） 以中国的发展促进地区和世界的共同发展

中国实施互利共赢的开放战略正是要以自己的发展促进地区和世界的共同发展，扩大同各方利益的汇合点，在实现本国发展的同时兼顾对方特别是发展中国家的正当关切。为此我们将继续按照通行的国际经贸规则，扩大市场准入，依法保护合作者权益，支持国际社会帮助发展中国家增强自主发展能力、改善民生，缩小南北差距，推进贸易和投资自由化便利化，通过磋商协作妥善处理经贸摩擦。

（三） 构建长期稳定的对外经济合作关系，推动和谐世界的建设

互利共赢的对外开放战略综合考虑中国自身和合作伙伴的经济利益，有助于中国与经济伙伴构建长期稳定的经贸合作关系，可以为中国经济长期可持续发展提供良好的外部经济支撑。互利共赢的开放战略是为了实现世界各国共同分享发展机遇，共同应对各种挑战，推动建设持久和平、共同繁荣的和谐世界。"构建和谐世界"是针对当前不和谐世界提出的崭新命题，是构建社会主义和谐社会在外部国际环境的延伸，体现了中国在重塑国际经济新秩序中的世界责任。实施互利共赢战略有助于相互合作、优势互补，共同推动经济全球化朝着均衡、普惠、共赢方向发展，消除对"中国威胁"的担忧。

二 互利共赢对外开放战略的总体框架

中国互利共赢对外开放新战略是在经济全球化不断深化，世界经济严

重失衡，世界经济格局多极化格局凸显的国际背景下，在中国经过30多年
扩大型对外开放后面临的诸多新问题和新挑战的现实基础上提出的。它是
中国成为世界经济和贸易大国后继续扩大开放的基本战略，是科学发展观
在对外开放中的具体体现。互利共赢的新开放战略要求我们既要在对以往
开放进行成本－收益分析的基础上不断提高中国开放型经济水平，又要充
分考虑他国的利益诉求，实现共同、和谐发展。互利共赢的对外开放新战
略既包括战略的实施背景和战略原则，也包括战略目标、战略重点以及具
体的战略措施，涵盖的内容既包括传统贸易、金融、投资等领域进一步开
放中的重点问题，也包括国际技术创新与合作以及国际区域经济合作等新
领域开放的热点和核心问题，是一个全面的、开放的、动态的战略体系。
该战略的总体框架如图1－1所示。

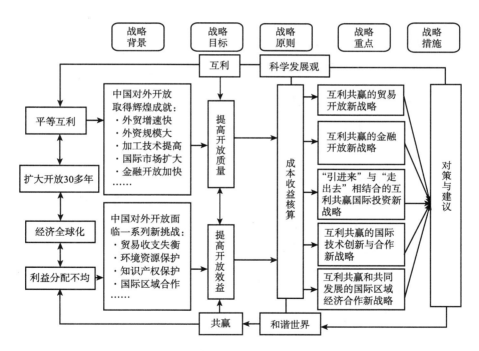

图1－1　互利共赢对外战略总体框架

三 互利共赢对外开放新战略的实施重点

根据对中国互利共赢对外开放新战略的内涵和目标的分析，我们认为该战略实施的重点应包括以下几个方面。

（一）在优化经济结构上，扩大国内消费需求，促进消费、储蓄和投资平衡

中国经济正从外向型经济转向开放型经济，开放经济不再只是中国的一个经济方面或一个经济部门，而是中国解决一切经济问题的根本前提和基础条件。对外开放既是造成一系列国内经济问题的原因，又是解决这些问题的渠道。消费、储蓄和投资不平衡是中国面临的最大结构性问题，也是造成经常项目大量顺差、国内流动性过剩、通胀压力不断扩大的根源。因此，我们必须通过不断扩大对外开放，增加进口，鼓励投资等多种方式刺激国内消费需求，降低国民储蓄率，协调储蓄和投资的关系，从而减少经常项目顺差和国内通胀压力，优化经济结构。

（二）在促进经济增长上，加快经济发展方式的转变，推动产业结构优化升级

对外开放的根本目的就是要促进经济又好又快发展，不断提高人民的生活水平，而加快经济发展方式的转变，推动产业结构的优化升级是关系国民经济全局的紧迫而重大的战略任务。因此，我们要通过新开放战略的实施加快经济发展方式的根本转变，即促进经济增长由主要依靠投资、出口拉动向依靠消费、投资、出口协调拉动转变，由主要依靠第二产业带动向依靠第一、第二、第三产业协同带动转变，由主要依靠增加物质资源消耗向主要依靠科技进步、劳动者素质提高、管理创新转变。发展现代产业体系，大力推进信息化与工业化融合，提升高新技术产业，发展现代服务业，提高服务业比重和水平。

（三）在对外贸易上，转变外贸增长方式，促进收支基本平衡

外贸增长方式的转变是目前中国贸易政策的中心环节，我们要立足以

质取胜，调整进出口结构，鼓励自主知识产权和自主品牌的产品出口，促进加工贸易转型升级，大力发展服务贸易，以改变数量增长高质量效益低的局面。同时，大量的贸易顺差既增加了与贸易伙伴的经贸摩擦，又加大了国内通货膨胀的压力，下一阶段我们需要继续采取综合措施促进贸易收支实现基本平衡，具体包括通过削减关税、取消非关税、扩大服务贸易开放领域、推进贸易便利化等措施扩大进口，通过限制"两高一低"产品出口和改革出口退税制度规范管理出口等。

（四）在金融开放上，稳健推进各方面的对外开放，防范和化解金融风险

人民币国际化是中国金融开放的重点领域，在积极推动国际结算中人民币使用率的同时，应稳步推动人民币资本项目下的自由兑换，但同时应防范人民币国际化过程中资本外逃、热钱频繁进出投机等金融风险。人民币汇率问题仍然是中国金融改革开放中的核心问题之一，虽然目前已形成更有弹性的人民币汇率机制，但仍需进一步完善，特别要防范人民币大幅升值预期给中国经济带来的诸多风险。资本账户的开放是中国金融开放的重要目标之一，我们现已建立和发展了 QFII 和 QDII 等制度，但其开放是一个逐步推进的过程，需要首先改革和完善国内的诸多金融政策，提高国内金融企业的国际竞争力，并建立一个完善的国际经济风险预警和防范体系。

（五）在利用外资上，创新利用外资方式，提高利用外资质量

引进和利用外资一直都是中国对外开放的重要内容，外资的大规模流入促进了经济增长，改善了产业结构，增加了就业机会，提高了企业的技术和管理水平，对中国经济发展具有不可替代的作用，但也造成了一系列的问题，比如区域经济和产业结构发展的不平衡，对外技术依赖性增加而自主创新能力不足，地方政府在引资上的恶性竞争所导致的税收和土地收益损失、环境污染以及劳动者权益的损害等。[1] 因此，我们在新开放战略

①　Whalley, J. and Xian Xin, "China's FDI and Non-FDI Economies and the Sustainability of Future High Chinese Growth", 2006, NBER Working Paper No. 12249.

中一方面要优化利用外资产业结构和地区布局，稳步推进服务业的对外开放，发挥利用外资在推动自主创新、产业升级、区域协调发展等方面的积极作用，另一方面要限制和禁止高耗能、高排放和部分资源性的外资项目，切实纠正招商引资中违法违规的做法。

（六）在对外投资上，积极推进"走出去"战略，创新对外投资和合作方式

随着经济的增长和国民收入水平的不断提高，中国的对外投资额在不断增长之中，尤其是在人民币不断升值的背景下，未来一段时间中国对外投资必将进入一个快速增长通道，这要求我们必须在新开放战略中建立一个系统、完备的对外投资战略，要进一步完善和落实支持企业"走出去"的政策措施，支持企业在研发、生产、销售等方面开展国际化经营，加快培育中国的跨国公司和国际知名品牌，同时也要给东道国创造税收和外汇收入以及就业机会，共享"中国机会"，减少"中国威胁"。

（七）在国际技术合作上，利用国际科技资源加快创新型国家建设

技术水平不高、创新能力不强是制约中国经济增长方式和贸易增长方式转变的瓶颈，为此中国提出了建设创新型国家的战略，这一战略与互利共赢的开放战略都是科学发展观的具体体现，是一脉相承、相互支撑的。在新的开放阶段，我们必须加强国际技术合作与交流，引入国际科技人才，参加国际技术联盟，参与制定国际技术标准，正确认识对外开放与自主创新的关系，充分利用国际科技资源，这样才能尽快建成创新型国家。创新型开放国家建设中的诸如知识产权保护等制度建设以及产生的大量知识成果，既有利于中国经济的可持续增长，又可为世界各国的科技进步和经济发展提供有力的制度保障和技术支持。

（八）在国际区域经济合作上，加快自由贸易区建设，创新国际经济合作机制

加快自由贸易区建设是中国加强多边双边经贸合作的新举措之一，目

前中国已与东盟、巴基斯坦、智利等国家和地区签署了自由贸易协定，今后一段时间我们仍然要继续推进自由贸易区的谈判，并认真实施已签署的协定，使世界各国都能从与中国的经济合作中找到自己的发展机遇。此外，我们还将继续创立并发展诸如中非合作论坛、中美战略经济对话这样的国际经济合作新机制，为解决双边多边经贸、能源、外交、政治甚至军事问题提供良好的平台。①

---

① 胡艺、陈继勇：《迈向互利共赢的开放之路》，《亚太经济》2008 年第 6 期。

| 第二章 |

互利共赢的贸易开放新战略

互利共赢的贸易开放新战略是中国互利共赢对外开放新战略的重要组成部分。在经济全球化日益扩大的背景下，全面实施互利共赢的贸易开放新战略，是实现中国与贸易伙伴之间互利共赢、构建和谐世界的重要指导战略和实施途径，是缓解全球贸易保护主义和降低"中国威胁论"担心的可行策略。全面实施互利共赢贸易开放新战略的目的，就是要进一步扩大中国对外贸易开放的领域，进一步优化对外贸易开放的产品结构，提高中国出口行业的自主创新能力，增加中国出口贸易领域的实际收益，完善内外联动、互利共赢和安全高效贸易开放新体系，形成经济全球化背景下中国参与国际分工的比较优势和竞争优势，实现中国与主要贸易对象国或地区间的互利共赢，缓解国际经贸摩擦和贸易保护主义的新威胁，为建立共同发展和共同繁荣的和谐世界提供助推力。

第一节　实施互利共赢贸易开放新战略的时代背景

新中国成立60多年来，中国经济发展取得了举世瞩目的新成就，对外贸易规模更可谓突飞猛进，2012年超过美国，排名全球第一。国际社会将更多的目光投向已成为世界贸易大国的中国，"中国机遇论"与"中国威胁论"激烈交锋。1978年以来，中国所处的国际、国内环境也经历着广泛而深刻的变化，这一切对中国而言，既是机遇又是挑战。在新的历史时期，在回顾、反思对外开放的成败得失之时，在国外纷纷揣测中国对外开放政策走向之际，为了顺应世界经济的发展趋势，应对中国在世界经济地位的上升和最大限度发挥对外开放在中国经济建设中的作用，中国充分肯定了对外开放所取得的巨大成就，并指出为了促进国民经济又好又快发展，必须拓展对外开放的广度和深度，提高开放型经济水平。[①] 为了进一步深化和扩大对外开放，中国开始将"互利共赢"作为新时代对外开放的主旋律。

互利共赢的贸易开放新战略是中国为突破传统贸易战略观念的束缚，创新贸易战略思想而提出的，是中国在更高开放阶段为实现更高效益提出的对外贸易战略。经济全球化和世界经济失衡是当前世界经济发展的两大主要特点，也是中国对外贸易战略更新的外在动力。同时，经过60多年的发展，中国已经成为全球贸易大国，发达国家贸易保护主义兴起，中国与一些发展中国家在第三市场上的竞争凸现。作为一个负责任的大国，中国应当承担相应的国际责任，注意自身进出口对世界其他国家或地区的影响。从国内经济来看，克服当前中国对外贸易发展中存在的问题，提高对外贸易效益，实现由贸易大国向贸易强国的转变，需要中国调整其以往的对外贸易发展战略。总而言之，无论是从应对国际形势的新变化还是从实现中国对外贸易可持续发展的角度出发，实施互利共赢的贸易开放战略都显得十分必要。

一 实施互利共赢贸易开放新战略的国际背景

（一）经济全球化趋势难以逆转

经济全球化是当今世界经济发展的最主要特点，任何经济主体都无法避免受到其影响，同样经济全球化也是中国对外开放面临的主要外部环境。20世纪70年代末，由于中国正确地把握了经济全球化的发展趋势，提出和实施了扩大型对外开放战略，中国对外贸易与经济发展取得了举世瞩目的成就。WTO首任总干事雷纳托·鲁杰罗指出："经济全球化是被贸易发展推着走的一列高速火车。"同理，对外贸易也是中国参与经济全球化最主要的方式之一。只有顺应和把握经济全球化趋势，抓住机遇积极参

---

① 胡锦涛在中国共产党第十七次全国代表大会上的报告《高举中国特色社会主义伟大旗帜，为夺取全面建设小康社会新胜利而奋斗》。

与并提高在全球化分工中的地位，发展对外贸易，才可能抓住世界经济发展中的有利机遇，在竞争中占领制高点。因此，在经济全球化时代，对外贸易的发展对一国是不可或缺的。

(二) 国际上贸易保护主义抬头

几乎所有的国际贸易理论都不否认自由贸易的双赢性。然而现实经济生活中，只要存在主权国家，或由于各国经济实力悬殊或由于遭受经济冲击或出于政治需要，经济民族主义就会兴起，导致自由贸易的双赢性被忽视或否定，继而造成贸易保住主义抬头。20 世纪 50 年代至 70 年代主要是发展中国家、最不发达国家否认对外贸易的双赢性，因而发达国家的自由贸易浪潮遭遇发展中国家的进口替代战略。但自 20 世纪 80 年代以来，发达国家开始反对自由贸易，特别是同中国这样的发展中国家开展的自由贸易。当前受美国次贷危机余波的影响，经济衰退仍然在全球蔓延，从自由贸易中获益最多的国家变得谨小慎微，以美国为代表的发达国家国内贸易保护主义抬头。美媒体大肆鼓吹中国采取"不公平"贸易做法，同中国开展贸易意味着向中国输出就业岗位，以激发民众对"中国制造"的反感情绪；甚至有些公众人物如美国经济战略学会总裁 C. Prestowitz 偏执地认为，在不完全竞争条件下，在存在跨国要素流动情况下，中美贸易是"零和博弈"。以美国为代表的发达国家，日益频繁地采取在 WTO 框架内被用来维护公平贸易的措施如反倾销、反补贴等来保护国内竞争力弱的产业，反对自由贸易。

(三) 中国与发展中国家在第三方市场上的竞争日益激烈

加入 WTO 后，中国出口的快速增长不仅仅挤占了发达国家传统产业的生存空间，而且也成为其他发展中国家强有力的竞争对手。由于比较优势类似，中国与一些发展中国家或地区如东盟、土耳其等出口结构相似，都集中在劳动密集型、技术含量低的产业，而且大多供应发达国家的低端市场。一方面，中国和一些发展中国家的贸易争端将更加纷繁复杂；另一方面，在中国与发达国家的贸易争端中，这些发展中国家也支持发达国家对中国的产品设限，和发达国家行业协会一起游说发达国家政府采取针对中国产品的保护措施。如在 2005 年中美纺织品贸易争端中，土耳其支持并游说美国对源自中国的纺织品服装设限。和发展中国家在第三方市场上的竞争关系导致中国与其他发展中国家由过去的共同利益方变为利益冲突方，处理与发展中国家的竞争关系较之处理与发达国家的关系更为复杂。

（四）要求中国承担相应国际责任的呼声高涨和"中国威胁论"不时抬头

在扩大型对外开放之初，中国的国民经济总体规模较小，参与世界经济的程度非常有限，当时中国的开放战略与开放政策主要是立足于本国经济自身发展的需要，借助外部条件和国际资源发展本国经济，很少考虑本国的开放政策和开放战略对世界经济运行的影响。但是随着改革开放进程的深入发展，中国经济规模不断扩大。经过 30 多年的经济建设，中国正在崛起成为一个具有重要国际影响力的开放型大国，成为推动全球经济发展的重要力量。与经济大国地位相适应，中国的对外开放政策与开放战略也已经远远超出了一个国家的自身发展问题，逐渐演变成为一项与全球经济整体发展密切相关的重大战略课题。中国开展对外贸易，不仅要满足自身发展的需要，提高本国国民福利，而且要考虑对贸易伙伴的影响。美国前副国务卿罗伯特·佐利克曾指出："中国是国际社会的利益攸关者，是时候让中国承担国际责任了。"虽然中国并不完全接受美国所谓的"中国责任论"，但中国也不否认作为一个经济大国和贸易大国应该承担相应的国际责任。作为一个贸易大国，中国的进出口活动必然会对世界市场产生一定的影响。一方面，中国品种丰富、价格低廉的出口产品增加了进口国消费者的福利，降低了进口国通货膨胀的风险；另一方面，中国产品的价格优势和日益增长的市场份额也给其他国家造成了压力。

正是因为中国国际影响力的增强，当今全球经济出现的各种困难和问题常常被人为地与中国因素联系在一起，比如将其他国家经济衰退，失业增加，财政赤字，金融危机，通货紧缩，贸易赤字，外商直接投资利用的减少，世界能源、原材料、粮食价格上涨，环境污染等一系列问题归咎于中国因素的观点并不少见。在此背景下，出现了所谓的"中国威胁论"。诺贝尔经济学奖获得者 Stiglitz 曾指出，中国的高速增长于世界而言绝不是

"零和博弈"，中国的发展促进了世界经济的稳定和繁荣。WTO 前任总干事拉米曾说，越来越多的国际社会从中国的开放中受益，中国的经济增长对每一个人都是有益的。中国的发展不仅不会给世界带来威胁，而且会为世界发展创造机会，为全球所有国家带来福利。互利共赢对外贸易观的提出向世界传达的信息是，作为一个对世界经济有重要影响的贸易大国，中国开展对外贸易旨在实现互利共赢，其中包括承担相应的国际责任，这有助于肃清"中国威胁论"的影响，为中国对外贸易的发展创造良好的环境。①

二 实施互利共赢贸易开放新战略的国内背景

（一）新中国成立以来中国对外贸易发展历程及其主要特点

新中国成立以来，中国对外贸易发展和对外贸易体制改革相辅相成，外贸体制改革有力推动了中国对外贸易的发展，而对外贸易发展反过来又促进外贸体制不断市场化、国际化。尤其是以 1978 年扩大型对外开放实施、1986 年开始复关谈判、2001 年加入世界贸易组织为标志的三次外贸体制改革，都极大地推动了中国对外贸易的发展。新中国成立 60 多年以来，对外贸易发展大致经历了四个阶段：第一个阶段是从 1949 年到 1978 年，即新中国成立到扩大型对外开放以前的计划管理阶段，这一时期中国对外贸易年均增长 12.88%；第二个阶段是从 1979 年到 1993 年，即扩大型对外开放初期外贸体制的逐步改革阶段，这一时期中国对外贸易年均增长 16.67%，属于快速发展阶段；第三个阶段是从 1994 年到 2001 年，即中国"入世"谈判阶段，这一时期中国对外贸易年均增长 13.11%；第四个阶段是从 2002 年至今，即"入世"后外贸体制的进一步市场化与国际化阶段，这一时期中国对外贸易年均增长 26.11%，属于高速发展阶段。

1. 新中国成立到"扩大型"对外开放以前的计划管理阶段（1949～1978 年）

新中国成立初期，在战争废墟中建立起来的新中国，民族产业亟待建立，基本处于百废待兴的境地，新中国政府努力开展对外交往。与此同

---

① 陈继勇、胡艺：《中国实施互利共赢的对外贸易战略》，《武汉大学学报》（哲学社会科学版）2009 年第 5 期。

时，以美国为首的西方发达国家对社会主义中国实行封锁禁运。这势必使新中国实行"一边倒型"的开放政策，完全倒向社会主义阵营一边，大开面向苏联和东欧国家之门。受社会主义阵营中核心国家——苏联的影响，新中国在经济制度上选择了高度集中的计划经济体制。囿于当时的国际形势、基本国情和经济制度，中国实行的是进口替代战略。与此相应，扩大型对外开放前，中国实行单一的公有制、对外贸易国家垄断经营、高度集中的计划管理、统负盈亏的财务管理，这些都为进口替代战略的实施提供了制度保障。发展出口是为了应付基本的进口所需的外汇资金，而出口创汇则主要依赖于农产品和矿产品。20 世纪 50 年代，中国进出口贸易中约50% 表现为对苏联的贸易，对东欧社会主义国家的贸易也在其中占有较大比重。这一时期中国出口的产品主要是粮、油、肉、蛋等农牧产品，进口产品主要是机器和武器装备。1960 年中苏关系恶化，中国对外贸易重心从对苏贸易转向对西方资本主义国家的贸易，出口产品结构也开始转向以轻工业产品为主。客观地说，在特定历史环境下，进口替代战略保证了中国社会主义基本经济制度和现代工业体系的建立。然而，从 20 世纪 60 年代末到 70 年代，进口替代战略的弊端不断显露，预期经济目标远未实现。这种扭曲的经济模式以牺牲农民利益为基础，以行政方式指挥经济，保护了效率落后的工业，使资金、资源等要素价格扭曲，强化了城乡二元经济特征；资金缺乏，技术进步缓慢，国民经济增长乏力。① 与同处东亚的日本及新兴经济体相比，中国错失第二次世界大战后世界经济繁荣与贸易发展带来的重大机遇，发展速度远不如这些经济体。最大的问题则在于，在高度保护下发展起来的工业，国际竞争力低，而出口创汇能力的不足直接制约了引进先进设备的能力。最直接的后果是，中国占全球贸易的比重从1953 年的 1.5% 下降到了 1977 年的 0.6%。

2. 扩大型对外开放下外贸体制的初步改革阶段（1979～1991 年）

1973 年布雷顿森林体系的崩溃，标志着美国美元霸权鼎盛时期的结束和衰落时期的开始。美国为了在美苏争霸的世界格局中维持自己的霸主地位，不得不改变对中国的敌视政策。1978 年 12 月 16 日，中美发表《中美

---

① 张学兵、钟思远：《论中国出口导向型经济转变》，《天府新论》2009 年第 5 期。

建交公报》；1979 年 1 月 1 日，中美正式建交，这标志着通往西方市场的大门向中国敞开。与此同时，扩大型对外开放之初中国的国情呈现三个特点：一是资金短缺，经济发展面临资本严重不足的约束；二是就业压力大，人均国民收入很低，经济发展面临国内市场不足的约束；三是国内资源价格相对低，例如劳动力资源和土地资源等都比较廉价。这三个特征决定了中国当时对外经济的基本战略只能是充分利用国内资源而争夺和占领国际市场。另外，东亚部分发展中国家和经济体在通过进口替代建立了自己的工业基础之后，开始转而实施出口导向战略，成效显著，为中国提供了可借鉴的经验。1978 年 12 月中国共产党十一届三中全会的召开预示着中国扩大型对外开放的开始，自此中国经济发展步入了一个全新的历史时期。中国开始按照对外开放、对内改革的方针，实行进口替代与出口导向相结合的战略，即在中国具有比较优势的劳动密集型产业，通过引进外资等一系列增强竞争力的措施，采取鼓励出口的政策；而在不具备比较优势的资本技术密集产业，则继续实行进口替代的战略。利用国内和国外两种资源和两个市场，集成全球优势要素，增强中国产业的国际竞争力。具体来说，这一时期为了扩大出口，调动出口积极性，中国对外贸易体制改革主要从以下几个方面展开：下放对外贸易经营权，给予地方政府对外贸易自主权；扩大对外贸易经营渠道，打破垄断经营；逐步缩小外贸计划控制范围，启用关税与非关税手段；改革外汇管理体制，人民币在逐步纠正汇率高估的过程中，逐步走过单一汇率—双重汇率的发展过程；实行对外贸易承包经营责任制；改革统包盈亏的对外贸易财务体制，实行自负盈亏。

3. 以"入世"为契机的外贸体制的深化改革阶段（1992～2001 年）

1992 年邓小平南方谈话进一步推动了中国改革开放全面深入。虽然，1993～1994 年，中国人民币汇率出现市场汇率与官方汇率的双轨汇率差距拉大造成的汇率紊乱，以及世界经济因苏联和东欧国家经济在转轨过程中大幅下滑和美国等西方国家前期的经济衰退，导致世界经济的不景气，使中国对外出口增长乏力。但这一情况并未持久，随着世界经济的恢复，中国出口开始重新加速增长。[1] 到 2000 年，经过多年的对外开放实践，不断

---

① 罗丙志：《以改革求发展——中国外贸 1993 年回顾与 1994 年展望》，《国际经贸探索》1994 年第 1 期。

总结经验和完善政策，中国对外开放由南到北、由东到西层层推进，基本上形成了一个宽领域、多层次、有重点、点线面结合的全方位对外开放新格局。而这一时期是中国开始复关谈判前的解答问题阶段，主要围绕着解答各缔约方的提问而进行。为了解决中国经贸体制与世贸组织多边贸易体制的相容性问题，中国的经济体制不断向市场化方面推进，外贸宏观管理体制改革的方向朝着强化经济手段、加强立法手段和改革行政管理手段方向迈进。中国以世贸组织规则为参照系，进行了一系列改革，如降低关税、放开物价、取消出口补贴、统一双重汇率、公开贸易政策及放开国内市场等。据统计，1992～2001年中国对外贸易年均增长14.5%，占全球贸易比重从1992年的2.3%上升到2001年的4.4%，在全球贸易中的位次从第11位上升到第6位。

4. "入世"以来外贸体制进一步市场化、国际化的阶段（2002年至今）

经过15年漫长的谈判历程，2001年11月中国终于成为世界贸易组织的正式成员。中国加入世贸组织标志着经济改革进入新的阶段，意味着中国经济改革的背景发生重大变化，中国既要根据国内情况，又要依据世贸组织规则和经济全球化的发展趋势来制定和实行改革开放战略。中国承诺"遵守规则、开放市场"，意味着经济体制、运行机制和经济法规要逐步符合世贸组织的一般原则。"入世"以后，中国对外贸易体制改革主要围绕履行"入世"承诺展开。中国的主要"入世"承诺包括：降低关税壁垒、取消非关税壁垒、为世界贸易组织成员方提供非歧视待遇、实施统一的贸易政策、保持贸易政策透明度以及在"入世"3年之内为所有的经济实体提供进出口贸易权。2004年7月1日新的《对外贸易法》开始实施，对外贸易由审批制变为登记制。

（二）新中国成立以来中国对外贸易发展取得的主要成就及对中国经济的贡献

1. 新中国成立以来中国对外贸易发展取得的主要成就

（1）对外贸易额快速增长。

如图2-1所示，从新中国成立到扩大型对外开放前的30年里，中国对外贸易规模较小。1950～1977年中国货物进出口贸易额累计只有1606

亿美元，仅相当于 2008 年的 6.3%。1978 年底党的十一届三中全会以后，实行扩大型对外开放政策，国民经济迅速发展，对外贸易也进入了一个新的发展时期。1978 年进出口贸易总额仅为 206 亿美元，到 1991 年进出口总额突破 1300 亿美元，其间中国对外贸易进出口额几乎每五年就翻一番。1992 年进出口额达 1655.3 亿美元，进出口继续大幅增长，2001 年中国正式加入世界贸易组织，此后对外贸易发展进一步提速，仅用三年的时间，贸易额翻了一番，2004 年进出口贸易额超万亿美元，达 11547.4 亿美元。2005 年至 2007 年的三年时间，贸易额几乎又翻了一番，突破 2 万亿美元。2008 年在金融危机席卷全球的背景下，中国对外贸易额仍旧保持了 17.8% 的高增长率，为 25616 亿美元。2009 年中国进出口贸易总额虽然有所下降，比 2008 年同期降低 13.9%，但仍然达到 22072.7 亿美元的高点。2012 年，中国商品进出口总额已高达 38668 亿美元，首次超过美国，成为世界贸易第一大国。[①]

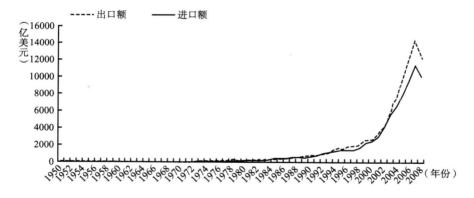

图 2-1 1950~2008 年中国进出口贸易额

资料来源：国家统计局编《新中国 60 年》，中国统计出版社，2009。

（2）进出口商品结构不断改善。

扩大型对外开放以来，在进出口贸易规模迅速扩大的同时，中国进出

---

① 数据来源于中华人民共和国商务部网站，http://zhs.mofcom.gov.cn/aarticle/Nocategory/201001/20100106747574.html。

口商品结构也得到明显改善。具体表现在两个方面：货物进出口结构不断
升级；服务贸易结构渐趋优化。

如表 2－1 所示，在货物出口贸易中，制成品的比例不断升高，初级产
品的比例不断下降。20 世纪 50 年代中国主要出口农副产品，从 60 年代开
始逐渐转向轻工业产品。1978 年，初级产品出口占 53.4%，工业制成品占
46.6%；2008 年初级产品占总出口的 5.4%，工业制成品占总出口的
94.6%。1998 年以来，中国出口商品结构经历两次大的跨越，第一次是
1986 年，纺织服装取代石油成为中国第一出口产品，标志着中国摆脱了以
资源为主的出口结构，进入了以劳动密集型制成品为主导的时代。第二次
是 1995 年，中国机电产品超过了纺织服装产品成为最大比重类的出口产
品，机电产品总体上，资本和技术密集度较高。机电类产品成为中国出口
产品结构中的一个新支柱，标志着出口商品结构的升级。进口商品结构变动
呈现以下特点：第一，进口商品中，初级产品的比重不断上升，制成品的进
口比重不断下降，如 1985 年初级产品占进口比重为 17.1%，2000 年上升到
20.8%，到 2008 年进口初级产品比重为 32%，2011 年这一比重又进一步上
升为 34.7%。第二，大力进口了短缺的资源型产品，如石油、小麦、橡胶
等。第三，以信息、通信类产品为主的高新技术产品进口呈现大幅增长。

表 2－1 1980～2008 年中国进出口商品结构演变

单位：%

年　份	出　　口		进　　口	
	初级产品	工业制成品	初级产品	工业制成品
1980	53.4	46.6	34.8	65.2
1985	54.2	45.8	17.1	82.9
1990	25.7	74.3	18.5	81.5
1995	14.4	85.6	18.5	81.5
2000	10.2	89.8	20.8	79.2
2001	9.9	90.1	18.8	81.2
2002	8.7	91.3	16.7	83.3
2003	8.6	91.4	17.6	82.3
2004	6.8	93.2	20.9	79.1

续表

年　份	出　口		进　口	
	初级产品	工业制成品	初级产品	工业制成品
2005	6.4	93.6	22.4	77.6
2006	5.5	94.5	23.6	76.4
2007	5.1	94.9	25.4	74.6
2008	5.4	94.6	32.0	68.0
2009	5.3	94.7	28.8	71.2
2010	5.2	94.8	31.0	69.0
2011	5.3	94.7	34.7	65.3

资料来源：国家统计局编《新中国 60 年》，中国统计出版社，2009。

　　服务贸易结构在发展中渐趋优化，服务贸易从单纯依靠自然资源、劳动密集型为基础的传统产业向以知识、技术或资本密集型为基础的现代服务产业和传统产业齐头并进发展。20 世纪 70 年代至 80 年代初，中国传统服务贸易出口占比接近 80%，高附加值服务贸易出口所占份额甚微。经过多年的发展，中国服务贸易全面发展的格局初步形成，旅游、运输等传统服务贸易出口的比重不断下降，通信、保险、金融、计算机和信息服务、咨询、广告等迅速发展。1997 年中国计算机和信息服务出口额仅 0.84 亿美元，到 2009 年出口额达到 65 亿美元，增长了 76 倍；咨询服务 1997 年出口 3.5 亿美元，2009 年出口达 186 亿美元，增长了 52 倍。[①] 高附加值服务贸易的迅猛发展改善了中国长期以传统服务贸易为主的结构，促进了产业结构和外贸增长方式的调整。

　　（3）对外贸易地理结构渐趋多元化。

　　新中国成立初期，中国主要与苏联和东欧社会主义国家进行贸易，贸易伙伴单一。1951 年，新中国同社会主义国家的贸易额占全部对外贸易总额的比重为 53%。1978 年中国的贸易伙伴仅 40 多个。随着中国对外开放的深入发展，全方位协调发展的国别地区政策使中国与世界各国和地区的贸易关系有了突飞猛进的发展，进出口市场分布逐渐向多元化发展，目前

---

　　① 数据来源于中华人民共和国商务部服务贸易指南网，http://tradeinservices. mofcom. gov. cn/c/2010 - 05 - 26/82542. shtml。

中国已与 220 多个国家或地区建立了经济贸易关系，进出口市场向多元化发展。2012 年，中国出口贸易伙伴排名前五位的国家或地区是美国、中国香港地区、日本、韩国和德国；进口来源地的前五名的国家或地区是日本、韩国、美国、中国台湾省、德国。从进出口总额来看，2012 年中国前五位贸易伙伴依次是美国、日本、中国香港地区、韩国和德国。中国的出口市场主要集中在发达国家，而进口来源地除了欧盟外，主要集中在亚洲地区。

（4）一般贸易和加工贸易同步增长。

新中国成立初期，20 世纪 50 年代中国主要和苏联、东欧社会主义国家开展贸易，贸易方式比较单一，其中大多是易货贸易，用粮、油、茶等农副产品交换恢复和发展工农业生产以及交通运输所必需的重要物质和原材料。直到 20 世纪 70 年代，中国对外贸易方式主要是一般贸易，所占比例为 90% 以上。随着对外开放战略的实施和外商投资企业的大量进入，加工贸易得到迅速发展，在进出口中所占比重不断提高，一般贸易在中国对外贸易中所占比例逐渐下降。从 1993 年至今在出口贸易中加工贸易所占比例一直超过一般贸易。1994 年在进口贸易中加工贸易所占比例超过一般贸易；1997 年加工贸易在进口贸易中所占比例达到最高，为 49.3%；之后加工贸易在进口贸易中所占比例开始下降。2008 年加工贸易在进口贸易中所占比例为 33.41%，2012 年加工贸易的比重又上升到 34.8%（见表 2 - 2）。

表 2 - 2 1981 ~ 2008 年各贸易方式在进出口中所占比例

单位：%

年 份	一般贸易		加工贸易		其他贸易	
	出口	进口	出口	进口	出口	进口
1981	94.50	92.53	5.14	6.83	0.36	0.64
1985	87.13	88.17	12.12	10.17	0.75	1.66
1990	57.13	49.06	40.92	35.21	1.95	15.73
1995	47.97	32.84	49.54	44.20	2.49	22.96
2000	42.19	44.45	55.24	41.12	2.57	14.43
2005	41.35	42.37	54.66	41.52	3.99	16.11

年　份	一般贸易		加工贸易		其他贸易	
	出口	进口	出口	进口	出口	进口
2006	42.95	42.08	52.67	40.62	4.38	17.30
2007	44.21	44.83	50.71	38.55	5.07	16.62
2008	46.33	50.51	47.19	33.41	6.48	16.08
2012	48.22	56.21	42.11	34.80	9.67	17.32

资料来源：国家统计局编《新中国 60 年》，中国统计出版社，2009；海关总署网站，http://www.customs.gov.cn。

（5）外资企业和私营企业成为外贸增长的主力军。

新中国成立初期到 1977 年，在计划经济体制下国家垄断对外贸易经营权，中国只有 13 家国营专业公司有权经营对外贸易。1978 年扩大型对外开放打破了国营外贸企业垄断经营的局面，逐渐下放对外贸易经营权，发展了民营外贸企业和工贸企业，建立中外合资外贸企业。随后，外资企业进出口规模呈现快速发展的趋势，占总贸易额的比重迅速上升。如表 2－3 所示，1995 年外资企业出口占中国总出口的比重为 31.51%，2005 年这一比重攀升到 58.30%，2006 年、2007 年、2008 年虽有小幅下降，当仍维持在 55% 以上。随着"入世"，中国对外贸易体制逐渐同国际接轨。2004 年 7 月 1 日开始实施新的《对外贸易法》，中国对外贸易经营权由审批制变为登记制，自然人也可以从事对外贸易，中国对外贸易主体更加多元化。如表 2－3 所示，目前中国外贸经营主体已形成以外企为主，国企与民营企业并驾齐驱的格局。

表 2－3　新中国成立以来按所有制类别划分企业出口所占比重

单位：%

年　份	国有企业	外资企业	集体企业	其他企业
1995	66.71	31.51	1.53	0.24
1996	56.97	40.72	2.03	0.28
1997	56.18	40.98	2.48	0.31
1998	52.68	44.07	2.94	0.33

续表

年　份	国有企业	外资企业	集体企业	其他企业
1999	50.52	45.47	3.50	0.51
2000	46.73	47.93	4.24	1.10
2001	42.55	50.07	5.35	2.05
2002	37.73	52.19	5.79	4.27
2003	31.50	54.84	5.73	7.96
2004	25.89	57.07	5.36	11.69
2005	22.16	58.30	4.79	14.76
2006	19.71	58.21	4.23	18.85
2007	18.47	57.06	3.86	20.52
2008	17.96	55.21	3.84	22.92
2009	15.89	55.94	——	——
2012	12.50	49.92	——	——

资料来源：中华人民共和国商务部网站，http://zhs.mofcom.gov.cn/aarticle/Nocategory/201004/20100406888239.html。

（6）对外贸易总体上保持顺差。

新中国成立60多年来，中国对外贸易从小额逆差转变为巨额顺差，从外汇极度短缺发展成为外汇储备全球第一。1950~1977年，由于中国进出口额较小，对外贸易差额也相对较小。其间，对外贸易逆差最高的年份是1974年，达6.7亿美元；对外贸易顺差最高的年份是1973年，达6.3亿美元。从1978年到1989年，除1982年、1983年外，中国对外贸易几乎年年呈现逆差，贸易逆差最高的年份是1985年，逆差额达149亿美元。1990年至今，除1993年贸易逆差为122亿美元外，中国对外贸易年年保持顺差，持续贸易顺差为中国解决外汇资金短缺问题、积累外汇储备起了决定性的作用。在双边经贸关系中，中国与周边大多数经济体的贸易逆差持续扩大，与美欧等经济体的顺差则持续扩大。

在贸易顺差不断扩大的同时，中国外汇储备也屡创新高（见表2-4）。2006年中国官方外汇储备就超过日本，位居全球第一。高额外汇储备对于提高中国的清偿能力、增强国际收支调节能力、保证人民币信誉都具有重要意义。

表 2 - 4　新中国成立以来部分年份中国外汇储备

单位：亿美元

年份	1950	1960	1978	1985	1990	1995	2000	2005	2006	2007	2008	2012
外汇储备	1.57	0.46	1.67	26.44	110.9	736	1656	8189	10663	15281	19500	33116

资料来源：根据国家外汇管理局网站相关数据整理，http：//www.safe.gov.cn/。

（7）在世界贸易中的地位不断提高。

扩大型对外开放以前，中国对外贸易发展缓慢，在全球贸易中所占比重及位次徘徊不前。1950 年中国进出口贸易总额为 11 亿美元，在世界贸易中所占比重为 0.9%，位居全球第 28 位；1978 年中国进出口贸易总额为 206 亿美元，在世界贸易中所占比重为 0.8%，位居全球第 32 位。1978 年扩大型对外开放以来，中国进出口贸易的平均增长速度大大高于国民经济的平均增长速度，也大大高于全球贸易的平均增长速度，对外贸易在国民经济中的地位不断提高。中国对外贸易的持续增长，尤其是出口贸易的高速增长，使中国对外贸易在全球贸易中所占比例不断提升，在全球贸易中的地位逐渐上升，经济开放度明显提高。如表 2 - 5 所示，从 1978 年到 2008 年，中国对外贸易额年均增长 18.7%，占全球总贸易额的比重从 1978 年的不足 1% 上升到 2009 年的 8.9%。2009 年中国对外贸易额为 22072.2 亿美元，居全球第 2 位；其中进口 10055.6 亿美元，全球排名第 2 位；出口 12016.6 亿美元，位居全球第一。[①]

表 2 - 5　中国对外贸易在世界贸易中所占比重及位次

单位:%

时　间	位　次	在世界贸易中所占比重	时　间	位　次	在世界贸易中所占比重
1950	28	0.9	1992	11	2.30
1978	29	0.8	1997	10	3.30
1985	17	1.40	1998	11	3.00
1990	15	1.80	1999	9	3.50

---

①　世界贸易组织网站，http：//www.wto.org/english/res_e/statis_e/its2010_e/its10_world_trade_dev_e.htm。

时　间	位　次	在世界贸易中所占比重	时　间	位　次	在世界贸易中所占比重
2002	5	4.86	2006	3	6.9
2003	4	5.45	2007	3	7.2
2004	3	5.76	2008	3	8.0
2005	3	6.7	2009	2	8.9
2000	7	4.50	2012	1	—
2001	6	4.41	2013	1	—

资料来源：世界贸易组织网站，http：//www.wto.org/english/res_e/statis_e/its2010_e/its10_world_trade_dev_e.htm。

2. 对外贸易发展对中国经济发展的贡献

理论和众多实证研究表明，对外贸易的飞速发展，对于解决中国经济在发展过程中的矛盾，提高中国产品的国际竞争力和综合国力意义重大。

（1）优化资源配置，解决经济发展中的矛盾。

对外贸易的发展，通过充分利用"两种资源和两个市场"，扩大了资源的有效配置范围，解决了经济活动中的供需矛盾。进出口的良性运作，不仅在一定程度上缓解了中国国内经济发展阶段性结构失衡问题，提高了总产出水平，而且逐步实现了产业结构的合理化和高级化，增强了经济的抗风险能力。

（2）推动中国经济体制的改革与创新。

对外贸易是中国参与经济全球化、对外交往的重要方式之一。为了发展对外贸易，充分调动市场主体积极性，中国实施了一系列的经济体制改革。尤其是以"入世"为契机的一系列改革都极大地推动了中国对外贸易的发展，同时对外贸易迅速发展和中国"入世"也促进了中国经济体制改革。

（3）促进经济结构的调整和产业结构的升级。

通过发展对外贸易，进口生产所需的机器设备、技术和原材料，强化了能源、水利、交通、通信等基础设施建设，加快了企业的基础改造，促进了机械、电子、石化、汽车、信息技术等支柱产业的发展，加快了中国的工业化进程和经济结构的高级化。

（4）促进国内就业。

中国外向型经济的日趋活跃，带动了国内就业水平的提高。据有关专家分析，2006 年中国外贸依存度达到了 70% 左右，有效带动了国内就业。全国目前从事外贸的企业超过 40 万家，占登记注册企业的 8%，与进出口有关的从业人员总数已经超过 1 亿人。

（三）新世纪中国对外贸易发展所面临的主要问题

1. 粗放的对外贸易增长方式不可持续

虽然中国资源总量在世界排名第三，但人均占有量偏少，是世界人均数量的二分之一，在世界上仅排名第 53 位。重要的资源如石油、天然气的人均储量仅相当于世界人均储量的 7% 左右，即使储量相对丰富的煤也仅占世界人均储量的 64%。随着工业化的推进，能源依存度日益上升，中国能源安全受到挑战。2008 年中国油品消费量为 3.86 亿吨，净进口量为 2.01 亿吨，对外依存度高达 52%。据估计，在 45 种重要战略性资源当中，到 2020 年中国将出现有 9 种资源对外依存度超过 70% 的严重情况，有 10 种资源将出现对外依存度为 40% ~ 70% 的情况。粗放的对外贸易增长方式，在大量消耗资源的同时，也严重污染环境。目前中国每日耗水量位居世界第一，污水排放量位居世界第一，能源消耗和二氧化碳排放量居世界第二。随着低碳经济的兴起，碳关税成为各国争论焦点。所谓碳关税是指对高耗能的产品进口征收特别的二氧化碳排放关税。2009 年 6 月 22 日，《美国清洁能源安全法案》获得众议院通过，该法案从 2020 年起开始实施，规定美国有权对包括中国在内的不实施碳减排限额国家进口产品征收碳关税。值得注意的是，中国出口的主要品种机电产品也被美国列入"高能耗产品"。中国对美国机电产品出口约占中国对美国出口总额的 60%。一旦征收"碳关税"，中国的出口将受阻，对外贸易可持续发展也将受到挑战。中国应对碳关税的最根本手段是，转变对外贸易增长方式，减少对高耗能产品的依赖度。如果继续按照现有粗放模式增长，那么国内资源和自然环境以及国际贸易外部环境等条件将难以支持中国对外贸易的持续发展。

以规模扩张为主、只重数量不重质量的对外贸易增长方式，虽然对中国早期的工业化功不可没，但这种粗放的对外贸易增长方式是以大量消耗资源、严重污染环境为代价的，不仅自身的可持续性发展受到约束，而且一定程度上带动全球资源价格的上涨、温室气体排放量的增加，给其他国家的发展和世界环境带来一定的负面影响。而互利共赢对外贸易发展战略的实施，意味着中国减少对资源的依赖，为环境保护贡献自己的力量。

2. 对外贸易结构仍有待优化

（1）对外贸易产品结构需进一步升级。

①对外贸易货物出口缺乏品牌和自主知识产权。扩大型对外开放30多年来，中国成功地确立了"世界制造中心"的地位，但一系列统计数据无法掩饰中国对外贸易效益不高、从国际分工中所获有限的事实。在当前的国际产业分工格局中，中国目前仅仅是世界的加工厂和装配车间，即使是在一些高新技术产业领域，中国主要承担国际产业价值链低端和劳动密集型增值环节的生产，所获取的是低廉的加工费。与此同时，不少国内企业只注重眼前利益，仅仅满足做跨国公司的"代工厂"，自主创新意识低，技术进步有限。2008年中国高技术产品出口额约占商品出口额的30%，但在中国高技术产品出口的各类贸易方式中，加工贸易出口占高技术产品出口的比重高达85%以上，仍然占据着绝对主导地位，其中进料加工贸易又是中国加工贸易的主要形式。相对加工贸易，以一般贸易出口的高技术产品可以被视为拥有自主研发能力的产品。加工贸易在中国出口中的绝对主导地位充分说明了中国近年来出口的大规模增长是发达国家产业转移的结果，大部分出口产品仅为其他国家的代工产品，缺乏品牌和自主知识产权。

②服务贸易发展滞后。尽管1990年以后，中国服务贸易迅速发展，规模不断扩大。但中国服务贸易发展仍然滞后，表现为以下两个方面。第一，服务贸易与商品贸易发展不协调。2008年，中国服务贸易世界排名第5位，比商品贸易低3位，服务贸易与商品贸易之比约为10%，明显低于19%的世界平均水平。2008年中国货物贸易占世界货物贸易的比重为8%，而服务贸易额占世界服务贸易的比重仅为4.2%，不及美国的1/5，这与商品贸易地位不相匹配。第二，进出口以资源、劳动密集型为主。在中国服务贸易的结构构成中，占比最大的是旅游、运输服务，2008年运输和旅

游在服务贸易进出口中的占比为54.4%。旅游、运输服务是传统的服务项目，分别属于资源密集型、劳动密集型行业；而通信、金融、保险、计算机服务和信息服务等资本、知识密集型行业的贸易额占服务贸易总额的比重均低于5%。

（2）对外贸易地理结构仍需进一步多元化。

新中国成立60多年来，中国对外贸易地理结构逐步多元化。中国对外贸易伙伴多达200多个国家和地区，但仍存在某一商品出口市场过于集中的现象。出口商品过于集中，往往会诱发低价恶性竞争，极易遭到国外的反倾销调查、保障措施调查或特保调查，恶化中国对外贸易经营环境。此外，中国能源对外依存区域集中，能源安全受到严重挑战。

（3）对外贸易方式结构和对外贸易主体结构需要进一步协调。

长期以来，中国实施的是以利用外资和鼓励出口为重点的外贸发展战略。在此背景下，中国对外贸易呈现以下三个特点：外资主导、加工贸易主导、外资主导型加工贸易，即中国对外贸易主体以外资企业为主，贸易方式以加工贸易为主，外资在华主要从事加工贸易。其中一个引人关注的现象是外资加工贸易的增值率远低于国有企业、集体企业。如表2-6所示，在来料加工贸易中，外资企业来料加工贸易增值率始终低于国有企业和集体企业。在表2-7中的进料加工贸易中，外资企业增值率更是远远低于国有企业、集体企业，有时其增值率还不及国有企业、集体企业的一半。

3. 贸易收支失衡

随着对外贸易的飞速增长，中国对外贸易顺差不断扩大，2008年中国贸易顺差达到2954.6亿美元，2012年中国贸易顺差虽减少到2311亿美元，但仍位于世界前列。由于中国成为当前世界经济失衡的主要盈余方，赤字方美国多次在公开场合向人民币升值施压。在巨大的国际压力下，人民币加速了升值步伐，2005年汇率改革至今，人民币对美元汇率累计升值已逾25%。

表 2-6　各所有制企业来料加工贸易增值率

单位：%

年　份	外资企业	国有企业	集体企业	其他企业
1995	7.81	30.85	41.60	—
1996	20.09	40.06	50.34	—
1997	28.42	44.49	52.21	95.84
1998	43.18	58.51	59.41	19.96
1999	40.44	57.14	55.56	12.08
2000	36.04	52.62	56.13	16.73
2001	33.31	53.91	57.71	32.47
2002	31.84	42.79	50.10	22.53
2003	31.03	46.77	47.73	25.30
2004	12.45	45.57	55.74	23.03
2005	14.23	40.88	61.07	28.88
2006	21.80	36.32	57.70	31.67
2007	27.68	34.09	60.00	33.33
2008	12.65	36.11	94.87	30.00

资料来源：中国海关统计。

表 2-7　各所有制企业进料加工贸易增值率

单位：%

年　份	外资企业	国有企业	集体企业	其他企业
1995	13.86	81.74	40.00	—
1996	28.71	68.53	151.30	—
1997	34.42	92.13	134.11	126.13
1998	43.38	113.19	137.45	-7.06
1999	41.69	129.56	145.92	19.93
2000	42.80	119.30	116.65	97.63
2001	54.94	129.90	139.93	149.01
2002	44.70	126.00	132.09	67.09
2003	46.26	140.21	113.35	80.36
2004	50.55	118.03	101.82	92.80
2005	56.97	115.76	123.92	89.85
2006	63.74	123.40	174.81	108.13
2007	76.44	111.21	200.73	102.3
2008	93.25	132.74	199.27	99.78

资料来源：中国海关统计。

4. 对外贸易摩擦频发

随着中国出口高速增长、贸易顺差急剧扩大，国外对中国的贸易救济措施迅速增加，针对中国的保护措施层出不穷，中国的出口几乎遭遇了所有形式的非关税壁垒，例如特殊保障措施、反倾销、反补贴、质量问题、知识产权问题等。以反倾销为例，1995～2012 年全球反倾销措施共 4125 起，其中中国是全球最大的反倾销受害国，针对中国的反倾销措施多达 884 起，约占 21%。① 截至 2012 年底，中国已经连续 17 年成为全球遭遇反倾销调查最多的国家。同时，中国还是全球反补贴措施的第二大受害国。2009 年以来中国面临的外贸形势急剧恶化，贸易摩擦强度前所未有。仅 2009 年前三季度，就有 19 个国家对中国产品发起 88 起贸易救济调查（其中反倾销 57 起，反补贴 9 起，保障措施 15 起，特保 7 起），涉案总额达到 102 亿美元，同比分别增长 29% 和 125%。全球 35% 的反倾销调查针对中国出口产品，全球 71% 的反补贴调查针对中国出口产品，其中美国对中国贸易救济调查涉案总额达 58.4 亿美元，增长 639%，中国成为全球贸易保护的最大受害国。作为遭遇贸易摩擦最多的国家，如果中国不能及时改变现有的贸易增长方式，在今后的一段时间内面临的贸易壁垒可能会进一步增加。

第二节 互利共赢贸易开放新战略的原则、内涵及现实基础

一 互利共赢贸易开放新战略的原则

（一）互利共赢贸易开放战略必须坚持以我为主

对外贸易是中国整体经济发展的有机组成部分，必须服从和服务于经济发展的总体战略目标。相应的，互利共赢的对外贸易战略首先必须符合中国自身的利益。扩大型对外开放 30 多年来，对外贸易的发展在中国外向型经济的建立、技术进步、经济增长、国民福利提升及国际地位的提高中起着不容忽视的作用。然而事移时易，在新的国际形势和国内条件下，中

---

① 世界贸易组织网站，http：//www.wto.org/english/tratop_e/adp_e/adp_e.htm。

国的对外贸易发展面临着新的机遇和挑战。互利共赢对外贸易战略是当代中国继续深化对外开放、应对国内外挑战和机遇的重要战略部署，是中国对外贸易乃至经济显现可持续发展的途径。因此，互利共赢对外贸易战略首先必须符合中国自身的利益，遵循中国对外贸易可持续发展的要求。

（二）互利共赢贸易开放战略需要兼顾贸易伙伴利益

开展贸易能增进贸易双方的利益。对于中国的贸易伙伴而言，中国的贸易发展可能是机遇，也可能是挑战，决定因素在于其自身的适应性（Weiss，2005）。这种适应性包括企业对市场变化的调整能力、技术改进能力；劳动力市场上的工资弹性；政府在人才培养、科技创新和金融上的支持能力。当然，我们承认在贸易伙伴国缺乏适应能力时，以市场微观主体利益导向的贸易的确可能威胁部分国家部分集团的利益。

对于进口中国劳动密集型产品的发达国家而言，原先此类产品的国内生产被进口所取代，那么这类企业的所有者和工人就会面临向其他产业转移或实现产业集群升级的压力。如果缺乏转移能力或升级能力，他们就会因此而失业或因收入下降成为进口的受害者。为了维护自身的利益，这些受害者会通过直接请求或通过政治代言人或媒体对政府对外政策施加压力。[①]

在此背景下，中国提出实施互利共赢的对外贸易战略，强调中国对外贸易发展不仅要符合中国利益，而且要兼顾贸易伙伴的利益，双赢是对外贸易长期可持续发展的保障。中国对外贸易的发展不仅仅旨在提高中国自身的福利，同时要以互利为原则与贸易伙伴展开公平竞争，这突出体现在两方面：一方面要追求贸易收支基本平衡，另一方面要合理化解贸易争端，妥善处理和周边国家在发达国家市场上的竞争关系。

（三）互利共赢贸易开放战略旨在实现全球共赢

经济全球化使得各国合作交往更加频繁，联系日益紧密。当代中国和世界的关系已经发生了历史性的变化，中国和世界的命运紧密地联系在一起。这个历史性的变化就是开放的中国日益融入世界经济，成为世界经济

---

① 于津平：《外资政策、国民利益与经济发展》，《经济研究》2007 年第 4 期。

的一个重要有机组成部分。由于这个变化，中国的对外贸易战略不仅关系到中国的发展，而且也是世界发展的一个组成部分。对外贸易是中国参与经济全球化、对外交往的重要途径，也是维持与其他国家政治经济关系的重要纽带。随着中国对外贸易额在全球所占比重的不断增加，中国的进出口活动对全球影响突显。"共赢"的对外贸易战略，旨在实现中国对外贸易发展的利益全球共享，发挥中国对外贸易发展对促进全球贸易、经济增长的经济作用，同时走集约型道路以减少对能源、资源的消耗，从而实现自身可持续性发展和全球可持续发展的统一。

二 互利共赢贸易开放新战略的内涵

互利共赢的对外贸易发展战略是互利共赢的对外开放观在中国对外贸易领域的具体体现。[①] 互利共赢的对外贸易战略从中国对外贸易发展所取得的成就和面临的挑战出发，根据世界经济发展的新趋势和中国经济社会发展的新阶段，突破传统对外贸易发展观念的束缚，是在更高开放阶段获取更高效益的对外贸易发展理念，体现了新时代对外贸易的新主题。其内涵具体体现在以下四个方面。

（一）数量质量兼顾，转变对外贸易增长方式

中国的改革开放有着不可复制的内外部条件，恰逢产业转移的浪潮在全球展开之时，亟须工业化的中国，国内建设资金极度短缺而劳动力资源相对丰富。以此为背景，在扩大型对外开放初期，为了弥补国内建设资金的不足，"千方百计吸引外资""鼓励出口创汇"成为当时的政策导向。目前，中国已形成外商直接投资流入额逐年攀升，对外贸易额大幅增长，外汇储备不断创新高的外向型经济格局，它是时代的产物，与有利的国际环境、国内资源禀赋及政策导向密不可分。扩大型对外开放初期的税收优惠政策、低廉的土地转让价格、宽松的环境法规约束、偏低的资源定价等"让利"措施，在一定程度上滋生了粗放的对外贸易增长方式。这些虽然成就了中国的对外贸易大国地位，但粗放的对外贸易增长方式同时也导致

---

① 陈继勇、胡渊：《中国实施互利共赢的对外贸易战略》，《武汉大学学报》（哲学社会科学版）2009 年第 5 期。

能源消耗过多、环境污染严重、贸易摩擦频发，不仅给中国对外贸易的可持续发展带来了隐患，而且对世界经济可持续发展也产生了不利影响。贯彻互利共赢的对外贸易战略，必须转变当前粗放的对外贸易增长方式，兼顾数量与质量，将中国对外贸易的可持续性发展与世界经济的可持续性发展结合起来。

（二）优化对外贸易结构，提高对外贸易效益

优化对外贸易结构，意味着进一步改善对外贸易货物结构、贸易方式结构、贸易主体结构、贸易地理结构，使之更为合理，有利于中国对外贸易效益提高。伴随着对外开放的不断深化，中国参与国际分工的要素资源也在发生变化，需要我们从理论层面上剖析中国参与国际分工地位提升的可能方式与途径，改善在国际分工中的地位，提高对外贸易效应。

（三）追求进出口基本平衡，减少贸易摩擦

在扩大型对外开放之初，由于国内建设资金极度匮乏，出口创汇是中国开展对外贸易的重要目标之一。配额、许可证等与企业出口创汇规模挂钩。自 20 世纪 90 年代以来，中国对外贸易几乎年年顺差，尤其是进入 21 世纪后，中国对外贸易顺差更是逐年扩大。高额顺差及由此积累的巨额外汇储备所带来的负面影响不容小觑，一方面导致中国国内流动性过剩，货币政策有效性降低；另一方面引起贸易逆差国极度不满，不断施压要求人民币升值，并采取措施如保障措施、特保措施等，试图限制中国出口，从而产生贸易摩擦。

三 互利共赢贸易开放新战略的现实基础

当前中国实施互利共赢对外贸易战略不仅在理论上可行，同时还具备现实基础与制度保障。

新中国成立 60 多年来，对外贸易作为中国对外开放、参与全球化的重要渠道之一，推动了中国经济发展，提高了本国居民的福利水平，对外贸易对中国经济社会发展的贡献不可小觑。同时，中国对外贸易的发展于贸易伙伴而言是互利的，于世界经济而言是共赢的。中国已经成为美、日、

欧最重要的贸易伙伴和东盟第一大贸易伙伴，使"中国需要世界、世界需要中国"真正变成了现实。中国对外贸易发展同时为世界经济增长提供大量机遇，具体表现在如下几个方面。

（一）经济高速增长

中国高速的经济增长为国际资本提供了大量的投资机会。在中国高达3万多亿美元的年对外贸易额中，外资企业的对外贸易额占中国对外贸易总额的一半以上。外资企业利用中国低廉的劳动力成本、廉价的要素或进口中间产品，在中国构造低价供应平台，然后将生产出来的产品输往世界各地，包括返销到母国。在这个过程中，外资不仅仅获得经营利润，而且扩大了公司及产品在全球的品牌知名度。同时向中国的产业转移，延长了发达国家产品的生命周期，为其在国内发展新兴产业提供了动力与资源，促使资本输出国产业结构的调整与升级。

（二）潜力巨大的消费者市场

中国地域辽阔，拥有13.5亿人口，人均GDP超过3000美元，是全球最具潜力的消费市场。人口大国赋予了中国巨大的消费基数，为世界上其他国家扩大出口提供了机遇；地域大国赋予了中国消费的多样性和差异性，为不同发展水平国家的不同类型产品出口提供了市场。目前中国已经成为全球第一大汽车消费国、手机消费国。随着外向型经济的不断发展，中国在扩大进口方面做出了不少努力。早在2007年中国就成为全球第三大进口国，是许多国家的重要出口市场，绝大部分邻国均有对华贸易顺差。随着互利共赢对外贸易战略的实施，中国经济的发展和国民收入水平的提高，中国必将进一步扩大进口，为他国产品出口提供机遇。

（三）拥有巨额外汇储备

改变当前外贸年年大额顺差局面，追求贸易收支基本平衡是中国实施互利共赢对外贸易战略的内涵之一，追求贸易收支基本平衡显然不是通过抑制出口，而是依靠促进进口，尤其是促进高新技术、能源的进口，而巨额外汇储备为中国扩大进口提供了资金保障，使中国已经有条件实施进出口基本平衡的政策，从而进一步发挥进口在促进国民经济发展中的积极作用。

（四）强大的供给能力

经过 60 多年的发展，新中国已经建立起较为完善的工业体系，产品供给能力大大提高。中国众多产品产量居世界第一，中国有色金属工业协会统计显示，从 2002 年到 2012 年，中国 10 种有色金属产量连续 11 年居世界第一，年均增长 15%。除此之外，打火机、电器、计算机、纺织服装等多项产品产量居世界第一。

（五）世界贸易大国地位的确立

目前中国占世界贸易的比重从 1950 年的不到 1% 扩大到 2009 年的 8.9%，再到 2012 年位居世界第一，在全球贸易中的作用显著增强。即使是全球经济遭遇 1997 年东南亚金融危机、2008 年国际金融危机的情况下，中国对外贸易仍保持高速增长，中国对外贸易的强劲增长为他国扩大出口提供了机遇，为世界经济增长提供了动力。经过 15 年的复关、入世谈判，中国于 2001 年 12 月加入世界贸易组织。按照世界贸易组织原则及一系列规则，中国实施了对内改革和对外开放。作为贸易大国，中国积极参与全球贸易新体系的构建，并极大地加大了发展中国家的话语权，更加有利于创造公平合理的世界经济新秩序。

（六）制度保障

中国实施互利共赢的对外贸易战略不仅仅具备现实基础，而且拥有制度保障。其制度保障一方面来自中国自身坚定不移地贯彻对外开放战略，另一方面来自多边双边区域贸易合作机制。

坚定不移地对外开放是中国既定的基本国策。经过几十年的努力，中国的对外贸易制度发生了根本性的变革，中国逐步建立了开放的、以市场为基础的外贸管理体制。中国的开放程度越来越高，在贸易自由化的进程中走在了发展中国家的前列，并成为全球贸易自由化的重要推动力量。外贸管理法律法规体系日益完善，进出口商品管理日趋规范，逐步减少实行出口许可证管理商品种类，贸易便利化进程不断加快，进口关税总水平从

20 世纪 70 年代末期的 50% 降至 9.8%，基本取消进口非关税措施。逐步放开外贸经营权，推进外贸经营权由审批制向登记制过渡。① 加入世贸组织以后，中国大幅削减关税，取消进口非关税措施，修改和新制定了一系列进一步开放服务贸易领域的法规和规章，全面履行并切实落实各项承诺。中国领导人多次在公开场合重申，坚定不移地对外开放是中国既定的基本国策。

双边多边区域合作机制为互利共赢贸易开放战略提供制度保障。扩大型对外开放 30 多年来，中国顺应经济全球化和区域经济一体化趋势，不仅加入世界贸易组织，而且积极推进自贸区谈判，不断深化多边、区域经贸合作。中国签署协议的自由贸易区涉及亚洲、大洋洲、拉美、欧洲、非洲的超过 30 个国家和地区，涵盖中国外贸总额的 1/ 4。② 尤其在国际金融危机、WTO 多哈谈判受阻的背景下，自贸区建设为中国稳定出口、保市场、保份额提供了制度保障。

第三节　互利共赢贸易开放战略的目标及战略安排

一　互利共赢贸易开放新战略的目标

中国互利共赢对外贸易战略是以国家利益为核心并追求多重目标。国家利益是一国对外贸易战略所追求的永恒的核心，多重目标既包括经济目标，也包括非经济目标。经济目标包括：提高国民福利水平、获得维持经济发展的战略性资源、优化国民经济结构。非经济目标主要包括：维护国家安全、提高在全球经济治理中的话语权、获得国际规则制定中的影响力等。中国实施互利共赢对外贸易战略的目标包含以下三个层次。

（一）提高中国参与对外贸易的收益

从中国自身的角度出发，互利共赢的贸易新战略就是要追求中国在国际贸易中的国家利益。核心内容是通过商品结构和贸易地理方向的调整，稳步提高中国在国际贸易中的收益，主要包括：第一，不断提高国民对进

① 包玲：《中国对外贸易发展面临的新机遇和新挑战》，《对外经贸实务》2009 年第 7 期。

② 资料来源于中国自由贸易区服务网，http：//fta. mofcom. gov. cn/。

口优质商品的消费数量来增加福利水平；第二，获得保障中国经济发展所需的各种资源的稳定进口渠道和中国商品的稳定市场，第三，以中国在全球的贸易地位为基础，积极参与国际经济治理和国际经济规则制定，改善中国的外贸环境和提升中国的国际地位。

（二）与贸易伙伴公平分享贸易利益

从中国双边贸易关系的角度出发，在公平贸易的基础上分享贸易收益。中国目前拥有全球第二大市场，未来还将进一步扩大，这是中国与贸易伙伴分享贸易收益的基础，也是中国对世界经济的贡献。对中国而言，与贸易伙伴分享贸易收益，主要是要逐步降低贸易壁垒与开放市场，以比较优势为基础进行贸易，与贸易伙伴共享中国经济增长和对外开放的红利，逐渐纠正中国的贸易失衡问题，化解贸易争端以及公平分享贸易利益。

（三）推动世界经济协调、可持续发展

从全球的角度出发，中国需要积极参与全球经济治理和国际规则制定，推动世界经济可持续发展，体现一个贸易大国的国际责任。主要内容包括将中国对外贸易的可持续发展和世界的可持续性发展统一起来，推动WTO多边贸易体系建设，积极参与区域经济合作，促进多边贸易体系的制度完善和区域性贸易平台的建设，努力提高在国际经济规则的制定中的影响力，维护自身与发展中国家的利益。中国立足于经济大国地位，新的对外贸易战略必须考虑与全球多边贸易体系的关系。

互利共赢的对外贸易战略是以上三个层次目标的高度概括和统一。由于贸易是双方自愿交易的结果，只有贸易双方公平分享贸易利益，才可能实现可持续性的双边贸易交往；而提高对外贸易效益，是追求对外贸易可持续发展的内在基础和公平分享贸易利益的前提。通过提高对外贸易效益，将追求自身对外贸易的可持续发展和全球的可持续发展统一起来。

二　互利共赢贸易开放新战略的战略选择

中国实施互利共赢的对外贸易战略，既需要正确认识在对外贸易中的收益与成本、不断提高中国对外贸易效益，又要实现中国开放利益的全球

共享，与贸易伙伴进行公平贸易，在开展对外贸易过程中兼顾本国和他国的利益，协调本国发展和全球发展。转变对外贸易增长方式是实施互利共赢对外贸易新战略的重点。对外贸易增长方式由粗放向集约转变，意味着改变过去以量取胜的外贸增长方式，转而依赖以质取胜、以技术取胜、以高附加值取胜。这不仅有助于中国提升在国际分工中的地位，提高对外贸易效益，实现对外贸易可持续发展，而且不以大量消耗资源、污染环境作为发展代价的集约型的对外贸易增长方式，将自身的可持续发展和世界的可持续性发展联系起来，是负责任的贸易大国对世界的贡献。在全球化继续向前推进和世界经济失衡愈演愈烈的大背景下，结合中国对外贸易发展中存在的问题，考虑中国在世界经济中所处的地位，中国将互利共赢作为新时代对外贸易发展的主旋律。实施互利共赢的对外贸易战略包含着对利益的追求，但并不止于对利益的追求，它的着眼点是通过国家之间的贸易，更好地促进中国和世界其他国家的协调发展。[①] 作为中国对外贸易的指导思想，互利共赢既是一种思维方式，也是一项能够付诸行动的主张。

（一）积极理性的市场开放战略

积极理性的市场开放战略主要是要通过国内市场的合理有序开放，配合国内的经济结构转型和产业升级战略，逐步降低高新技术产业及与国民生活相关产业产品的关税及其他贸易壁垒，增加高能耗、高污染产业产品的进口数量，有序增加这些产业的国内市场竞争程度。这样一方面可以提升我国相关产业产品的竞争能力，提高国民福利水平；另一方面也可以向贸易伙伴开放市场，分享中国经济发展的红利。积极理性的市场开放战略的核心在于国家的贸易政策要与产业政策密切配合，根据经济结构转型和产业发展的需要，不断利用关税、非关税及其他贸易政策工具调整国际贸易政策。

（二）贸易收支基本平衡战略

贸易收支基本平衡战略修正了单纯依靠出口拉动经济增长的模式，而

---

① 陈继勇、胡渊：《中国实施互利共赢的对外贸易战略》，《武汉大学学报》（哲学社会科学版）2009 年第 5 期。

且暗含中国通过进一步开放国内市场以促进贸易平衡，调整世界经济失衡，保障中国对外贸易和世界经济发展的可持续性。在已经成为第二大进口市场的背景下，中国应善用进口政策，既服务于自身的经济建设和保障经济安全，又要为和平发展创造良好的国际政治经济环境。充分调动进口在促进中国经济增长中的作用，结合当前中国的实际需求，加大高新技术、关键设备和能源的进口。应该继续综合运用多种措施，有效控制"两高一资"产品出口。同时，还应优化贸易结构，增加服务产业在中国对外贸易中的比重。

（三）进出口市场多元化战略

出口市场过于集中，既导致市场风险，也是中国对外贸易摩擦频发的主要原因之一。当前进口市场尤其是能源进口来源地集中，对中国经济安全提出挑战。在出口方面，要实现市场多元化，在巩固、稳定传统市场的基础上，开拓拉丁美洲、非洲市场，积极扩大独联体、东欧国家市场，从而避免出口过于集中而带给进口国压力；有利于减少贸易摩擦，规避市场风险；有利于全面参与分工，提高在国际分工中的地位。在进口方面，尤其要分散战略资源、能源的进口，保障中国能源安全。

（四）自由贸易区战略

中国在高度重视以 WTO 为代表的多边贸易体制的同时，应以更加积极的姿态参与区域经济一体化进程，有步骤、有重点地推进自由贸易区谈判，积极稳妥地推进自由贸易区创建工作，逐步形成全球自由贸易区合作网络。当务之急要成立专门机构统筹中国的自由贸易区战略，明确在新区域主义背景下中国作为经济大国参与国际经济一体化的收益目标，协调国内不同部门与产业在参与国际一体化组织时的利益差异，逐渐将中国关切的重要利益加入经济一体化协定谈判，使之首先上升为区域规则并进一步通过一体化组织的力量谋求成为全球规则，为中国对外开放和国际竞争力的提升创造良好的国际环境，为中国开放型经济的持续发展创造良好的外部环境，促进中国开放型经济的可持续发展。

第三章

互利共赢的金融开放新战略

　　20 世纪 80 年代以来经济、金融全球化浪潮席卷各国，金融开放已是世界经济发展的必然趋势。尽管学界对金融开放（Financial Openness）的具体定义存在诸多不同理解（Bekaert & Harvey，1995；Lee，2000；Carmignani & Chowdhury，2005；等等），但中国金融开放意味着原来封闭的金融体系逐步融入全球金融体系，包括金融机构市场化、金融市场完备化、金融监管规则有效化、资本账户开放化和人民币国际化等。

　　互利共赢的金融开放新战略是中国互利共赢对外开放新战略的重要组成部分。全面实施互利共赢金融开放新战略要求我们在全面了解全球金融一体化的基础上，结合中国金融改革开放的实际情况，以互利共赢为基本理念，在确保中国金融安全的前提下，全力推进中国金融领域的全方位、深层次的对外开放。稳步推进利率市场化改革，完善以市场供求为基础的有管理的浮动汇率制度，改进外汇储备经营管理，逐步实现人民币资本项目可兑换，加快推进人民币国际化。参与国际金融准则新一轮修订，提升我国金融业稳健标准。构建逆周期的金融宏观审慎管理制度框架，加强金融监管协调，建立健全系统性金融风险防范预警体系和处置机制。

第一节　实施互利共赢金融开放新战略的时代背景

一　实施互利共赢金融开放新战略的国际背景

　　在美国次贷危机以及欧洲部分国家主权债务危机接连冲击下，国际金融市场进入频繁的波动调整时期。发展中新兴经济体的增长势头明显强于西方发达国家，西方发达国家对此已表现出紧张和不安。

第一，贸易保护主义盛行下的人民币升值压力陡增。2009 年，在全球贸易额下降 14.4% 的情况下，由于政策的及时调整等，中国进出口总额只下降了 13.9%，在全球贸易中的份额稳步上升。美国和欧洲在贸易额下降的同时，失业率高达 10% 以上。这些国家的部分人士习惯性地把矛头对准中国。2010 年后的几年时间内，美国和欧盟相继对中国的一些产品实施了贸易制裁，对中国汇率政策的指责也明显提高了调门，甚至不少发展中国家也加入到要求人民币大幅升值的行列中来，迫使人民币汇率从 2009 年 1 月 1 日的 1 美元兑 6.83 元人民币，一路上升到 2010 年 12 月 31 日的 1 美元兑 6.62 元人民币，到 2013 年 6 月 1 日已经上升到 1 美元兑 6.18 元人民币。人民币的持续升值已成为中国金融开放最重要的基础性条件之一。

第二，世界金融资产泡沫持续膨胀。世界经济进入后金融危机时期，伴随着经济的复苏，大量资金流入经济回升相对较快的新兴国家，催生了这些国家的资产泡沫。泡沫一旦破灭，将会对经济产生破坏性影响。从目前情况看，虽然金融市场出现震荡，但新兴国家资产泡沫暂时不会破灭，泡沫对不少利益主体似乎是有益的，尤其是有利于擅长投机的西方金融机构改善账面、消化有毒资产。然而，泡沫持续膨胀则会为未来积聚更大的风险。泡沫终有破灭的一天。资产泡沫持续膨胀将阻碍经济结构向可持续方向调整，同时还会提升通货膨胀预期，使控制通货膨胀的成本加大，甚至使复苏夭折。

因此，资产泡沫的膨胀显然对世界经济的持续复苏构成威胁，可能再次冲击中国的外需。国外资产泡沫的破灭也可能引发国际热钱的异动，加剧中国股市和房市的波动，干扰中国经济持续回升向好的进程。在新形势下，中国还需进一步加强对境外资金流动的监控，强化股市监管，坚决遏制房地产泡沫[1]。

---

[1] 印久青：《2009 年度经济述评之七：国际经济环境对中国经济的新挑战》，《中国信息报》2010 年 2 月 12 日。

二 实施互利共赢金融开放新战略的国内背景

(一) 中国金融开放的历史进程与取得的主要成就

金融业对外开放是中国经济体制改革的必然结果。日本进出口银行 (Export-Import Bank of the Japan) 于 1979 年在华设立首家代表处，标志着中国迈出了金融业对外开放的第一步。相对于经济领域其他部门大刀阔斧式的开放步伐，中国金融业对外开放则显得更为谨慎。总体上看，在开放的地域分布上，中国是在特定地区进行试点的基础上，再逐步扩大对外开放的区域，最有代表性的是确立以深圳为代表的经济特区和以上海为代表的传统金融中心城市。在金融业各部门开放的顺序上，按照国内金融业发展的水平和与国际接轨的程度，大致是按照银行业、保险业、证券业的顺序逐步进行的，对于银行业这样与国际接轨程度较高、基础比较好的部门优先放开，而对于保险业这样缺少竞争优势的部门，则会给予一定的开放缓冲时间。金融开放的步伐也经历着由缓慢到加速的过程，特别是随着中国加入世界贸易组织，金融业开放水平和开放程度进一步加深，中国金融安全面临新的挑战。中国金融业开放大致经历了以下几个阶段。

1. 金融初步开放阶段 (1978～1996 年)，实现了经常账户下人民币自由兑换

金融初步开放阶段，也是中国外汇市场管理体制不断改革与不断完善阶段。具体内容有：改革外汇管理体制，成立国家外汇管理总局；改革外汇分配制度，实行外汇留成办法；改革人民币汇价制度，改善国际收支；建立外汇调剂中心和外汇调剂市场。至 1992 年底，全国外汇调剂中心发展到约 100 个，外汇调剂市场业务规模达到 250 亿美元，全国已有 80% 的外汇资源由外汇市场配置。[①] 1993 年 11 月 14 日，《中共中央关于建立社会主义市场经济体制若干问题的决定》要求"改革外汇管理体制，建立以市场供求为基础的有管理的浮动汇率制度和统一规范的外汇市场，逐步使人民币成为可兑换货币"。随后，中国人民银行颁布了《中国人民银行关于进

---

① 贾康、周雪飞：《转型时期中国金融改革与风险防范》，中国财政经济出版社，2003，第 33 页。

一步改革外汇管理体制的公告》，决定于 1994 年 1 月 1 日起进行外汇管理体制改革。实行结售汇制，建立银行间外汇市场；实现人民币汇率并轨，实行单一的、以市场供求为基础的有管理的浮动汇率制度；加强资本项目的管理等，有力地促进了进出口贸易的发展，外资流入规模不断扩大。1996 年颁布了新的外汇管理条例。1996 年 12 月 1 日，中国正式宣布接受国际货币基金组织协定第八条第 2、3、4 款义务，实现了人民币经常账户下自由兑换。与此同时，金融初步开放也伴随着外国金融机构在经济特区，继而在部分沿海城市设立分支机构或代表处。这一阶段，中国也逐步参与国际金融活动，不仅于 1980 年恢复在国际货币基金组织中的地位，而且采取多种优惠政策吸引大量外国直接投资流入。中国外汇储备也不断增加，1996 年末达到 1050 亿美元，中国成为当时世界上第二大外汇储备国。

2. 金融扩大开放阶段（1996~2006 年），实现银行业全面开放

金融扩大开放阶段，也是中国金融开放由业务技术层面的开放转变到制度层面开放的过程。东南亚金融危机使中国学者开始关注金融对外开放所产生的金融风险，中国加入世界贸易组织则加快了金融开放步伐。中国经济快速发展所形成的巨大市场吸引了大量外资金融机构。1997 年底，在华外资金融机构代表处 544 家，营业性金融机构 173 个；2005 年 7 月 21 日，中国开始实行以市场供求为基础，参考一篮子货币进行调节、有管理的浮动汇率制度。人民币汇率不再盯住单一美元，形成更富有弹性的人民币汇率制度。从 2006 年 1 月 4 日起，实行外汇市场做市商制度，以推动人民币汇率形成机制改革的进一步深入。2006 年 9 月，仅在华外资银行就有283 家。外资银行资产总额由 1997 年底的 380 亿美元激增至 2006 年的1051 亿美元。在行业上，先后按照银行、保险和证券的顺序有序开放；在外资金融机构的业务内容和范围上，按照先外汇业务，后许可部分外资金融机构试点经营人民币业务的顺序进行。这一时期中国在国际金融事务中的地位显著提高。中国已成为亚洲开发银行、非洲开发银行、国际清算银行、亚太中央银行行长会议等国际和地区金融组织的重要成员，在国际货币基金组织中的份额从第八位提高到第六位，由 2001 年的 2.98% 增加到2006 年的 3.72%。截至 2006 年底，中国外汇储备达到 10663.44 亿美元，并呈现出迅猛的上升势头。

3. 金融加速开放阶段（2006 年至今），以资本账户下人民币自由兑换与金融深入开放为目标，中国金融业的改革全面提速并以前所未有的开放速度融入世界

"入世"过渡期结束后，中国实现了银行业的全面开放，保险业和证券业也有一定比例的开放。从中美第二次战略经济对话开始，适度放开金融机构持股比例、人民币升值及其国际化等金融深入开放问题就成为双方的重要议题和争论的焦点。中国开始转向引进和输出机构、资金、技术、管理和服务并举，探求在引进和输出中实现资金和金融服务的动态平衡路径。其中，2007 年 9 月，由中国财政部通过发行特别国债的方式筹集了 15500 亿元人民币，购买了相当于 2000 亿美元的外汇储备作为注册资本金成立了中国投资有限责任公司，这不仅标志着中国主权财富基金正式起航，也为中国利用外汇储备提供了新的途径。与此同时，中国在国际社会积极主动地承担发展中大国的责任，推动国际金融体系的改革。2009 年 9 月，根据协议文本，中国将以不超过 3412 亿元人民币购买由 IMF 发行的至多 500 亿美元的债券，参照 2009 年 8 月 25 日的人民币兑美元汇率，即 6.8311。这不仅是 IMF 首次发行债券，也是中国首次以人民币认购外国债券。此举体现了中国参与国际金融体系改革的决心和作为一个负责任大国承担国际义务的气魄。①

（二）中国金融开放的主要特点

1. 从主动利用开放到履行协议的开放

金融开放伊始，为解决经济发展的资金短缺，中国采取了大量引进国际投资的方式，吸引外资总额一直居于世界前列。初期的金融开放，正是为大量吸引外资，解决外资引入问题而进行的。金融业的对外开放为中国提高资源配置效率，加快经济发展做出了巨大的贡献。但随着中国加入世

---

① 张艺博、周琪：《中国互利共赢的金融开放新战略》，《武汉大学学报》（哲社版）2009 年第 5 期。

界贸易组织，履行加入 WTO 时开放金融的承诺①，金融开放已经由加入 WTO 前的主动利用演变到加入 WTO 后的履行协议。在这个时期开放的主动权发生了变化，这是一个重要的特点。同时，金融开放由自上而下的内力推动向由外向内的外力推动转变。②

2. 从单纯的"引进来"到"引进来"与"走出去"并举

中国金融开放的主线是引进境外机构、资金、技术、管理和服务。但是随着对外贸易的迅速增长和外汇储备的急剧增加，中国已经由资金短缺者变成资金盈余者，中国金融对外开放开始由单纯的"引进来"，转向引进和输出机构、资金、技术、管理和服务并举，在引进和输出中实现资金和金融服务的动态平衡。2011 年，中国对外直接投资净额为 746.5 亿美元，较上年增长 8.5%。其中非金融类 685.8 亿美元，同比增长 14.0%，占 91.9%；金融类 60.7 亿美元，同比下降 29.7%，占 8.1%，这已是金融业对外直接投资高潮过后的连续大幅下跌，也说明中国金融业未来"走出去"的空间和潜力还相当大。③

3. 金融开放与金融安全并重

金融开放对金融安全的影响具有双重性，既可以发挥积极的促进作用，也可能造成危害。根据中国"入世"的有关承诺，金融市场的全面开放是必然的结果。而首先进入中国金融市场的，主要是那些有较强资本实力和国际竞争力的知名大型跨国金融机构。这些金融机构大多实行混业经营。它们经营的业务并不仅仅是单独的银行、证券和保险业务等，也并非这些业务的简单加总，而是实质性地混合在一起。对于这些跨国金融机构的某一项具体业务，已经很难按照传统的分类标准将其归入具体的某类业

---

① 这些承诺包括：第一，银行业在加入世界贸易组织的头两年，外资银行在中国就可以经营中国企业的人民币业务；加入世界贸易组织的第 5 年，外资在华金融机构就可以经营中国居民的人民币业务。5 年之内，取消外国在华银行设立机构的地域限制，在空间上全面开放；外资银行在 5 年内可以办理汽车融资贷款。第二，允许外国人拥有合资公司参与基金管理，获准国内证券的包销以及股票交易的权利。第三，保险市场，保险业立即开放高风险项目的保险，开放再保险，放开高风险保险市场。加入世界贸易组织之后的两年内，保险公司的股份开放"51%"，到过渡期结束时，全面开放外资保险机构的商业范围。

② 江其务：《中国金融开放的成本、风险和应对策略》，《西安金融》2001 年第 10 期。

③ 商务部、国家统计局、国家外汇管理局：《2009 年中国对外直接投资统计公报》。

务。这将导致传统的监管协调机制的失效，可能导致监管真空，产生未预期到的金融风险并可能危及金融体系安全。特殊的国情决定了在金融开放进程中，中国须始终采取稳健审慎的态度。东南亚金融危机以来，金融开放中的金融安全问题一直是政府决策层和学术界关注的焦点之一。金融开放进程中，须始终把维护金融安全稳定放在首要位置；金融改革不断深化过程中，也要积极地制定各项法律法规，不断完善监管机制，力求防范和化解各种金融风险，有效应对金融业在更加开放的条件下面临的新情况新问题，保障国家金融安全和经济安全。[①]

（三） 中国金融开放面临的主要问题

1. 对内开放与对外开放不协调

金融开放包括金融对外开放，并且对内开放也是开放的题中之义。然而长期以来，由于过多关注改革中存在的"短缺经济"问题，中国金融对外开放与对内开放并不协调。20 世纪 90 年代以来，FDI 一直是中国经济发展的重要动力，中国每年吸收的 FDI 规模一直保持快速增长势头。在对中国各银行大规模投资的驱动下，仅 2005 年，中国金融服务业流入的外商直接投资就达到 120 亿美元。面对享有"超国民待遇"的外资金融机构，国内金融机构长期处于不利地位，这不仅抑制了国内金融业的发展，也容易引发国内金融业的安全隐患。

金融业的对内开放，通常包含两方面的含义。一是指那些长期由政府以国有金融机构形式垄断的金融业和金融市场对国内非国有经济成分开放，对内开放的程度近似于或者高于中国在加入 WTO 协议中承诺的对外开放的程度。其实质就是深化金融机构的产权改革，金融机构的产权向民营资本和自然人投资开放，如鼓励民营资本投资或收购金融机构的国有股权、鼓励设立民营银行或其他民营金融机构，以及提高非国有股权对金融机构战略发展和经营的支配程度。二是指放松对金融机构的业务管制，改革金融机构的组织制度与人力资源制度，实现组织创新和业务创新。

中国金融业特别是银行业的对内开放明显落后于对外开放。尽管中国

---

① 张艺博、周琪：《中国互利共赢的金融开放新战略》，《武汉大学学报》（哲社版）2009 年第 5 期。

近年来金融领域的对内开放也在推进当中，但步履维艰。从名义上来看，向外资开放的银行业是允许民间资本进入的，但并没有一份明确的向民间资本开放银行业市场的"时间表"，也缺乏具有可操作性的程序规定，民间资本始终难以涉足银行领域。最终，对内开放的迟滞会导致中国金融资金配置效率低下，影响金融业整体的对外竞争力，这反过来又成为制约对外开放的瓶颈。

作为世界第二大经济体，中国的金融实力还相对较弱。随着"入世"过渡期的结束，国际金融危机的冲击，中国当前已经进入了对外开放的新时期。这不仅意味着中国金融业将在更大范围和程度上参与国际金融竞争，也标志着中国金融对外开放进入了新的关键期。从当前的情况看，制约中国金融对外开放的关键因素，不再仅仅是开放程度，还有金融整体实力。由于缺少行业领导力和国际影响力的"航母"级大型金融企业，中国金融业当前还很难真正实现"走出去"，参与国际金融竞争。

2. 金融体制改革的滞后

虽然经过30多年的金融体制改革，但仍然存在金融体制运转不灵、金融产业结构失衡、金融资源效益低下、金融环境严重无序等众多弊端。其中有两个问题尤为突出。第一，金融创新工具严重不足。由于缺乏多样性金融工具的供给，银行存款成为居民储蓄资金选择的主要渠道。在现有制度安排下，少部分出于资本利得目的的资金也会在收益率的引导下在资本市场和银行之间游走。第二，银行业改革并不彻底。对外开放以来，中国银行业经历了由单一的、高度集中的国家银行体制向多种金融机构并存的转换。然而银行业的改革并没有使国有银行实现完全意义上的商业化，非国有银行由于种种制度与政策的限制难以取得较大发展。大量不良资产的处理成为国有银行面临的首要难题，股份制改革进展缓慢、不彻底，国有银行效益低下。

在一定程度上，中国的金融体系长期处于经济体制转型的特殊时期。在开放经济条件下的金融市场中，原先的类似封闭经济的制度背景发生了根本性的转变。过去尽管利率管制放松，但由于资本项目的严格管制，中国依然可以保证金融动荡在国内外的不可传递性。但是随着中国金融市场的进一步开放，资本项目的很多限制随着人民币国际化的进展而逐步放开，这使得我们面临着更大的外源性金融风险。随着开放的深入，经济开放过程中更多突破现有体制的要求逐渐被提上议事日程。而传统的封闭经济条件下的监管模式也在新的市场下不断被质疑和挑战，这就要求金融监管制度在当前日益扩大和深化的金融开放的形势下，进行相应的调整。根据现阶段金融对外开放过程中表现出来的复杂性和多变性的特点，在进行制度设计时，应该让制度具有高度的弹性，力图在提升竞争力和维持金融安全中寻找到一个平衡点。[①]

3. 全面的金融风险防范体系尚未建立

尽管现在各级政府和金融机构已经开始关注其局部风险，例如财政部门、银行业、保险业、证券业都开展了各自的金融风险问题研究与防范对策分析。但是国家各个机构单一金融风险的总和并不等于国家整个体系的金融风险，因而国家整体的金融风险防范意识和可操作性亟待加强，全面的金融风险防范体系亟待建立。

目前，中国金融风险防范手段、金融工具和信息技术落后的主要原因表现在以下几个方面。第一，国家金融监管机构不知道如何提出国家金融风险防范体系的具体需求；第二，一般金融软件公司无法获得财政部、人民银行、证监会、保监会和银监会等国家单位的信息资源，因而只能片面追求金融软件的指标数量、表现形式和功能；第三，国内金融理论界长期以来重文轻理，与国际金融实务脱轨，尤其是缺乏对现代金融理论、数学模型、算法程序和信息技术方面的系统研究和把握；第四，由于国内信息技术人员的流动性和软件工程管理的差异性，金融软件开发商很难具备构建国家金融风险防范体系的具体设计与开发能力。现在国外许多大型银行和非银行金融机构都拥有相当数量的、高水平的金融工程师，他们利用大型计算机和先进的通信设备，开发各种新型金融产品和风险管理技术，对于客户的特殊需求诸如金融产品的流动性和收益/风险特性等，已经发展到"量体裁衣"的程度。[②] 与国外相比，目前国内金融行业的资金实力、知识素质、管理水平和科技水准尚不能与国际对手抗衡。

---

① 张艺博、周琪：《中国互利共赢的金融开放新战略》，《武汉大学学报》（哲社版）2009 年第 5 期。

② 杨建：《关于国家金融风险防范体系的思考》，《财政金融》2002 年第 6 期。

在全球经济一体化的今天，一国经济已不可能脱离世界经济体系而独立运行。目前中国仍处在金融对外开放的发展阶段，适应国际形势的国家金融体系尚未形成，这无疑增加了构筑中国金融风险防范体系的紧迫性。而建立国家金融风险防范机制，要考虑中国的特殊情况。作为一个发展中国家，金融秩序和金融危机防范与治理的一个要点是在国家内部加强金融规范，以确保更高的政策透明度和监督能力，并能凭借现代金融科技手段在关键之时及时采取校正措施。随着人民币升值预期的进一步加大，巨额国际游资将有计划、有组织地运用复杂组合金融战略和现代金融科技手段对中国金融体系实施攻击，我们必须防患于未然，在关注加强防范国内金融风险的同时，必须更加注意防范外来风险。

第二节　互利共赢金融开放新战略的原则

经过 30 多年渐进式对外开放，中国已经融入金融全球化和自由化的发展大潮。中国金融开放不仅提高了自身经济实力，也为世界资本提供了投资机会，使各国投资者能够分享中国经济快速发展带来的利益。中国金融业的改革与发展成就同时也证明，对外开放也是提高中国金融业国际竞争力的正确、有效途径。然而，面对国际复杂多变的经济形势、动荡不安的国际金融体系，新时期中国金融开放新战略必须坚持"以我为主、顺势而为；竞争合作、互利共赢；循序渐进、安全可控"的原则，努力提高对外开放的质量和水平，建立一个成熟的、有开放信心的金融市场，并切实维护中国金融安全稳定，才能有利于实现经济增长和保障经济安全，更有利于世界经济金融的稳定。

一　以我为主、顺势而为

中国作为世界上最大的发展中国家，最大限度地通过金融开放为中国经济发展寻求动力，成为中国金融开放的核心问题。旨在要求金融弱国加快开放、加快金融自由化的"华盛顿共识"，最大的症结在于其教条地为开放而开放，为市场化而市场化；这些脱离实际的、外生的"变革"与发展中国家普遍性的管理不善、基础薄弱相混杂，已经深受越来越多的国家诟病。中国金融开放只有以我为主、顺势而为，才能在金融开放之路上走出中国特色，最大限度地避免重蹈诸多新兴市场因金融开放而进退失据的覆辙。

与此同时，要分享国内、国外两个市场的金融资源，提高中国金融结构层次，进而改善资源配置效率，中国的金融开放就必须贯彻"以我为主"的原则，维护本国主权，尤其是经济主权的完全独立性，增强投资者信心，保持经济长期稳定。"以我为主"，还要注意把握金融开放的主动权，要正确引导外资金融机构的业务经营，为我所用，支持外资金融企业在东北和中西部地区设立机构、开展金融服务；积极引进有助于扩大消费、为中小企业和"三农"等提供特色服务的外资金融企业，以最大限度地享受开放给国民经济带来的好处；要鼓励国内金融企业跨出国门，参与国际竞争。[1]

二　竞争合作、互利共赢

"入世"以来，随着分支机构的不断设立，业务范围与业务领域的不断拓展，外资金融机构明显加快了进入中国市场的步伐，国内金融机构面临来自各个领域、前所未有的竞争压力。但这种竞争应该是相互促进的，在合作中求生存，求发展，通过优势互补，达到双赢甚至多赢的效果。[2]历经30多年的金融开放，国内金融机构取得了长足发展。外资金融机构的进入远非"鲇鱼效应"或"破窗理论"那样简单。实际上，外资金融机构与国内金融机构有着各自的竞争优势与劣势，只有通过合作得到竞争伙伴的协同效应与耦合效应，才能在短时间内迅速提高竞争力，为新一轮竞争做准备，实现合作型双赢。

同时，作为一个发展中的开放型大国，已经融入全球化的中国发展是一种在世界经济互动中的发展、和谐中的发展。长期以来，中国通过金融开放不仅吸引了大量外资，加快了经济发展，而且引进了许多管理经验与技术，促进了国内金融体制改革深化，提高了金融效率，改善了金融服

---

① 张艺博、周琪：《中国互利共赢的金融开放新战略》，《武汉大学学报》（哲社版）2009年第5期。
② 徐强：《中外银行合作互补"内力"》，《深圳特区报》2003年4月8日。

务。金融开放，不仅使中国抓住了经济发展的历史机遇，缓解了开放初期"资本短缺"与"外汇短缺"对经济发展的制约作用，实现了自身跨越式的发展，而且也影响了世界金融运行的特点与发展方向，推动了全球金融体系逐渐形成新的格局，为实现互利共赢创造了积极条件。

在经济全球化的背景下，中国的发展进步离不开世界，世界的繁荣稳定也需要中国参与。中国的发展和开放正为众多国家的发展提供机遇。作为一个负责任、以世界各国共赢为目标的国家，中国的金融开放始终坚持互利合作、开放共赢的原则，在努力提高金融开放效应的同时，也关注其他国家的发展与利益。下一阶段，中国应继续以自己的发展促进地区和世界的共同发展，扩大同各方利益的会合点，在实现本国发展的同时兼顾对方特别是发展中国家的正当利益，要帮助发展中国家增强自主发展能力、改善民生，缩小南北差距。同时积极参与国际金融体系改革，支持完善国际贸易和金融体制，推进贸易和投资自由化便利化，通过磋商协作妥善处理经贸摩擦。

三　稳健有序、安全可控

在经济全球化的今天，全球资本流动日益频繁，世界经济联系日益密切。随着经济金融全球化的纵深发展，全球经济、投资的波动以及结构失衡日益加剧，面对当今不合理的国际经济秩序、不稳定的世界经济局势，发展中国家尤其是多数新兴市场将面临更大的金融安全困境，金融风险凸显。这也对中国实施互利共赢金融开放新战略带来了严峻的挑战。全球金融危机再次警示人们，全球化这枚硬币有两面性。它虽然能提高资源配置效率，但也能使风险以更快的速度蔓延。2008 年的金融危机发端于美国，并迅速波及欧洲、亚洲和拉美，演变成全球金融危机，其蝴蝶效应不可小视。金融市场上的危机有很大的传导性，即使危机来自发达国家，中国这样开放的发展中国家也不能独善其身。

当前，开放中国的金融体系，是融入世界经济体系、谋求更好发展的举措，但由于中国金融市场尚不成熟，金融产品和市场的抗风险能力有待提高，这就更需要关注全球金融市场，加大对跨境资本的监管，提高风险识别和管理能力，增强中国金融体系的稳健性，审慎有序地推进中国金融业开放。中国的金融开放，促进了中国经济的高速发展，也推动了全球经济的稳定发展。因此，实施互利共赢金融开放新战略，必须维护中国金融安全稳定，继续执行循序渐进、有节奏的金融开放方针，使金融对外开放的进程和步骤与中国经济社会承受力、宏观调控能力、金融监管水平相适应，减少社会成本，避免出现失误。唯有如此，中国才能坚持维护自身乃至全球经济稳定发展的正确方针，才能通过互利共赢金融开放战略，与世界其他国家一起共同分享发展机遇，共同面对各种挑战。

第三节　实施互利共赢金融开放新战略的现实基础

中国经济的迅速崛起不仅改变了其在全球经济中的地位，也为中国实施金融开放新战略奠定了坚实的物质基础。多年来，金融制度建设和体制改革更是中国开创金融开放新局面的重要保障。

一　金融体制改革不断深化发展

中国金融体制改革的不断深化为实施金融开放新战略提供了制度保证。金融机构特别是国有商业银行按照产权清晰、权责明确、政企分开、管理科学的要求，实行自主经营、自负盈亏、两权分离的经营管理模式，其改革经历了完善经营机制阶段、探索建立真正的商业银行和股份制改革的不同阶段。政府直接领导国有金融机构的方式已经转变为主要通过法律和宏观经济、货币政策手段引导其健康、平稳的发展。市场配置资源的作用日益增强。市场机制正在发挥着高效率的配置资源的作用，金融市场资源流动更加充分和合理，国内外的交流更加深入。截至 2011 年末，中国工商银行、中国农业银行、中国银行、中国建设银行和交通银行五家大型商业银行资本充足率分别为 13.17%、11.94%、12.97%、13.68% 和 12.44%；不良贷款率分别为 0.94%、1.55%、1%、1.09% 和 0.86%；净利润分别为 2084 亿元、1220 亿元、1303 亿元、1694 亿元和 507 亿元。[①]

为了提升外资并购的数量和质量，2002 年以来中国逐步完善外资并购

---

① 　中国人民银行：《中国人民银行年报 2011》。

政策，相继出台了一系列的相关政策措施。2002 年 11 月 4 日中国发布了《关于向外商转让上市公司国有股和法人股有关问题的通知》，标志着暂停多年的外资并购上市公司正式解冻，为外商直接收购中国上市公司非流通股打开了大门。同年发布了《合格境外机构投资者境内证券投资管理暂行办法》，允许合格境外投资者（QFII）通过托管银行投资于境内 A 股市场。2003 年 4 月 12 日正式施行《外国投资者并购境内企业暂行规定》，这是涉及外资并购的标志性法规，是中国外资并购政策法规的一个突破。2006 年8 月，《关于外国投资者并购境内企业的规定》出台，新规定是对 2003 年《外国投资者并购境内企业暂行规定》的修正案，一方面强化了审批环节和反垄断审查；另一方面也试图对外资并购的操作环节，特别是对 SPV（特殊目的公司）的设立、跨境换股等技术细节，进行更为细致的规定。①

　　2012 年，在中国人民银行的主导下，进一步扩大中国农业银行"三农金融事业部"改革试点范围，并稳步推进国家开发银行商业化改革。全国社会保障基金理事会出资 100 亿元战略入股国家开发银行，持股比例为2.19%。社保基金会的入股，有利于充实国家开发银行资本，也有利于双方发挥各自优势，深化在资金来源、项目投资、信托业务、项目委托管理等方面的战略合作。推动中国进出口银行改革方案，不断提高其服务企业"走出去"和对外经贸的能力。中国出口信用保险公司改革实施总体方案已经国务院批准，中投公司向中国出口信用保险公司注资 200 亿元人民币，有效提高了其资本实力和抗风险能力。中国农业发展银行改革工作小组正式成立，建立相关工作协调机制，明确推进中国农业发展银行改革的重点工作和任务分工。资产管理公司改革也在积极推进中。信达资产管理公司做好引入战略投资者的相关工作，华融资产管理公司商业化转型平稳进行。中信集团整体改制启动，中信集团有限公司和中信股份有限公司的创立大会已于 2011 年 12 月召开，中国邮政储蓄银行和邮政集团的关系进一步理顺，股改方向确定。

---

① 国家统计局综合司：《发展回顾系列报告之二：对外开放迈向新台阶》，2007 年 9 月 19日，http://www.stats.gov.cn。

二　金融产业迅速发展壮大

扩大型对外开放以来，中国银行、证券、保险业规模大幅增加，资产质量明显提高。金融业从单一的存贷款功能发展为适应市场经济要求的现代化金融体系，有力地促进了经济增长和扩大就业，成为国民经济中的重要行业之一。到2007年底，中国城镇金融业单位数为51645个，从业人员数为3897128人，从业人员是1978年的5.13倍。其中，银行业单位数为40815个，从业人员为2567384人；证券业单位数为1019个，从业人员为82710人；保险业单位数为8574个，从业人员为1197247人；其他金融业单位数为1237个，从业人员为49787人。2007年，中国金融业创造的现价增加值为11057亿元，是1978年的162倍，年均增长19.2%，比同期现价GDP增长率高出2.8个百分点；扣除价格因素，实际年均增长12.9%，比同期不变价格GDP增长率高出3.1个百分点。由于金融业增加值增长快于GDP，它在GDP中的比重也由1978年的1.9%上升到2007年的4.4%。1979~2007年，中国不变价GDP年均增长9.8%，其中金融业对经济增长的贡献率为5.4%。[①] 这些说明，中国金融产业整体实力和抗风险能力大大增强，资本市场发展上了一个新的台阶。

三　金融市场体系和服务不断完善

随着中国金融制度建设和金融体制改革的不断推进，中国的金融市场体系和服务不断完善，市场的深度和广度不断拓展。经过多年的快速发展，中国金融市场已经初具规模，并在优化金融资产配置、推动金融创新和服务中国经济增长等方面发挥着越来越重要的作用。

2011年，中国货币市场总体交易量继续上升。同业拆借市场交易量大幅上升，全年累计成交33.4万亿元，同比增加20.0%。银行间债券市场的债券发行机构范围包括财政部、政策性银行、铁道部、商业银行、非银行金融机构、国际开发机构和非金融企业等各类市场参与主体，债券种类日趋多样化，信用层次更加丰富。债券市场全年累计发行人民币债券7.8

---

① 国家统计局综合司：《改革开放30年报告之十一：金融业在改革创新中不断发展壮大》，2008年11月10日，http://www.stats.gov.cn。

万亿元，同比减少 20.4%。国债、中央银行票据等发行量较上年减少，政策性银行债券、金融债券和公司信用类债券等发行量较上年有所增加。银行间市场债券指数由年初的 132.93 点升至年末的 139.75 点，上升 6.82 点，升幅 5.1%；交易所市场国债指数由年初的 126.32 点升至年末的 131.39 点，上升 5.07 点，升幅 4.0%。银行间债券市场交易活跃，成交量继续大幅增长，总成交量 163.1 万亿元，同比增加 7.6%。其中，现券成交 63.6 万亿元，同比略有减少。债券市场投资者类型多元化。截至年末，银行间债券市场参与主体达 11162 个，包括各类金融机构和非金融机构投资者，以做市商为核心、金融机构为主体、其他机构投资者共同参与的多层市场结构更加完善，银行间债券市场已成为各类市场主体进行投融资活动的重要平台。

2011 年，人民币外汇即期市场稳步扩大，非美元货币交易整体进一步活跃。全年人民币外汇即期成交额较上年增长 16.7%；其中，非美元货币交易量同比增长 64.2%，明显快于整个人民币外汇即期市场增长速度。11 月 28 日银行间外汇市场引入人民币对澳大利亚元和加拿大元交易，12 月 19 日引入人民币对泰铢银行间市场区域交易。截至 2011 年末，人民币外汇即期市场货币对增至 10 个，进一步便利了经济主体的双边跨境贸易和投资活动。人民币汇率双向波动特征明显，汇率弹性继续增强。银行间外汇市场交易主体明显增加。年末，人民币外汇即期市场会员 318 家，较上年末增加 25 家；人民币外汇远期、掉期和期权市场会员分别为 73 家、71 家和 27 家。

四 金融领域对外开放范围稳步扩大

中国按照加入世界贸易组织的承诺，放宽了金融业对外开放的地域和业务范围，来华设立机构、开展业务和投资参股的外资金融机构不断增加。金融领域对外开放的范围不断扩大，不仅吸引了资金，更重要的是引进了国外先进的金融管理经验和技术，促进了金融业改革发展。加强与国际组织交流与合作。中国与近 30 个国家（或地区）签署了证券期货监管合作谅解备忘录，国际交流与跨境监管合作广泛。中国证券业协会与韩国证券商协会签署了合作谅解备忘录并定期互访，探索建立与其他国家证券行业协会开展长期深入合作的机制；先后加入亚洲证券论坛、亚洲证券分析师联合会、注册国际投资分析师协会、国际投资基金协会、亚太区投资基金年会等国际组织和国际会议机制；加强了与多国证券业界的联系。①

随着2008年国际金融危机的爆发，中国作为国际社会的重要一员，积极参与国际经济金融政策协调和金融危机应对，认真做好二十国集团（G20）机制下的各项工作，围绕国际货币体系改革、金融部门改革等重大议题提出政策主张。推动落实基金组织份额、治理结构和监督职能改革。继续参与东亚金融合作，推动区域金融稳定。积极配合多边开发银行普遍增资等有关工作，增进与拉美及非洲地区的金融合作。稳步推进与港澳地区的金融合作，加强研究两岸金融合作。

特别是，人民币跨境使用近年来取得突破性进展。跨境贸易人民币结算试点范围逐步扩大到全国，业务范围涵盖货物贸易、服务贸易和其他经常项目。全面开展对外直接投资和外商直接投资人民币结算。2011年，银行累计办理跨境贸易人民币结算2.08万亿元，是上年的4倍。实现人民币对泰铢银行间市场区域交易，对韩元等5种非主要国际储备货币银行柜台直接挂牌交易。启动人民币合格境外机构投资者（RQFII）试点工作。48家境外机构获准投资银行间市场。目前，与中国签订双边本币互换协议的国家或地区货币当局已经超过20个，总规模超2.5万亿元人民币。

五　金融基础设施建设逐步强化，金融稳定性增强

近年来，在中国人民银行和银监会的统筹下，中国的金融统计和研究工作实现新突破，正式开展社会融资规模的统计、分析与发布工作。完成网上支付跨行清算系统全国推广，依法开展非金融机构支付业务准入，规范商业预付卡管理。建立金融标准认证体系，全面启动银行卡芯片化迁移，开展社保卡加载金融功能试点，完成军人保障卡全军推广。保证现金供应，加强流通中的人民币管理，加强反假货币宣传。国库现代化体系不断完善，国库现金管理稳步推进。开展中小企业和农村信用体系试验区建设，加强征信业务监督管理，扩大企业和个人征信系统覆盖范围。反洗钱工作不断深入，推动金融机构建立以风险为本的内部控制体系，初步实现

---

① 国家统计局综合司：《改革开放30年报告之十一：金融业在改革创新中不断发展壮大》，2008年11月10日，http://www.stats.gov.cn。

向以风险为导向的反洗钱监管重点转移。

此外，中国还逐步加强跨境资金流动监测分析和政策储备，严厉打击"热钱"等违法违规资金流入。积极探索我国加强宏观审慎管理和系统性风险防范的方法和手段。顺利完成国际货币基金组织和世界银行对我国金融体系稳健性全面开展的首次"金融部门评估规划"（FSAP）工作。研究完善存款保险制度实施方案。有效处置各类突发性金融风险事件。积极探索开展金融机构开业管理、营业管理和综合执法检查、综合评价工作，并稳步开展金融消费者权益保护试点。[①]

第四节　互利共赢金融开放新战略的重点与战略举措

随着中国金融改革的不断深化和金融开放加速扩大，面对全球金融危机后国际经济金融环境已发生的持续深刻变化，实施互利共赢金融开放新战略是中国谋求经济可持续发展的必然选择。这需要中国结合金融改革开放的实际情况，以互利共赢为基本理念，将"继续深化金融改革，有序开放资本账户，改革人民币汇率形成机制，渐进推进人民币国际化"作为金融开放重点。

其中，深化金融改革是实施互利共赢金融开放的基石，并为其他三项提供充足发展的空间；资本账户的开放是连通国内和国外两个金融市场的桥梁，不仅能促进国内金融改革，也是弹性汇率形成机制和货币国际化的必要条件；人民币汇率形成机制一方面能有效地推进金融改革、资本账户开放和人民币国际化的发展，另一方面也是这三项相互适应、协调演变的动态结果；人民币国际化是中国经济地位与金融地位相匹配的必然要求，因而依赖于金融改革实际效果和资本账户管制宽松程度。

一　实施互利共赢金融开放新战略的重点

（一）继续深化金融改革

中国现代意义上的金融改革时间并不长，金融市场发展程度与欧美等

[①]　中国人民银行：《中国人民银行年报 2011》。

西方发达国家相比相差甚远，但改革面临的挑战与问题却一直层出不穷，主要体现在金融体制的落后上。中国金融体制改革是中国市场经济渐进转轨实现制度变迁的重要组成部分。以市场化为基本线索，中国金融改革正逐步由计划金融向市场金融转变，由严厉的管制向相对宽松的管制转变，由一级银行体制向二级银行体制转变，由"大一统"的单一银行机构为主向银行、证券和保险等多种金融机构转变，由金融业务行政化向市场化转变，由直接的行政调控向间接的市场调控转变。① 然而，受制于中国转型时期特定的经济环境，中国金融改革并不彻底，金融体系基本功能弱化，对经济增长作用有限。例如，在金融机构方面，金融业长期实行的分业体制，使得中国商业银行普遍存在业务单一、资金运营效率低下的弊端；在金融市场方面，层次单一，流通渠道狭窄，创新工具缺乏等诸多问题限制了资金投资运用。

目前，中国金融业正处于大调整时期，不确定性因素不断累积。从国内来看，金融机构资产质量差、激励机制不健全、市场纪律约束乏力、监管力量薄弱等问题尚未完全解决。② 同时，在竞争性金融市场缺失的条件下，外国战略投资者缺乏足够的激励机制，金融创新动力不足而投机可能性逐步增大。现阶段，中国金融仍然存在体制运转不灵、金融产业结构失衡、金融资源效率低下、金融环境严重无序等众多弊端，金融风险隐患较为突出。中国金融体制改革仍面临严峻考验。

因此，中国金融改革的目标应是以市场机制为导向，依靠制度、体制、机制和技术手段来强化和完善金融领域的薄弱环节和链条，实现从微观治理、资金价格、市场准入到金融运行等国内金融的完全市场化，旨在建设更有效率、更富竞争力的金融体系和金融制度。这是实施互利共赢金融开放的基石。未来金融改革的关键步骤在于放宽中小金融机构准入门槛，完善制度引导民间资本进入金融领域。缺乏国内金融的继续改革，金融开放的实施必是举步维艰，也难以掌控和处理开放进程中涌现的诸如风险防范、开放项目的顺序和深度等各种问题。

---

① 汤凌霄：《中国金融安全报告：预警与风险化解》，红旗出版社，2008，第134页。
② 张艺博、周琪：《中国互利共赢的金融开放新战略》，《武汉大学学报》（哲社版）2009年第5期。

（二）有序开放资本账户

尽管对资本账户开放的标准一再放宽[①]，对中国资本账户开放的讨论也是由来已久，但目前中国资本账户开放秩序选择和开放时机并未完全成熟。长期以来，中国采取渐进式的方法推进资本账户开放，"入世"以来明显加快了资本账户开放步伐。统计显示，2002～2009年，超过40项资本账户改革措施陆续出台。这些改革措施旨在转变外汇管理方式，削弱行政管制力度和逐步取消内资与外资企业之间、国有与民营企业之间、机构与个人之间的差别待遇。然而，按照国际货币基金组织《汇兑安排与汇兑限制年报》[②]的要求来看，目前中国资本管制程度仍较高，与实现资本账户开放还有较大距离。2011年中国资本账户开放程度如表3-1所示。

表 3-1　2011 年中国资本账户开放程度

开放程度	项目数	占比	涉及项目说明
完全不可兑换	4	10%	主要是非居民参与基金信托市场、国内货币市场和买卖衍生工具
部分可兑换	22	55%	主要集中在债券市场交易、股票市场交易、房地产交易和个人资本交易四大类
基本可兑换	14	35%	主要集中在信贷工具交易、直接投资、直接投资清盘等方面

资料来源：International Monetary Fund, Monetary and Capital Markets Department, *Annual Report on Exchange Arrangements and Exchange Restrictions* 2011, 2012。

逐步开放资本账户对中国来说是大势所趋，这不仅是履行"入世"的承诺，也是中国经济金融全球化发展的必然选择，还是推进人民币国际化

[①] 说明：国际货币基金组织（IMF）对资本账户开放标准的研究最早最深入，其界定的资本账户开放标准基本得到各国的认可。IMF对资本账户开放的标准从最早的定义为"没有对资本交易施加支付约束"，随后在1997年亚洲金融危机爆发后将原先对成员国资本账户开放的单项认定，细分为11项（即业界常说的7类11项40子项），在2008年国际金融危机爆发后，这一标准又被继续放宽。

[②] International Monetary Fund, Monetary and Capital Markets Department, *Annual Report on Exchange Arrangements and Exchange Restrictions* 2011, 2012.

和实施互利共赢金融新战略的关键一步。资本账户开放应该实现有管理的跨境资本兑换与流动，而非完全放任的自由兑换与流动。因此，有序开放资本账户需要把握国际资本流动的顺周期特征，以有效运用市场化手段合理调节跨境资本流动规模和流向为重点，并在逐步开放进程中实现风险安全可控。

（三）改革人民币汇率形成机制

随着经常账户巨额顺差的持续增加，人民币汇率问题不仅引起国际社会的普遍关注，而且成为贸易摩擦和政治摩擦的重要原因之一，也对中国谋求互利共赢的和谐世界提出了严峻挑战。完善人民币汇率形成机制不仅是建立和完善社会主义市场经济体制、充分发挥市场在资源配置中的基础性作用的要求，也是深化金融体制改革、健全宏观调控体系的重要内容；它有利于缓解对外贸易不平衡、扩大内需以及提升企业国际竞争力、提高对外开放水平，也有利于增强货币政策的独立性，提高金融调控的主动性和有效性，增强经济体系抵御风险和冲击的能力。

在国内和国际两个金融市场融合程度不断提高、中国外部经济失衡日益加剧、人民币饱受升值压力的情况下，扩大汇率制度弹性、实行渐进式人民币升值策略迫在眉睫。否则，将对中国的货币政策、利率政策和经济稳定构成巨大的挑战。在建立和健全以市场供求为基础的、有管理的浮动汇率机制，保持人民币汇率在合理、均衡水平上基本稳定的人民币汇率改革进程中，中国应始终坚持主动性、可控性和渐进性的原则。这意味着在完善汇率形成机制上，中国始终强调风险可控，坚持从本国根本利益和经济社会发展现实出发，充分考虑对宏观经济稳定、经济增长和就业的影响，在宏观管理上充分考虑各方面的承受能力，避免出现金融市场动荡和经济大的波动，有步骤地推进改革。随着出口增长方式转变和出口能力的增强，人民币应适度升值，但人民币升值的节奏不能快于广大出口型企业平均成本下降的速度。否则，人民币升值的大部分成本由出口型企业，尤其是占出口比重50%以上的中小型民营企业承担，这不利于经济金融的安全稳定。同时，人民币升值使得热钱在缺乏有效控制手段的前提下加快流入，增加宏观治理的难度，汇率的不稳定最终必将冲击中国的实体经济。

（四）渐进推进人民币国际化

人民币国际化的目标是币值更为稳定、流通更为便利，在国际贸易结算和国际金融市场交易中广泛使用并最终成为国际储备货币。人民币国际化是中国全方位、多层次融入全球经济金融一体化的必由之路，也是中国经济地位与金融地位相匹配的必然要求，更是互利共赢金融开放战略的结果体现。综观英镑、美元、日元和欧元等历史上的国际货币地位形成过程，无一不是在凭借本国强大的经济实力基础上，本国金融体系渐进开放而逐步形成的结果。现阶段，中国经济实力的显著增强和人民币在周边国家和地区流通规模的快速增加为渐进推进人民币国际化准备了必要条件，但要实施互利共赢金融开放新战略，推进人民币国际化更面临紧迫性。

2008 年源于美国的全球金融危机充分暴露了现有的美元本位制下全球经济失衡的内在缺陷和系统性风险，国际社会也充分认识到过度依赖美元的弊端，因此要求"改革国际金融机构""建立多元化国际货币体系""创造超主权储备货币"的呼声不绝于耳。一方面，在现行的不对等的国际货币制度安排下，以美国为代表的发达国家处在体系的中心，以中国为代表的发展中国家处于体系的边缘，美国无节制地倾销美元，并借助金融市场的资金转移效应和金融衍生工具的杠杆放大效应，引发全球流动性过剩和金融危机；另一方面，随着经济和金融市场的逐步开放，以中国为代表的发展中国家面临越来越严重的"三元悖论"难题，作为目前世界第二大经济体、第一外汇储备国、第一出口国的中国经济表现抢眼，而与其在世界经济中所处的地位严重不匹配的则是人民币国际地位的问题，解决经济贸易大国与金融货币小国的矛盾，才能根本摆脱困局。

由此可见，渐进推进人民币国际化不仅有利于大大促进中国自身建设，促进中国对外贸易和金融服务业以及国际投资的发展，而且有利于增强发展中经济体尤其是亚洲经济体抵御风险的能力，推动国际经济新秩序的多极化构建和维护全球金融体系的稳定运行。

二　实施互利共赢金融开放新战略的战略举措

（一）推进银行现代化和利率市场化建设

1. 推进银行现代化建设和对外开放

银行业是中国金融业的主体，国有银行居于银行业的主导地位。随着金融业的进一步对外开放，国有银行将面临更大的竞争压力，银行信贷风险和利率风险也日益显现。推进银行业对外开放，对于增强中国金融业发展能力和竞争能力、建设现代银行制度都具有十分重要的意义。目前，国有商业银行仍然存在公司治理不完善、内控机制不健全、基础管理依然比较薄弱、分支机构和基层网点改革明显滞后、金融服务水平不高等问题，尤其是"双重表外化"现象非常明显，与现代银行制度的要求和国际先进银行相比，还有很大差距。面对日趋激烈的竞争，要加快金融企业改革和创新，推进国有金融机构产权制度和产权结构形式的改革，逐步形成资本充足、内控严密、运营安全、服务优质、效益良好、创新能力和国际竞争力强的现代化大银行。一方面，要明确企业经营发展战略，提高自身资产质量、赢利能力和服务水平，要在有效控制风险敞口的前提下加快金融创新，多渠道、多手段开发和利用金融衍生产品，规避风险；另一方面，要树立"风险首位、内控先行"的理念，完善公司治理结构和内部审计制度，加强内部控制机制建设，建立科学合理的激励机制和约束机制，从而建立起经营决策、执行、监督相互制约的内部制衡机制，保证金融企业市场化运行方向。

银行业对外开放的目的是促进现代银行制度的建设，提高中国银行业整体的国际竞争力，建立一个健康、发达的银行体系。中国银行业对外开放的进程和步骤要与中国经济社会承受力、宏观调控能力、金融监管水平相适应，减少社会成本，避免出现失误。在认真总结经验的基础上，要持续推进银行业对外开放，充分利用国际和国内两个市场、两种资源，按照互利共赢的原则，在更大范围、更广领域、更高层次上参与国际合作和竞争，加快提升银行业国际竞争力，全面提高对外开放水平，促进中国银行业健康发展。

2. 推进利率市场化建设

利率市场化是中国继续深化金融改革的重要方向和核心之一。利率市场化不仅有利于建设多层次资本市场和实现资本账户下货币可兑换，而且有利于建立弹性人民币汇率形成机制和人民币国际化。目前，中国金融市场发展程度和银行体系赢利能力对利率市场化有着重大影响。这是因为，一方面，成熟的金融市场，尤其是债券市场是实现利率市场化的重要条件，然而中国金融市场规范程度和市场深度都有待提高，诸如发行制度问题、金融产品创新问题和市场分割问题等都将影响市场基准利率体系和金融机构利率风险对冲能力。另一方面，利率市场化的推进致使银行净利息比降低，将弱化银行业，尤其是中小银行的财务承受能力、风险管理能力将受影响和缩小生存发展空间。长期以来，在利率非市场化背景下，受政府保护的息差成为银行业高增长的强大动力。从目前利率政策看，被保护的息差在2%以上，是国际最高水准，在国内银行的收入结构中，80%来自息差。但是随着中国利率市场化进程的不断加快，利率波动会不断加剧，商业银行、保险公司等金融机构会面临更大的利率风险。因此，利率市场化的关键步骤，必须充分考虑银行业，尤其是中小银行的财务承受能力、风险管理能力和生存发展空间，按照实事求是、循序渐进的原则加以推进，避免给金融稳定、宏观调控乃至经济运行带来不必要的负面影响。

（二）加快资本市场建设，营造健全的金融市场结构

随着现代市场经济在中国的逐步发展，金融市场与实体经济的联系将更加密切和广泛。金融体系的稳健程度终将通过金融市场渗透、扩散和反馈。扩大型对外开放以来，尽管中国资本市场取得了长足发展，但受制于转轨的经济体制和宏观经济形势与市场环境，市场基础缺失、结构存在缺陷、市场风险不断累积。加快资本市场建设，不仅有利于企业拓展融资渠道，促进现代企业制度建设，还有利于分散银行体系的风险。因此，防范与化解金融市场风险，需要加快资本市场建设，营造健全的金融市场结构。

1. 继续完善资本市场层次与结构，拓展资本市场深度与广度

现阶段中国金融市场，间接融资占据主导地位，有效的资本形成制度和基本的直接融资机制极度缺乏。拓展多层次资本市场，建立多元化机构投资者队伍，不仅是金融市场深化改革的需要，也有利于金融市场风险的分散。同时，要以解决体制性、机制性问题为重点，加强资本市场基础性制度建设，将近年来行之有效的政策措施制度化、法制化，并适应资本市场发展新形势的要求，不断加强体制机制建设。

加快资本市场建设的关键步骤在于放宽中小金融机构准入门槛，完善制度引导民间资本进入金融领域。在以市场为导向深化金融改革的基础上，需要在金融行业引入竞争，实现在竞争格局中金融业向社会提供商品和服务。因此，放宽金融业特别是社区型中小金融机构的准入限制，形成并动态维持竞争格局，以降低价格，减少企业欺压客户的可能性，压缩寻租空间。同时，要鼓励民营资本进入金融领域，尤其是让更多的民营中小企业进入债券市场。只有如此，才能使整个金融体系的资金价格形成"基准"，继而为利率和汇率市场化提供必要条件。

2. 加强金融市场透明度建设

中国货币市场和资本市场"明堵暗通"，金融市场透明度不高，信息不对称引发的道德风险和逆向选择日趋严重。因此，要规范金融机构信息披露制度，加强金融机构信息披露的广度、深度和速度；要健全中介机构外部监督和责任追究制度，从而建立公平、公正、公开的金融市场。随着市场需求的不断扩大，未来金融创新将会持续，为了在发展的同时防范风险，需要打造开放、透明、公平的金融产品交易平台，让有融资需求的企业、银行等中介机构和投资者在此平台上公平交易。

3. 建立健全市场退出机制

由于金融机构的危机极具扩散性和破坏性，一旦危机发生，要迅速果断地按照市场化原则对有问题的金融机构进行处理，从而使社会经济波动最小和危机的处理成本最低。通过制定和完善相关法规，对金融机构的危机处理进行明确界定，实施明确的危机救助措施。

（三）进一步改革和完善人民币汇率形成机制

改革和完善人民币汇率形成机制是中国的自主选择。在推进这一改革时必须充分考虑中国社会、经济的承受能力，避免汇率大幅波动对经济发展产生负面影响，注重防范国际经济风险。当前，一方面中国外汇市场的规模仍然比较小，市场结构还不完善，交易主体和交易工具依然有限，外汇市场的交易量充其量只是反映了实体经济对人民币的需求和供给，而外汇市场汇率发现、资源配置和风险控制的作用尚未充分发挥；另一方面在人民币升值预期压力明显大于实体经济内在升值需求的情况下，特别是在中国金融改革进入关键时期，国内经济、金融变数较大，中国金融机构和企业对浮动汇率尚需一个适应过程，而且在汇率调整对改善国际经济不平衡影响有限的情况下，大幅度调整人民币汇率的风险过大，既不利于中国国内经济金融的稳定，也不利于世界经济的稳定。因此，在未来深化人民币汇率改革、完善人民币汇率机制的过程中，需要继续坚持市场化改革、坚持改革操作主动可控渐进、坚持完善机制优先这些基本原则。

完善人民币汇率形成机制的核心依然是加快外汇市场的发展与创新。增加市场交易主体、健全外汇交易方式、改革和完善管理政策、增加外汇市场交易品种。人民币汇率形成机制在国民经济宏观调控体系以及经济金融体制改革中都具有举足轻重的地位，现阶段中国国民经济发展面临很多问题也可能与汇率有关，例如货币政策的有效性、采取综合措施促进国际收支基本平衡等。[①]

在改革与完善的方向上继续坚持市场化的取向。继续把推进汇率形成机制的市场化作为汇率形成机制改革的重点，更多地发挥市场机制的作用，让外汇市场自发寻求人民币汇率的合理、均衡水平。

在操作原则上，应继续坚持主动性、可控性和渐进性的原则。在改革与完善人民币汇率形成机制的过程中，应根据中国自身改革和发展的需要，决定汇率改革的方式、内容和时机。同时，人民币汇率的变化要在宏观管理上能够控制得住，既要推进改革，又不能失去控制，避免出现金融市场动荡和经济大的波动，可控性的内涵包括风险控制与加强管理。渐进性即循序渐进，要从整体上把握完善人民币汇率形成机制的短期、中期和长期目标，既不能停滞不前，也不宜操之过急，把握好改革的步伐与力度。

---

① 北京国际金融论坛课题组：《中国金融对外开放：历程、挑战与应对》，《经济研究参考》2009 年第 1 期。

在改革的路径上应坚持完善人民币汇率制度优先。汇率制度的选择与安排是人民币汇率形成机制的本质与核心，因此在完善形成机制的过程中应牢牢把握这一主线，同时其他相关制度的改革也要配套跟进。

在改革的次序安排上，应结合中国外汇市场的特征，选择合理的改革次序。既不能给外汇市场造成较大的冲击，也不能步调缓慢，约束汇率形成机制的完善。在改革的次序上，首先，组建汇率问题专家组，规范央行汇率监管机制；其次，放宽市场准入条件；再次，逐步放宽汇率日波幅限制；最后，培育与完善远期外汇市场。同时在以上过程中，应按照前面的论述逐渐深化利率自由化改革和银行商业化改革。

（四）推进人民币国际化，提升人民币国际地位

人民币国际化的推进应围绕地域扩张和货币职能两个层次，实施"三步走"战略（何慧刚，2007；王元龙，2009；王桤伦、陈霖，2010）[1]。具体而言，地域扩张上应选择"周边化→区域化（亚洲化）→国际化"的路径，通过人民币在边境贸易计价和结算中的广泛采用促进亚洲国家对人民币的认同和使用，并在此基础上提升人民币的国际地位，成为具有世界影响力的国际货币。目前，人民币继续保持在周边国家和香港地区流通的势头，虽并未充分自由兑换，但已经在完成基本可兑换的情况下，朝着周边国家和地区官方认同的结算货币迈进。2009年7月中国开始的跨境贸易人民币结算试点大大加速了人民币"周边化"的进程，下一阶段，人民币需要在进一步巩固和扩大"周边化"的基础上，推进"区域化"，最终实现"国际化"。在货币职能上则遵循"结算货币→计价单位→储备货币"的战略，凭借人民币在国际贸易中被广泛采用作为结算货币的这一事实，促进人民币成为国际金融市场上的交易计价货币，最后提升人民币在国际外汇储备中的占比，并实现成为国际外汇储备重要构成的目标。目前来看，以人民币结算的比例已占到中国对外贸易总额的10%，但仅局限于有中方企业参与的国际贸易，同时，人民币除了在香港地区建立了离岸市场外，在

---

[1] 何慧刚：《人民币国际化的模式选择和路径安排》，《经济管理》2007年第5期；王元龙：《关于人民币国际化的若干问题研究》，《财贸经济》2009年第9期；王桤伦、陈霖：《人民币国际化的机会之窗已经打开》，《国际贸易》2010年第7期。

其他国家或地区有效的跨境兑换和投资交易渠道匮乏，在国际外汇储备中的比例极低，要从货币职能角度实现人民币国际化将更多涉及人民币资本账户开放、人民币汇率形成机制和中国金融市场建设，因此这一目标更加艰巨。

现阶段，推进人民币国际化需要采取如下政策和手段。

1. 加快人民币离岸市场的建设与发展，为资本账户开放积累经验

按照高标准、稳起步和严监管的原则，有步骤地建设离岸人民币结算市场、离岸人民币远期汇率市场和离岸人民币金融产品市场。这三个市场的建设将有力地推进货币自由兑换，规避汇率风险等。在实施路径上，可以围绕香港和上海两地的特殊区位和功能作用，通过加强两地优势互补，大力发展香港和上海两个金融中心的人民币离岸市场和金融业务。这一方面有利于中资金融机构和企业有步骤地学习和掌握国际金融市场的运作规律，提高风险防范能力，降低"走出去"的成本；另一方面离岸市场将成为提高和改进我国金融监管水平的试验场，可以为全面实现人民币资本账户开放积累监管经验，培养监管人才。

2. 积极签订货币互换协议，扩大双边本币互换的范围与规模

自 2008 年 12 月中国与韩国达成 1800 亿元人民币货币互换协议以来，中国央行又陆续与中国香港、马来西亚、印度尼西亚等国家和地区的货币当局签订货币互换协议，这不仅有利于维护币值稳定和推动双方贸易发展，也为人民币国际化提供了有益的准备。货币互换协议在一定程度上突破了中国对资本项目下货币兑换的某些限制。中国可以与所有东盟国家以及区域外与中国具有密切贸易联系的国家或地区签署双边本币互换协定，并进一步细化相关协定内容，从政策上奠定人民币在边境结算的基础，扩大人民币使用范围，提高人民币的接受度。

3. 大力发展人民币债券市场，提升人民币国际化地位

人民币债券市场的发展对人民币国际化有特殊意义，不仅能减少中国增持美国国债的风险，推动人民币国际化进程，而且可以缓和他国的流动性短缺，促进全球金融稳定（余永定，2008）。[①] 根据国家资本账户和金融

---

① 余永定：《增持美国国债风险大 应发行熊猫债券》，《第一财经日报》2008 年 12 月 12 日。

市场对外开放的总体部署，逐步扩大境外投资者参与金融市场的比例和规模，扩大国际开发机构在银行间市场发行人民币债券的规模，支持有人民币长期资金需求的外资法人银行发行人民币债券，稳步推进符合条件的境外企业试点在境内发行人民币债券。在开放之初，可将允许发行人民币债券的国际金融机构界定为"由主权国家参加的国际金融组织"；取得基本经验后，再逐步展开，一些私人机构今后也可以在人民币债券市场发行人民币债券，逐步完善人民币收益率曲线，短期内需要推动中长期低风险债券的发行，并鼓励银行间交易成员在二级市场的活跃交易，从而形成市场化的长期收益率。尽快明确管理国际金融机构在境内发行人民币债券事务的政府部门，避免行政部门多头管理造成的协调成本。同时，应建立各部门间的及时沟通和协调机制，切实防范和化解各类风险。[①]

（五）完善科学审慎的监管体制，依法加强金融监管

由美国次贷危机引发的全球金融危机再次警醒世人，金融监管制度滞后和监管措施不到位将导致难以估量的风险。扩大型对外开放以来，中国金融监管在经历不断变革中形成了较为完善的具有中国特色的金融监管制度，但是在中国金融不断深化发展和开放度不断扩大的背景下，中国金融风险也存在不断扩大的趋势，原本被掩盖的风险也逐步暴露出来。金融监管面临严峻形势，尤其是外资金融机构相继登陆，不仅将外源性金融风险引入，也使得金融监管面临前所未有的挑战。完善科学审慎的监管体制，依法加强金融监管，成为维护金融安全稳定、防范与化解金融风险的重中之重。

一方面，要不断完善金融监管机制，建立集中统一的金融监管体制，进一步加强金融监管工作的协调配合；要建立健全协调机制，实现从机构监管向功能监管转变，以金融业务为中心确定监管部门监管规则，坚持全面监管与重点监管相结合，加强对金融企业全方位全过程监管；强调政府监管与市场激励的有效结合，引导市场和监管两股力量共同发挥作用来实现监管目标；注重分析金融监管的成本和收益，以最小的监管成本取得最

---

① 王桤伦、陈霖：《人民币国际化的机会之窗已经打开》，《国际贸易》2010 年第 7 期。

大的监管成效；强调对监管者的问责，防止金融监管的主观性和随意性；要健全金融应急机制和预案，研究建立有效防范系统性金融风险、维护金融稳定的应急机制。只有加强和完善金融监管，审慎监管，才能防患未然。

另一方面，要适应金融改革、创新、发展、开放新形势的要求，加强金融法制建设，不断完善金融法律法规，推进金融主管机关依法进行行政工作。金融监管部门应改进监管方式、强化监管手段，全面提高金融监管水平。要充实银行、证券、保险等监管机构的监管力量，转变监管理念，把工作重心从审批事务转移到对金融企业和金融市场的监管上来。要健全跨境资金流动监测预警体系，加强对短期资本流动特别是投机资本的有效监控。另外，外资金融机构的国际性使其金融交易技术和过程更加复杂，这客观上要求我们加强与境外金融监管机构和国际金融组织的交流与合作，密切配合，共同防范跨境金融风险。同时，要加强社会监督和来自新闻舆论的监督力度。在金融开放的过程中，要注意防范化解金融风险，以健全的金融体制为保障，以依法治理金融为手段，以稳步推进金融改革为步骤，保持金融稳健运行。

（六）加强国际合作，构建良好的金融生态环境

亚洲金融危机爆发时，面对汹涌澎湃的货币贬值浪潮，中国作为一个负责任的大国，主动承诺人民币不贬值，维护了区域经济安全稳定，对危机后亚洲经济的复苏做出了重大贡献。2008 年，一场源于美国次贷危机的国际金融危机已对全球金融体系和经济发展产生严重影响。在这场全球性危机面前，各大经济体的携手合作显得尤为重要，而中国则成为其中举足轻重的力量。中国不仅承诺在全球金融危机中做出"积极努力"，强调"中国经济保持良好发展势头本身就是对全球金融市场稳定和世界经济发展的重要贡献"，还通过降息、"四万亿"财政投入刺激内需等举措，同国际社会一同努力切实维护国际金融稳定和经济稳定，实现世界互利共赢。中国金融安全稳定有利于充分发挥包括 IMF 在内的主要国际金融组织维护全球金融市场稳定，促进全球经济增长的职能。作为 IMF 的重要成员，中国一直通过 IMF 的资金交易计划等安排向有关国家提供资金支持，同时多

方合作促进国际金融体系改革。

现行的国际金融体系已饱受尤其是除美国外的其他国家的质疑。尽管IMF 迄今为止并未对关键领域进行改革，但其在 2008 年初提出的包括开发新的分析工具、建立全球金融监控机制、加强与其他国际组织和私人部门的合作等①一系列改革方案，为国际金融合作和区域金融风险防范提供了新的思路与可能。中国要勇于承担作为发展中大国在世界经济发展中的责任和义务，实施互利共赢，重建世界经济金融新秩序，就必须主动参与国际经济协调与协作，积极参与国际金融改革，加强国际金融监管。

一方面，中国首先要与其他发展中国家一道积极推动国际货币体系改革，降低美元本位带来的风险，实现国际货币体系多元化，带动地区间贸易和投资的多元化发展。其次要与东亚主要国家建立有效的区域性金融合作机制，降低金融全球化带来的不稳定性风险，包括建立机构化的区域金融救助机制、有深度和广度的区域金融市场、区域性的汇率联动机制等。

另一方面，鉴于各国所实施的监管规则存在差异，需要制定全球统一的监管规则和建立国际性的监管机构。各国金融监管当局的国际协调是全球经济协调的一个组成部分，同时它又涉及和依存于经济其他领域的国际协调。为此，要加强金融立法（主要包括汇率和利率）的国际协调，加强对国际资金流动和国际金融市场的联合监管，实施金融监管国际化，防范跨国金融风险。②

---

① IMF, *Ongoing Market Turbulence：IMF Intensifies Work on Subprime Fallout*, IMF Survey Online, http://www.imf.org/external/pubs/ft/survey/so/2007/CAR0430C.html.

② 周琪：《外源性金融风险产生的背景和原因》，《亚太经济》2010 年第 2 期。

第四章

互利共赢的国际投资新战略

互利共赢的国际投资新战略是中国互利共赢对外开放新战略的重要组成部分。正确理解互利共赢国际投资新战略的基本思想，全面落实互利共赢国际投资新战略的基本要求，既是中国面对经济全球化的挑战而对经济开放战略所做的主动调整，也是中国在互利共赢条件下对"引进来"和"走出去"相结合战略重点的重新优化。实施互利共赢的国际投资新战略的目的，就是要进一步扩大经济开放领域，优化对外经济开放结构，提高利用外商投资质量，增加中国对外直接投资效益，进而完善内外联动、互利共赢、安全高效的开放国际投资体系，形成经济全球化条件下中国参与国际经济合作与竞争的新优势，建立持久和平和共同繁荣的和谐世界，为中国实现和平发展做出重要贡献。

第一节　实施互利共赢国际投资新战略的时代背景

实施互利共赢国际投资新战略既是适应经济全球化发展的需要，又是中国对外开放深化在新时代的内在要求，也是科学发展观与对外经济开放紧密结合的必然产物。

一　实施互利共赢国际投资新战略的国际背景

经济全球化是当代世界经济发展最重要的特征，也是中国实施互利共赢国际投资战略的最主要的时代背景。经济全球化为世界各国经济发展提供了良好机遇，特别是通过国际生产优化与分割，在全球范围内重新调整和布局了国际生产投资体系，实现了所有制结构、产业结构和产品结构的优化配置和升级，使各国分享世界市场所带来的巨大经济利益，实现各国在世界经济增长过程中的动态平衡发展。与此同时，经济全球化的发展必然也会对各国已有的发展模式带来巨大冲击。因此，只有顺应世界经济发展潮流，不断迎接新的挑战和竞争，才能从中获得新的来自全球的经济发展资源，不断提升国家的整体国际竞争力。

（一）经济全球化为各国经济发展和分享世界市场收益带来的新机遇

经济全球化为各国经济发展、和平分享世界市场收益所带来的机遇是多方面的，主要表现为以下几点。

第一，经济全球化为各国引进技术和大力发展生产力提供了新机遇。经济全球化的根本推动力是科学技术创新和发展，特别是高科技，如智能计算机技术、信息技术和生物工程技术等的快速发展，不仅促进了经济增长，拓展了世界市场的层次与范围，而且还会通过技术的国际传播与扩散来优化各国的经济结构，进而带动世界各国经济依赖关系的变化，并深刻影响世界经济格局。[1] 这是因为尽管这些技术首先在一国发明和应用，但在经济全球化背景下，随着科学技术产业化的加深和产品生产技术的标准化，这些科学技术会逐步通过国际技术贸易或国际投资等方式转移到其他经济技术相对落后的国家。即科学技术标准化的发展及其在国际范围内的传播，为世界各国吸收发达国家的先进技术、共享科学技术外溢、大力发展先进生产力提供了重要战略机遇。

第二，经济全球化推动的国际生产分割和产业的国际转移，为世界各国产业结构优化和产品升级换代提供了有利时机。20 世纪 90 年代以来经济全球化的迅猛发展，不仅体现在世界商品贸易和服务贸易的高速增长，也体现在金融资产在世界范围内的快速和自由流动，更体现在生产过程在世界不同地区和国家之间的重构，特别是垂直一体化的生产过程在经济全球化和自由化的推动下，开始在不同地区和国家之间进行生产环节的细

---

① 陈继勇、肖光恩：《高科技发展与世界经济重构》，《求是》2006 年第 7 期。

分、重组或再构，进而导致了生产国际分割与产业的国际转移。[1] 在经济全球化背景下，当技术发达国家新兴产业发展成熟而行业利润不断下降时，这些国家为了保持行业的高利润就会进行产业国际转移，在世界范围内对产业空间布局进行重新调整。世界产业结构空间布局的重新调整对各国国内企业利用本土比较优势、优化产业结构和产品升级换代提供了机遇，也为世界各参与国际生产过程或生产环节、提高产品国际竞争能力提供了契机。

第三，经济全球化为各国利用世界生产资源来优化配置国内外市场提供了机遇。20 世纪 90 年代以来，在 GATT/WTO 的推动下世界贸易体系更加自由和开放，世界各国贸易关税不断降低，商品和服务跨国流动及金融资产的跨国转移更加自由，采取"有管理的自由资本主义"的政策成为世界各国制定经济政策的时尚，经济自由化和全球化已经成为世界经济发展的时代趋势。[2] 全球经济政策的自由化加强了世界各国内外市场的一体化和进一步融合。全球化背景下的世界市场融合有利于世界各国利用世界资源来优化国内外市场配置，特别有利于各国在实物产品研发、生产、贸易与售后服务过程中的参与和竞争。因此，在经济全球化和自由化条件下，世界不同国家和地区参与产品国际生产过程或生产环节的竞争，使全世界的生产资源能得到合理的利用与优化配置。

第四，经济全球化为世界各国重构地区经济相互依赖关系提供了新机遇。[3] 经济全球化不仅能导致生产要素的合理配置和生产力的提高，同时也能导致经济信息、经济发展经验的交流与经济制度的模仿与创新。即经济全球化在推动世界生产力提高的同时，也会对世界生产关系进行调整。如西方发达国家经济制度和企业组织结构为适应经济全球化而作的变化与调整，对世界其他相对落后的国家进行市场经济体制改革和企业组织（如

---

① 肖光恩、周涼：《论互利共赢条件下中国外商直接投资开放战略的调整——基于国际生产分割的理论视角》，《武汉大学学报》2009 年第 5 期。

② 陈继勇、肖光恩：《研究世界贸易组织，确保经济运行的安全和平衡：从世界贸易组织协调重点与跨国公司投资特点的变化谈起》，《湖北日报》2001 年 11 月 9 日。

③ 陈继勇、肖光恩：《高科技发展与世界经济重构》，《求是》2006 年第 7 期。

公司治理结构）重构提供了重要的借鉴和启示①，发达国家与相对落后国家经济制度的相互模仿与借鉴，则会导致各国经济依赖与经济联系的程度差别，各国之间的经济关系有亲疏之分；再如经济全球化的发展使得世界经济重心由欧美地区向亚太地区转移②，这对世界不同地区的国家在地区经济协同发展中的地位与作用产生了重大影响，为各国"走出去"和参与世界范围内的地区经济发展与重构地区经济相互依存关系提供了新机遇。

（二）经济全球化对国际生产和国际直接投资区位选择带来的新挑战

经济全球化的发展也对各国利用外商直接投资和对外直接投资提出了新的挑战，特别是对生产的国际分割和国际直接投资的区位选择提出了新要求。③

一是当地生产技术研发能力影响外商直接投资区位选择。一国当地生产技术的差异往往取决于当地的技术研究与开发，而技术研究与开发则更多地来源于本国公共基础科学研究和私人商业科学研究。公共科学基础研究的主要代表就是高校或一些专门性的政府研究机构，这一类研究机构由于历史积累或人文科学因素而位于特定的地区，其地理区位分布具有长期稳定性，即这类科研机构具有当地化的特征。④ 而私人商业科学研究机构的地理区位更多的是考虑企业的商业目的和区位要素，即这类研究机构区位选择更多的是要符合企业长期发展战略的要求；同时，在经济全球化条件下一个商业科学研究项目的经费通常是巨大的，私人商业科学研究投资者更多的是采取联合投资或者是合作研究，私人商业科学研究的国际化就成为企业理性的选择。因此，20 世纪 90 年代以来，跨国公司纷纷与投资东道国国内的科研机构联合起来进行产品研发，出现了跨国公司研发国际

① 陈继勇、肖光恩：《美国公司治理结构改革的最新发展及其启示》，《经济评论》2004 年第 5 期。
② 肖光恩等：《第五次世界经济长波与我国面临的战略机遇》，《光明日报》2004 年 7 月 27 日。
③ 肖光恩：《生产为什么会在全球范围内分割?》，《经济学消息报》2009 年 4 月 24 日。
④ 张正义：《知识外溢当地化、企业家精神与产业集中——国外一个基于知识生产函数视角的理论综述》，《江汉论坛》2007 年第 11 期。

化和当地化的趋势。从这个角度上讲，私人商业科学研究机构的区位具有流动性、全球性和当地性的特征。因此，从技术研究机构的地理区位考虑，生产国际分割区位通常选择在高校和专业性科学研究机构的周围，如美国的加利福尼亚、英国的苏格兰、法国的昂蒂布、日本的东京、瑞典的斯德哥尔摩、印度的班加罗尔、中国的中关村等地区，都云集着世界著名跨国公司及其研究机构，这些地区成为生产国际分割的重要地区。①

二是当地企业生产技术吸收能力制约外商直接投资的区位选择。一国当地生产技术差异的另一个重要来源，就是当地企业对外来技术的吸收能力不同。在生产技术国际转移和扩散过程中，无论是新技术的发明、新产品的创新，还是技术在商业化过程中的标准化以及技术的国际扩散，都离不开当地企业的技术吸收能力。当地企业技术吸收能力主要是指当地企业获取、吸收、转化、开发应用（产品市场化）外来技术的能力以及产品集成创新能力。一般说来，当地企业技术吸收能力越强，国际转移或扩散技术的生产商业化速度就越快，当地企业产品集成创新能力就越高，这些企业就越有能力参与生产国际分割，并能与跨国公司建立新的生产合作关系或生产网络，特别是加入跨国公司全球性战略联盟。② 20世纪90年代以来在全球范围内兴起的跨国公司战略联盟，就是通过战略联盟协议在产品的研究开发、生产、销售、售后服务、企业组织结构、企业制度以及企业文化等各个方面建立起企业之间的战略联盟关系，这种"战略联盟主义"实际上就是让生产国际分割在制度上有所保障，从而在全球范围建立起一种长期稳定的生产分割体系和全球销售网络。因此，跨国公司在进行生产国际分割区位选择时，除了考虑企业长期的发展战略和全球地理布局的因素之外，更看重当地企业的技术吸收能力。③

三是当地生产要素资产的专属性影响外商直接投资的区位选择。尽管生产要素的国际差异也是形成生产国际分割的原因之一，然而当地生产要素资产的专属性才是形成当地要素市场区位优势的重要原因，才是锁定和

---

① 陈继勇、肖光恩：《国外关于聚集经济研究的新进展》，《江汉论坛》2005年第4期。

② 肖光恩、张正义：《关系资产：FDI区位竞争新优势及其政策内含》，《经济学消息报》2008年1月4日。

③ 肖光恩、周淙：《论互利共赢条件下中国外商直接投资开放战略的调整——基于国际生产分割的理论视角》，《武汉大学学报》2009年第5期。

吸引跨国公司的重要因素。这是因为：在经济自由化和全球化的影响下，如果不同地区生产要素价格出现均等化的趋势，一个地区生产要素价格优势就很容易被另一地区生产要素价格优势所替代，进而会导致当地生产要素市场区位优势的消失和生产能力的下降。① 然而，如果当地生产要素资产具有专属性，则这种专属性的当地生产要素资产就不容易被其他国家和地区生产要素资产所替代，这种由当地生产要素资产专属性所形成的区位优势就具有强大的吸引力；而且这种具有专属性的当地生产要素资产还具有循环积累因果效应，它会进一步促进更多的国际生产环节或生产能力被吸引聚集在本地，进而将分割的国际"生产单位"或分支机构"锁定"（Lock in）在当地。② 因此，当地生产要素资产的专属性对生产国际分割区位选择有重要影响。

四是当地已有的生产加工配套能力也影响着生产国际分割的区位选择。生产国际分割的重要前提就是发挥地区生产专业化的能力，而当地生产专业化就要求当地生产和加工具有规模性，即当地要有一定规模的生产加工能力或生产加工配套能力。当地化的规模生产能力或加工配套能力不仅要求生产技术标准的国际统一，更重要的是当地要具有相当规模的熟练生产技术工人和专业化国际生产设施。也就是说，当地已有的生产加工配套能力可以承接生产国际分割过程中转移的国际生产任务，这就要求当地必须具有配套齐全的生产加工体系和强大的国际生产加工能力。因此，只有当地已有的生产加工配套能力很强时，当地企业才能成功地参与跨国公司生产的国际分割过程，从而使当地企业更快地融入全球化的国际生产体系。③

五是当地对外经济服务能力及其成长潜力影响外商直接投资的区位选择。跨国公司在进行生产国际分割区位选择时除了考虑当地对外经济开放和经济自由化所导致的跨国服务成本下降之外，更看重当地对外经济服务能力和未来成长空间对生产国际分割服务连接成本所带来的影响，因为生

① 肖光恩：《新经济地理有何经济学解释力？》，《经济学消息报》2008 年 12 月 12 日。
② 肖光恩、周涼：《Ipod 为什么会在全球生产？——基于跨国公司产品内国际分工和产品内贸易的理论解释》，《经济学消息报》2008 年 2 月 1 日。
③ 肖光恩、周涼：《论互利共赢条件下中国外商直接投资开放战略的调整——基于国际生产分割的理论视角》，《武汉大学学报》2009 年第 5 期。

产国际分割要充分发挥服务连接规模收益递增的作用，在进行生产国际分割区位选择时必须重视当地对外经济服务能力及其成长的潜力，特别是重视当地交通基础设施体系和电信服务市场的完善程度、当地国际通商通航的能力以及与国际经济交往的便捷性，如当地的国际港口、国际机场、国际金融市场、当地陆路交通等提供的对外经济服务能力，从而尽可能地降低生产国际分割时跨国服务连接的成本，最大可能地增强跨国服务连接的便利性和即时性。① 所以，当地对外经济服务能力及发展潜力影响当地生产企业参与国际生产分割的过程。

目前，随着世界各国应对金融危机所采取经济刺激计划的效应开始显现，国际金融市场流动性增加且渐趋稳定，消费和投资开始缓慢恢复。在当前背景下，全球投资合作领域呈现出的一些新特点应值得注意。一是实体经济重新受到各国重视，全球产业分工与交易链条将重塑，世界经济面临新一轮重大调整。二是随着全球通胀预期不断上升和国际贸易价格回升，跨国公司成本压力进一步加大，跨国企业内部贸易将大规模发展，跨国并购将再掀高潮。三是新兴经济体尤其是亚洲新兴经济体强势反弹，成为拉动世界经济复苏的重要动力。四是区域经济一体化进程加快，带动国际贸易投资进一步发展。

二　实施互利共赢国际投资新战略的国内背景

新中国成立 60 多年以来，尤其是扩大型对外开放以来，中国的对外开放程度不断提高。外资和国外自然资源的利用以及对国际市场的开拓，促进了中国经济的快速增长，协调了外向性经济增长和内向性经济增长之间的关系，优化了国内市场和国外市场的资源配置结构，提高了中国产业结构的水平和产品的国际竞争能力，提升了中国企业自主创新能力和中国劳动力的整体素质，使得中国对外开放和国际投资战略逐步实现了两次重大转变，一是"引进来"，从"量"到"质"的根本转变，二是由"引进来"向"走出去"的根本转变。② 在进入 21 世纪后，特别是中国加入世界

---

① 肖光恩：《新经济地理理论的发展变化——基于新贸易理论发展视角理论综述》，《区域经济开放与发展评论》（第三辑），浙江大学出版社，2009。
② 崔新健：《中国利用外资三十年》，中国财政经济出版社，2008。

贸易组织之后，中国对外资的需要开始由数量为主转向质量为主，资金流动从国际流入为主开始转向国际流出、流入双向并重。[①]

（一）"引进来"和"走出去"相结合的国际投资战略的形成

实施"引进来"和"走出去"相结合的国际投资新战略，是中国拓展对外开放广度和深度，提高开放型经济水平实践的结果。

扩大型对外开放初期，中国利用外资总体上是一种数量扩张型的战略。1979 年针对利用外资问题，邓小平指出："我们现在如果条件利用得好，外资数目可能更大一些。问题是怎样善于使用，怎样使每个项目都能比较快地见效，包括解决好偿付能力问题。利用外资是一个很大的政策，我认为应该坚持。至于用的办法，主要的方式是合营，某些方面采取补偿贸易的方式，包括外资设厂的方式，我们都采取。"[②] 因此，当时为了引进大量的外资（主要包括对外贷款和利用外商直接投资），主要采取了为外向型企业提供税收和融资方面的优惠政策，对外资进入和开展加工贸易实施鼓励政策，提供优惠关税待遇等措施。20 世纪 80 年代中期，中国利用外资已经取得了初步成效。据统计，这一阶段中国签订利用外商直接投资项目数只有 8340 项，年均批准 1042 项；合同外资金额为 194.29 亿美元，年平均金额为 24.29 亿美元，实际利用外资金额为 83.23 亿美元，年均10.40 亿美元。

以邓小平 1992 年初南方谈话和 1992 年党的十四大决定建立社会主义市场经济体制为标志，中国利用外商直接投资政策进入全面深化阶段。党的十四大首次提出"积极扩大中国企业对外投资和跨国经营"的战略构想，"走出去"战略的雏形开始显现。中国市场经济体制的深化使中国外商投资环境发生了根本性的改变，为外资的大规模涌入奠定了坚实的基础。1992~1995 年，进入中国的外商直接投资高速增长，规模空前扩大。利用外商直接投资项目数达 216761 个，合同利用外商直接投资金额达3435.22 亿美元，实际利用外商直接投资达 1098.11 亿美元。自 1993 年

---

① 江小娟：《数额稳中略降，质量继续提高》，《2007 年中国外商投资报告》，中华人民共和国商务部，2007。

② 邓小平：《邓小平文选》第二卷，人民出版社，1993，第 198~199 页。

起，中国成为发展中国家利用外商直接投资流量最多的国家和全球仅次于美国的第二大外商直接投资流入国。

从 1995 年下半年开始，中国对外资政策有了重大战略调整，利用外商直接投资的重点开始从注重数量向注重提高质量、效益和优化结构方向转变。与中国外资政策调整相适应，外商对华直接投资进入了由数量型投资向质量型投资的转变。由于部分优惠政策的取消，从 1996 年起中国利用外商直接投资的数量开始下降。1997 年 9 月党的十五大报告明确指出："鼓励能够发挥中国比较优势的对外投资。更好地利用国内国外两个市场、两种资源。""走出去"战略思想的内涵得到进一步的丰富。1997 年 12 月 24日，江泽民同志在接见全国外资工作会议代表时的讲话中首次提出了"走出去"一词："我们不仅要积极吸收外国企业到中国来投资办厂，也要积极引导和组织国内有实力的企业走出去，到国外去投资办厂，利用当地市场和资源。""引进来"和"走出去"，是我们对外开放方针的两个紧密联系、相互促进的方面，缺一不可。

进入 21 世纪，中国加入 WTO 之后，政府职能开始发生战略性转变。[①]中国对外开放战略也做出了重大调整，其中一项重要举措就是将"引进来"和"走出去"相结合的国际投资战略正式作为一项基本的国策。2000年 2 月 25 日江泽民同志在广东考察工作时指出："'走出去'和'引进来'，是对外开放政策相辅相成的两个方面，二者缺一不可。"2002 年 2 月25 日，他又在省部级主要领导干部"国际形势与世界贸易组织"专题研究班上讲话时再次强调："在新的条件下扩大对外开放，必须更好地实施'引进来'和'走出去'同时并举、相互促进的开放战略。"[②] 2000 年 10月 9 日至 11 日党的十五届五中全会明确提出了"走出去"战略。2001 年"走出去"战略被正式列入国家发展规划，即列入第九届全国人民代表大会第四次会议批准通过的《国民经济和社会发展"十五"计划纲要》当中，将"走出去"、对外贸易、利用外资作为"十五"期间中国发展开放经济的三大支柱。2002 年党的十六大进一步强调"在更大范围、更广阔领

---

① 陈继勇：《加入 WTO 与我国政府职能的战略转变》，《光明日报》2001 年 12 月 1 日。

② 严学军、肖光恩：《积极实施"引进来"和"走出去"并举的开放战略》，《理论月刊》2002 年第 11 期。

域和更高层次上参与国际经济技术合作和竞争，充分利用国际国内两个市场，优化资源配置，拓展发展空间，以开放促进改革发展"。

因此可以看出，积极实施"引进来"和"走出去"并举的开放战略，是中国在新的历史条件下进一步扩大对外开放的一个重要战略。

（二）"引进来"和"走出去"相结合的国际投资战略取得的成就

中国"引进来"首先从"经济特区"开始起步，然后逐渐发展到沿海、沿江和沿边开发区，最后全面推广到内陆各个地区，逐步形成了全方位、宽领域、多层次的利用外资格局。2012年，全国新批准设立外商投资企业24925家，实际使用外资金额1117.26亿美元，中国连续20年位居发展中国家之首。目前中国利用外商直接投资取得了举世瞩目的伟大成就。

首先，"引进来"促进了中国开放型经济的发展。扩大型对外开放30多年来，中国外资从无到有、从小到大，获得快速发展。根据2012年联合国贸发会议发布的《2012年世界投资报告》，2011年中国吸引外商直接投资流入数量仅次于美国，位居世界第二。此外，中国仍然是对FDI最具吸引力的经济体。贸发会议2012年进行的世界投资前景年度调查报告显示，在由跨国公司评选出来的最受欢迎的东道国排名中，中国排名第一，领先于排名第二的美国和排名第三的印度。中国在此项调查中一直排名首位，显示中国仍然是对FDI最具吸引力的经济体。目前，全球最大的500家跨国公司基本上全部来华投资。外资已经在中国经济中发挥着重要的作用，外商投资有力地促进了中国国民经济的持续快速健康发展，推进了中国开放型经济的发展。

第二，国外先进技术的引进促进了中国产业结构的升级和产品结构的优化。在过去的30多年里，中国利用外资的产业结构得到了不断的提升。20世纪80年代外资主要集中在劳动密集型产业，但在20世纪90年代初外资主要转向了资本密集型产业，最近几年，技术密集型产业吸引的外资逐渐增加，过去那种处在低端国际生产链的"飞鹅"（flying - geese）型利用外资的模式（即加工型投资，利润主要被国外占有）日益被以吸引大型跨国公司技术密集型产业为目的的投资所替代。目前《财富》500强企业就有约 400 家在中国投资了 2000 多个项目，世界上计算机、电子、电信设备、医药、石化、动力发电设备等行业的主要生产商都在中国设立了全球性的生产公司，这极大地促进了中国产业结构的升级。同时，世界很多著名的跨国公司在中国内地都设立了 R&D 中心，每家公司都加大了在中国研究与开发的费用，特别是加强了与中国当地科研机构的开发合作，促进了中国对世界先进技术的吸收与消化及科研成果的转化，有利于中国技术的创新与发明，加快了中国企业技术进步和产品结构的调整，特别是促进了中国出口产品结构的优化。①

　　第三，国外先进管理方法和经验的引进加速了中国企业经营管理体制的转变。引进国外先进的现代企业制度，建立规范的法人治理结构，转换企业经营机制，改善企业资产负债结构，积极推进国有企业的战略性改组，特别是股份制的引入，加速了中国经营管理体制的转变；同时，国外企业先进的管理方式的引进，提高了中国企业的经营管理水平，增强了中国企业的国际竞争力。

　　中国"走出去"虽起步较晚，但近年来呈现跨越式发展势头。截至2010 年底，中国 13000 多家境内投资者在国（境）外设立对外直接投资企业 1.6 万家，分布在全球 178 个国家（地区），对外直接投资累计净额为3172.1 亿美元，年末境外企业资产总额达到 1.5 万亿美元。从境外企业的地区分布看，亚洲是中国设立境外企业最为集中的地区，其次为欧洲，非洲位居第三。境外企业分布的主要行业依次为商务服务业、金融业、批发和零售业、采矿业、交通运输业和制造业。

　　在实施"走出去"战略的过程中，中央企业成为"走出去"的重要主体。据商务部统计，截至 2008 年底，国资委监管的 136 家中央企业中，已有 117 家在从事对外直接投资活动，占中央企业总数的 86%。2010 年，中央企业和单位非金融类对外直接投资为 424.4 亿美元，占流量的 70.5%。

　　随着"走出去"战略的深入实施，一批知名品牌和具有较强国际竞争力的企业应运而生，企业实施跨国经营战略的观念不断增强。中国对外投资合作在拉动出口、扩大国内就业和增加劳动者收入等方面发挥了越来越

---

①　肖光恩：《知识经济对国际贸易的影响及我国对策》，《世界经济研究》1999 年第 4 期。

大的作用，也为中国密切与世界各国的互利合作乃至推动全球经济发展起到了积极的作用。

(三) "引进来"和"走出去"相结合战略目前存在的主要问题

尽管中国在"引进来"方面取得了巨大的成绩，但目前仍存在着许多问题。[①]

一是中国实际利用外商直接投资国内地区分布高度集中。测度外商直接投资地区集中的指标通常有五个：基尼系数（Gini Index）、阿特金森指数（Atkinson Index）、广义熵指数（Entropy Index）、变异系数（Co_Variation Index）和分位数比率（Quantile Ratio）。一般说来，基尼系数、阿特金森指数、广义熵指数和变异系数的值越大，地区集中程度就越高，即外商直接投资在各地区分布的差异程度就越大；分位数比率的值越小，则说明地区集中程度越高，即外商直接投资地区集中差距越大。根据 1995～2008 年中国各省市实际利用外商直接投资的金额，分别计算出 1995～2008 年中国实际利用外商直接投资的地区集中指数（见表 4－1）。

表 4－1 1995～2008 年中国实际利用外商直接投资地区集中指数

年份	Gini Index	Atkinson Index	Entropy Index (1)	Co_Variation Index	Quantile Ratio
1995	0.822699	0.61219	1.503517	2.62034	0.000751
1996	0.821567	0.610693	1.49616	2.611983	0.001065
1997	0.812918	0.592989	1.498159	2.601909	0.004548
1998	0.816928	0.599132	1.478396	2.604283	0.003268
1999	0.823916	0.606652	1.537329	2.617273	0.00673
2000	0.824644	0.610386	1.505079	2.614335	0.002974
2001	0.823185	0.607484	1.526705	2.607623	0.004091
2002	0.823387	0.608008	1.524093	2.602155	0.00375
2003	0.821483	0.60911	1.515618	2.600829	0.002994

---

① 肖光恩、张正义：《外商在华直接投资非均衡分布的统计分析》，载浦东美国经济研究中心编《改革开放三十年来中美经贸关系的回顾与展望》，上海社会科学院出版社，2009。

续表

年份	Gini Index	Atkinson Index	Entropy Index（1）	Co_Variation Index	Quantile Ratio
2004	0.820803	0.608194	0.186885	2.58616	0.007008
2005	0.795967	0.560601	0.169015	2.485513	0.008709
2006	0.781543	0.537024	0.169783	2.339369	0.006467
2007	0.761626	0.507463	0.163876	2.249199	0.00729
2008	0.761967	0.511732	0.158968	2.333788	0.007776

资料来源：作者根据《中国统计年鉴》各省市实际利用外商直接投资的相关数据计算得出。

根据表4-1可知，1995～2008年，虽然中国利用外商直接投资地区集中指数有一些变化，但是变化趋势很平稳，而且地区集中程度很高，基尼系数、阿特金森指数和变异系数分别基本维持在0.76、0.5和2.2以上；广义熵指数虽然在2004年前后有重大变化，但变化之前和变化之后的值都很稳定，说明外商直接投资地区集中的趋势基本没有改变；分位数比率虽然在1995～2008年有所增加，但其比率值都很小，说明外商直接投资地区集中趋势改变甚少。

外商直接投资是中国经济增长的一个重要动力来源，但外商在华直接投资的地区集中，与中国实际利用外商直接投资促进地区经济发展的目标是相背离的，它在一定程度上加剧了中国各地经济发展的差距，不利于中国实施各地区经济协调发展的宏观战略。

二是中国实际利用外商直接投资的产业结构严重失衡。长期以来，外商直接投资主要集中在制造业（见表4-2），从1999年到2003年，制造业实际利用外商直接投资金额占全国实际利用外商直接投资的比重由56.1%上升到69.0%；虽然2004年中国国家统计局调整了外商直接投资行业的统计口径，但是制造业依然是外商直接投资集中最多的行业，2004年制造业占全国实际利用外商直接投资的比重高达71%，随后各年虽然有所改变，但是工业制造业吸收的实际外商直接投资总额占全国实际利用外商直接投资的50%以上，2009年制造业利用外商直接投资为467.8亿美元，占全国实际利用外商直接投资的51.9%。而房地产业也是吸收外商直接投资较多的产业，1999年房地产业实际利用外商直接投资占全国实际利

表4-2 1999~2009年中国实际利用外商直接投资的产业结构变化（比例）

行业	1999	2000	2001	2002	2003
农、林、牧、渔业	0.017613411	0.016601821	0.019171847	0.019483964	0.018705657
采掘业	0.013818398	0.014325991	0.017300804	0.011016847	0.006286367
制造业	0.560616647	0.634760914	0.65932293	0.697724393	0.690326657
电力、煤气及水的生产和供应业	0.091836768	0.055068905	0.048482868	0.026071396	0.024210597
建筑业	0.022733366	0.0222381	0.017208649	0.013438217	0.011433768
地质勘查业、水利管理业	0.000112107	0.000118139	0.000223774	0.000131961	0.000332121
交通运输、仓储及邮电通信业	0.038471965	0.024852873	0.019388795	0.017319121	0.016211108
批发和零售贸易餐饮业	0.023937522	0.021068746	0.024932382	0.017682773	0.02085874
金融、保险业	0.002422449	0.001873765	0.000752385	0.002022075	0.004335883
房地产业	0.138603393	0.114393509	0.109573679	0.107365623	0.097853141
社会服务业	0.063262441	0.053676782	0.055353315	0.055807554	0.059078021
卫生体育和社会福利业	0.003663064	0.002600528	0.002530847	0.002428196	0.00238054
教育、文化艺术和广播电影电视业	0.001506001	0.001337597	0.000767104	0.000716495	0.001080653
科学研究和综合技术服务业	0.002731486	0.001400719	0.002569245	0.003744962	0.004835279
其他行业	0.018670984	0.035681611	0.022421374	0.025046423	0.042071468

行业	2004	2005	2006	2007	2008	2009
农、林、牧、渔业	0.018379356	0.011906568	0.009511968	0.012359183	0.012890463	0.015869009
采矿业	0.008873498	0.005883992	0.007307451	0.006546126	0.006199765	0.00556009
制造业	0.70950444	0.70374021	0.635930214	0.546555747	0.540013988	0.519494024

续表

行业 \ 年份	2009	2008	2007	2006	2005	2004
电力、燃气及水的生产和供应业	0.023458805	0.018356101	0.014345062	0.020332396	0.023114416	0.018740564
建筑业	0.007682874	0.011824826	0.005807841	0.010917222	0.008126026	0.012726047
交通运输、仓储和邮政业	0.028070684	0.030859856	0.026839864	0.031495252	0.030042425	0.020993739
信息传输、计算机服务和软件业	0.024956927	0.030031677	0.019864677	0.016986348	0.016817989	0.015109522
批发和零售业	0.059864902	0.047978234	0.03579772	0.028394044	0.017215837	0.012198421
住宿和餐饮业	0.009375703	0.010157536	0.013931783	0.013132847	0.009285916	0.013870036
金融业	0.005066714	0.006196734	0.003441183	0.004660221	0.003641792	0.004164276
房地产业	0.18655651	0.201199864	0.228557072	0.130584264	0.089815132	0.098138743
租赁和商务服务业	0.067509457	0.054752053	0.05375048	0.067004429	0.06208877	0.046581411
科学研究、技术服务和地质勘查业	0.018589131	0.016294635	0.012260343	0.007999447	0.005642963	0.004846447
水利、环境和公共设施管理业	0.006176977	0.003682758	0.003649026	0.003096923	0.002305192	0.003778824
居民服务和其他服务业	0.017615374	0.00616827	0.009665914	0.007997701	0.004310175	0.002605147
教育	0.000149834	0.000394067	0.000434144	0.000466514	0.000294241	0.000633515
卫生、社会保障和社会福利业	0.000475716	0.000204231	0.000154746	0.000240715	0.000650811	0.001441201
文化、体育和娱乐业	0.003527162	0.002794294	0.006033205	0.003829858	0.005063101	0.007385125
公共管理和社会组织	1.11071E-07	0	5.88488E-06	0.000112186	6.13348E-05	2.96883E-05
国际组织	0	6.49383E-07	0	0	0	0

说明：2004 年中国国家统计局对外商直接投资行业统计做了调整，因此，2004 年前后行业统计的口径发生了变化。

资料来源：作者根据《中国统计年鉴》（1999～2010 年）计算而得。

用外商直接投资的比重高达 13.9%，虽然此后这一比重不断下降，但到了 2007 年这一比重上升到 22.86%，2008 年和 2009 年分别为 20.1% 和 18.7%。社会服务业实际利用外商直接投资的比重一直比较稳定，1999 ~ 2003 年这一比重长期维持在 6% 左右。近年来，批发和零售业利用外商直接投资的比重不断增加，2009 年批发和零售业实际利用外商直接投资占全国的比重上升到约 6%，而农、林、牧、渔业实际利用外商直接投资占全国实际利用外商直接投资的比重从 1999 年到 2009 年一直都低于 2%。

外商直接投资过于集中于制造业和房地产业，使得中国产业结构发展不平衡，使得中国制造业的加工能力过剩，产品出口压力增加，导致我国出口长期顺差，与世界其他国家的贸易争端不断增加，人民币升值的压力增大，出口贸易利润率不断下降，贸易条件恶化的可能性不断增强。

三是中国实际利用外商直接投资来源地区结构持续失衡。扩大型对外开放以来，亚洲一直是中国外商直接投资的主要来源地，20 世纪 90 年代以来，这一趋势变化并不大（见表 4 - 3），1991 年来源于亚洲的实际外商直接投资占中国实际利用外商直接投资的比重高达 82.3%，而且这种比重从此到 1995 年一直保持在 80% 以上；1995 年以后来源于亚洲的外商直接投资占全国的比重有所下降，从 1996 年的 79% 下降到 2007 年的 57%，2008 年来源于亚洲的外商直接投资又恢复增长，从 2008 年的 61% 上升到 2009 年 71%。可见，亚洲一直是中国利用外商直接投资的主要来源地。来源于欧洲的外商直接投资在 20 世纪 90 年代虽然有所增长，但是 2000 年以后欧洲在中国的实际外商直接投资却在不断下降，到了 2009 年，欧洲在中国的外商直接投资占全国实际利用外商直接投资的比重又恢复到 20 世纪 90 年代初的水平，占全国的比重仅为 5.9%。而来源于北美洲的外商直接投资有着类似的发展变化过程，2000 年前后，北美洲在中国直接投资达到高峰，随后在中国的投资不断下降，2009 年来源于北美洲的外商直接投资占全国实际利用外商直接投资的比重下降到 2.7%。与此相反，来源于拉丁美洲的外商直接投资却在持续不稳定地增长，由 1991 年的 0.1% 增长到 2009 年的 13%，成为中国外商直接投资第二大来源地。

表4－3　1991～2009年中国实际利用外商直接投资的来源地区结构变化（比例）

年　份	亚　洲	欧　洲	北美洲	大洋洲	拉丁美洲	非　洲	其他地区
1991	0.822505	0.061194	0.075014	0.003366	0.001397	0.000156	0.036367
1992	0.897075	0.028603	0.051259	0.003392	0.002119	0.00028	0.017272
1993	0.865937	0.028369	0.080057	0.004356	0.002054	0.001285	0.017306
1994	0.840207	0.048904	0.081236	0.005818	0.00479	0.000253	0.018792
1995	0.813363	0.05995	0.091254	0.008389	0.009184	0.000386	0.017473
1996	0.792113	0.071517	0.091806	0.006698	0.015282	0.000168	0.022416
1997	0.675858	0.087036	0.07464	0.01119	0.037824	0.001572	0.111879
1998	0.681741	0.092716	0.096821	0.011356	0.095932	0.003338	0.018098
1999	0.663338	0.117015	0.108909	0.012077	0.075821	0.004619	0.018222
2000	0.549951	0.096596	0.09766	0.014062	0.093723	0.005829	0.142179
2001	0.632614	0.090647	0.104805	0.020434	0.127158	0.006639	0.017702
2002	0.627764	0.074372	0.12039	0.025786	0.137931	0.010264	0.003493
2003	0.650288	0.076831	0.09501	0.030891	0.123163	0.011004	0.012812
2004	0.623448	0.074944	0.077737	0.030834	0.144469	0.012106	0.036461
2005	0.597548	0.088664	0.058665	0.031332	0.178802	0.016783	0.028206
2006	0.554493	0.085418	0.055172	0.033729	0.212843	0.018149	0.040197
2007	0.569511	0.056036	0.043706	0.035907	0.256827	0.018979	0.019032
2008	0.611988	0.057833	0.042238	0.033278	0.219587	0.017534	0.017542
2009	0.714812	0.05931	0.026923	0.043871	0.129631	0.025454	0

资料来源：笔者根据《中国统计年鉴》（1990～2010年）的数据进行计算而得。

　　与外商直接投资相伴的是溢出效应。一般说来，来源于发达国家的外商直接投资比来源于发展中国家的外商直接投资所带来的溢出效应要大；而位于欧洲和北美洲的国家大都是发达国家，一般认为始于这些地区的外商直接投资所带来的溢出效应较大。尽管来源于亚洲地区的外商直接投资对弥补中国国内资金的不足，建立中国制造业的生产能力发挥了重大作用，但是中国外商直接投资来源地区结构的长期失衡，导致不能更多地获得来源于发达国家的外商直接投资所带来的溢出效应，这在一定程度上阻碍了中国利用外商直接投资所带来的技术以及由此产生的技术升级或产品更新换代。

四是外商对在华直接投资企业的控制程度严重。扩大型对外开放以来，中外合资一直被认为是加强中国参与世界经济的重要方式，通过中外合资，中国企业可以通过合资企业中外方在国外的市场和销售渠道参与世界经济，同时利用外方的资本、技术与人力资源，因此，中外合资在扩大型对外开放的初期一直受到中国政府的支持，在20世纪90年代，通过合资经营方式实际利用外商直接投资的资金占全国实际利用外商直接投资金额的比重基本持续保持在40%～50%（见表4-4）。然而，在中国加入WTO之后，以中外合资经营方式利用的外商直接投资的比重持续下降，由2001年的33.57%下降到2009年的19.19%。与此同时，通过外资独资的方式来吸引外商直接投资在中国实际利用外商直接投资中的作用不断增加，特别是在1999年之后，通过外商独资方式吸收的实际利用外商直接投资的金额占全国实际利用外商直接投资金额的比重开始从20世纪90年代的30%左右上升到目前的70%以上，2000年通过外资独资方式吸收的外商直接投资金额占全国实际利用外商直接投资金额的47.31%，2001年上升到50.93%，此后持续上升，2005年上涨到71.22%，2009年达到76.29%，可见，目前外商独资是中国实际利用外商直接投资的最重要的方式，约2/3的外商直接投资是通过独资方式引进的。而合作经营方式对吸引外商直接投资的作用基本稳定，从1990年到1999年，通过合作经营方式吸引外商直接投资的金额占全国实际利用外商直接投资金额的比重基本维持在20%左右。2000年以后，外商独资企业在中国利用外商直接投资方式中的盛行，说明了外商对在华直接投资的控制程度显著加强。

外商对在华直接投资企业控制的加强，对中国经济结构、市场经济和对外经济开放造成了一定的冲击。特别是在中国某些行业形成了一定的垄断，加剧了中国经济在这些产业领域对外资的依赖，使本土企业的成长空间受到挤压，不利于中国竞争市场结构的形成，特别是对实现中国企业利用外商直接投资参与国际市场的目标造成了不利影响。

五是外商直接投资对中国就业的促进作用不断减弱。自扩大型对外开放以来，外商投资企业和中国港澳台投资企业一直就是中国内地就业的重要渠道，这些企业也成为有一定工作技能（技术）或教育程度较高人员理想的就业场所，对中国人的从业观念造成了重大的影响和冲击，改变了中

表 4－4　1990~2009 年中国实际利用外商直接投资方式结构变化（比例）

年　份	2000	2001	2002	2003	2004	2005	2006	2007	2008	2009
合资经营企业	0.3523	0.3357	0.2842	0.2877	0.2703	0.2423	0.2281	0.2086	0.1874	0.1919
合作经营企业	0.1620	0.1325	0.0959	0.0717	0.0513	0.0304	0.0308	0.0189	0.0206	0.0226
外资企业	0.4731	0.5093	0.6015	0.6239	0.6634	0.7122	0.7344	0.7659	0.7827	0.7629
外商投资股份制企业	0.0032	0.0113	0.0132	0.0061	0.0128	0.0152	0.0067	0.0066	0.0093	0.0227
合作开发	0.0094	0.0109	0.0052	0.0006	0.0018	0.0000	0.0000	0.0000	0.0000	0.0000
其他	0.0000	0.0003	0.0000	0.0099	0.0004	0.0000	0.0000	0.0000	0.0000	0.0000

年　份	1990	1991	1992	1993	1994	1995	1996	1997	1998	1999
合资经营企业	0.4099	0.5077	0.5011	0.4951	0.4861	0.4354	0.4350	0.4064	0.4036	0.3926
合作经营企业	0.1901	0.1785	0.2281	0.2288	0.2455	0.1953	0.1951	0.2366	0.2138	0.2042
外资企业	0.3705	0.3062	0.2700	0.2733	0.2655	0.3687	0.3659	0.3462	0.3623	0.3855
外商投资股份制企业	0.0000	0.0000	0.0000	0.0000	0.0000	0.0000	0.0000	0.0030	0.0155	0.0073
合作开发	0.0294	0.0077	0.0007	0.0027	0.0029	0.0006	0.0040	0.0079	0.0039	0.0095
其他	0.0000	0.0000	0.0000	0.0000	0.0000	0.0000	0.0000	0.0000	0.0009	0.0009

资料来源：笔者根据《中国统计年鉴》（1990~2010 年）的数据进行计算而得。

国人的择业观念，增加了对中国就业的贡献，特别是在 20 世纪 90 年代初期，外商投资企业和港澳台投资企业年末从业人员数量的环比增长速度高，如 1995 年以前，就业增加的环比速度高达20%以上（见表4-5）。而到 1996 年以后增长的速度急剧下降。中国"入世"之后的头几年，环比增长速度显著提高，特别是在 2002 年以后，外商投资企业对中国内地就业的贡献超过了中国港澳台投资企业，外商投资企业从业人员的绝对数量不仅超过了港澳台投资企业，而且环比增长速度每年均超过了港澳台投资企业。

表 4 - 5   1993 ~ 2009 年城镇外商与中国港澳台投资单位

年末从业人员数及其变化率

单位：万人%

年　份	外资就业人员数	环比增速	港澳台投资单位就业人员数	环比增速
1993	133	—	155.2	—
1994	195.1	0.466917	211.0	0.359536
1995	241.2	0.236289	272.0	0.289100
1996	275.2	0.140962	264.5	-0.027574
1997	299.8	0.089390	280.6	0.060870
1998	293.1	-0.022348	294.2	0.048468
1999	305.7	0.042989	306.3	0.041128
2000	332.2	0.086686	310.3	0.013059
2001	345.6	0.040337	325.9	0.050274
2002	391.5	0.132813	366.5	0.124578
2003	454.1	0.159898	409.3	0.116780
2004	563.6	0.241136	469.7	0.147569
2005	688.2	0.221079	556.7	0.185225
2006	796.0	0.156641	611.0	0.097539
2007	903.3	0.134799	680.0	0.112930
2008	942.6	0.043507	678.6	-0.002059
2009	977.8	0.037344	720.9	0.062334

资料来源：笔者根据《中国统计年鉴》（1993 ~ 2010）各省市相关数据加总计算而得。

尽管外商投资企业和港澳台投资企业对中国内地的就业有积极影响，但自 2007 年以来外商投资企业和港澳台投资企业年末从业人员的数量增长速度急剧下降，外商投资企业从业人员数的环比增长速度从 2007 年的

13.48%下降到 2009 年的 3.73%，而港澳台投资企业从业人员数量的环比增长速度则从 2007 年的 11.29%下降到 2009 年的 6.23%。因此，外商投资企业及港澳台投资企业虽然对中国内地就业市场产生过重要影响，但增加中国内地人员就业的功能开始下降。

目前中国企业"走出去"虽取得了较快发展，但总体上中国企业"走出去"仍然处于起步发展阶段，目前中国对外直接投资面临着许多问题，最为突出的问题有以下几个。

一是中国对外直接投资地区结构严重失衡。从目前中国公布的数据看，中国对外直接投资主要集中在亚洲，而且还有进一步向亚洲集中的趋势。2003 年中国在亚洲的直接投资占中国对外直接投资的比重高达 52.7%（见表 4 - 6），随后逐年上升，2004 年上升到 54.6%，经过 2005 年和 2006 年的调整之后，2007 年这一比例又上升到 62.6%，2008 年为 77.9%，2009 年仍然保持在 70%以上。这说明亚洲是中国对外直接投资的首要地区，中国对外直接投资资金主要流向了这一地区。其次，拉丁美洲是中国对外直接投资的第二大目的地。但近年来中国对外直接投资资金逐渐减少了向拉丁美洲的流动，特别是在 2006 年之后，这一趋势表现得更为明显，2006 年流向拉丁美洲的中国对外直接投资金额占中国对外直接投资总金额的比重为 59.4%，2007 年却显著下降到 18.5%，2008 年又锐减到 6.6%，2009 年又恢复到 13.0%。中国在欧洲和北美洲的投资则比较稳定，2003 ~ 2009 年中国在这两个洲的对外直接投资金额占中国对外直接投资总金额的比重基本维持在 1.0% ~ 6.0%。与此同时，中国在大洋洲的直接投资近年来有上升的趋势，在大洋洲的对外直接投资金额占中国对外直接投资总金额的比重在 2009 年达到历史最高水平，上升到 4.4%。

中国对外直接投资向亚洲地区集中的趋势，说明了中国企业参与亚洲发展中国家和地区市场竞争有一定的比较优势，而且这也可能与地缘因素有一定的关系。但中国对外直接投资地区结构严重失衡的事实，并不完全符合中国互利共赢对外开放政策的初衷，中国实施的是全方位、宽领域和多层次的双向对外开放政策，不仅要让世界各国的投资走向中国，同时，也希望中国有能力和有国际竞争优势的企业走向世界，当然，要走向发展中国家的市场，也要走向发达国家的市场。从目前的统计数据看，中国对外直接投资流向发达国家的增长速度并不快，而且中国对欧洲和北美洲发达国家直接投资的金额占中国对外直接投资金额的比重相当的稳定，这一事实说明中国企业还不能完全参与发达国家市场的竞争。

表 4 - 6　2003 ~ 2009 年中国对外直接投资的地区结构变化比例

年　　份	2009	2008	2007	2006	2005	2004	2003
亚　　洲	0.714812	0.778925	0.626013	0.434573	0.356788	0.545703	0.527220
非　　洲	0.025454	0.098208	0.059394	0.029480	0.031945	0.057734	0.026206
欧　　洲	0.059310	0.015665	0.058116	0.033897	0.041189	0.031088	0.050805
拉丁美洲	0.129631	0.065774	0.184954	0.594009	0.527369	0.320612	0.363670
北 美 洲	0.026923	0.006515	0.042470	0.014634	0.026167	0.023007	0.020230
大 洋 洲	0.043871	0.034913	0.029053	0.007166	0.016542	0.021853	0.011868

资料来源：笔者根据《中国统计年鉴》（2004 ~ 2010 年）的数据进行计算而得，中国国家统计局在 2003 年才公布中国对外直接投资的数据，因此，作者只对 2003 年以后的数据进行了整理计算。

二是中国对外直接投资产业结构严重失衡。中国企业能"走出去"的产业主要是租赁和商务服务业、采矿业、金融业、批发和零售业等几个行业（见表 4 - 7）。从目前的统计看，中国对外直接投资的第一大产业是租赁和商务服务业，2003 年中国租赁和商务服务业对外直接投资额占中国对外直接投资总额的比重仅为 9.8%，2005 年这一比重上升到 40.3%，随后虽有下降，但在 2009 年这一比重仍高达 36.2%，成为目前中国对外直接投资最大的产业。采矿业是目前中国对外直接投资的第二大产业，2003 年中国对外直接投资金额主要集中在采矿业，中国在国外采矿业中进行的对外直接投资金额占中国对外直接投资金额的比重高达 48.3%，随后这一比重不断波动，到了 2009 年，中国在国外采矿业中直接投资金额占中国对外直接投资金额的比重是 23.6%，成为 2009 年中国企业对外直接投资的第二大产业。近年来中国金融业"走出去"的步伐也很快，2007 年中国金融业"走出去"所引发的对外直接投资金额占中国对外直接投资金额的比重为 6.3%，但到了 2009 年这一比重上升到 15.5%，成为当年中国"走出去"的第三产业。批发和零售业一直都是中国对外直接投资重要的产业，2009 年中国批发和零售业对外直接投资金额占中国对外直接投资金额的比重是 10.9%。

表 4 - 7 2003~2009 年中国对外直接投资的产业结构变化（比例）

年份	2003	2004	2005	2006	2007	2008	2009
农、林、牧、渔业	0.0285009	0.0525028	0.008593	0.0087432	0.0102509	0.0030735	0.006064
采矿业	0.4829524	0.3274306	0.1366281	0.403493	0.1532769	0.1041639	0.2360398
制造业	0.2186047	0.1374229	0.1859855	0.0428374	0.0802268	0.0315886	0.0396428
电力、燃气及水的生产和供应业	0.0076927	0.0142761	0.0006247	0.0056105	0.0057111	0.0234941	0.0082802
建筑业	0.00798	0.0087214	0.0066764	0.0015701	0.0124285	0.0131108	0.0063723
交通运输、仓储和邮政业	0.0270471	0.1507205	0.047042	0.0650346	0.1533791	0.0475027	0.0365745
信息传输、计算机服务和软件业	0.0030932	0.0055475	0.0012062	0.002269	0.011463	0.0053437	0.0049201
批发和零售业	0.1251432	0.1454513	0.1843315	0.0526324	0.2491571	0.1165169	0.1085417
住宿和餐饮业	0.0002978	0.0003692	0.0006182	0.0001186	0.0003603	0.0005277	0.0013245
金融业	0	0	0	0.1667925	0.0629214	0.2512737	0.1545002
房地产业	-0.004547	0.0015478	0.0094306	0.0181327	0.0342759	0.0060638	0.0165957
租赁和商务服务业	0.0976582	0.136288	0.4030276	0.2136491	0.2115491	0.3884516	0.362182
科学研究、技术服务和地质勘查业	0.0022349	0.0032848	0.0105553	0.0133061	0.0114653	0.0029837	0.0137227
水利、环境和公共设施管理业	0.0022209	0.0002183	1.06E-05	0.0003898	0.0001022	0.0025301	7.677E-05
居民服务和其他服务业	0.0007356	0.0160313	0.005121	0.0052689	0.0028752	0.0029578	0.0047362
教育	0	0	0	0.0001077	0.0003365	2.755E-05	4.334E-05
卫生、社会保障和社会福利业	3.853E-05	1.819E-06	0	8.505E-06	2.83E-05	0	3.379E-05
文化、体育和娱乐业	0.0003503	0.0001782	9.787E-06	3.591E-05	0.0001924	0.0003899	0.0003496
公共管理和社会组织	0	0	0.0001411	0	0	0	0

资料来源：笔者根据《中国统计年鉴》（2004~2010 年）的数据进行计算而得。

中国对外直接投资产业主要局限在租赁和商务服务业和采矿业，说明了中国制造业对外直接投资的能力并不强，中国企业参与国际竞争的能力仍然较低，中国在世界直接投资中的层次还很低。

第二节　互利共赢国际投资新战略的基本内涵与现实基础

进入 21 世纪之后，中国经济社会发展的内外部条件都已经发生了深刻变化，对外开放的时代背景与国际战略环境也都呈现出一系列新的特点，所有这些变化都在客观上要求立足于全球视野和中国国家发展战略定位，认真分析世界经济发展和本国经济社会发展过程中出现的新情况和新问题，适时地进行对外开放的战略调整和观念创新。互利共赢国际投资新战略的提出与发展，就是新时期对外开放理论的自我创新和发展。

一　互利共赢国际投资新战略的基本内涵

（一）互利共赢国际投资新战略的含义

互利共赢国际投资新战略就是根据世界经济格局和经济全球化发展变化的规律，结合中国对外经济开放发展的实际需要，在兼顾中国人民和世界人民根本利益的前提下，调整并优化"引进来"和"走出去"相结合战略的重点，充分利用国内外两个市场和两种资源，积极全面地参与国际生产和科学技术经济的合作与竞争，健全"引进来"和"走出去"的利益分享机制，进一步发挥资本国际流动对中国开放型经济和世界经济的促进作用，努力建设一个持久和平、共同繁荣的和谐世界。

互利共赢国际投资新战略是中国互利共赢对外开放新战略的重要组成部分。正确理解互利共赢国际投资新战略的基本思想，对全面贯彻落实互利共赢国际投资新战略具有重要的意义。

（二）互利共赢国际投资新战略的发展与完善

首先，互利共赢国际投资新战略是"引进来"和"走出去"相结合战略重点的自我调整和深入发展。

2002 年党的十六大进一步提出了中国对外经济开放的发展目标，即要在更大范围、更广领域和更高层次上参与国际经济技术合作和竞争，充分利用国际和国内两个市场，优化资源配置，拓展发展空间，以开放促进发展。2003 年党的十六届三中全会通过的《中共中央关于完善社会主义市场经济体制若干问题的决定》明确指出继续实施"走出去"战略，完善对外投资服务体系，赋予企业更大的境外经营管理自主权，健全境外投资企业的监管机制，促进中国跨国公司的发展。2004 年党的十六届四中全会通过的《中共中央关于加强党的执政能力建设的决定》强调要坚持"引进来"和"走出去"相结合，利用国际、国内两种市场和两种资源，注重发挥中国的比较优势。因此，可以看出中国实施"引进来"和"走出去"相结合战略的重心是促进由外资利用中国国内市场和国内资源向中国利用国际市场和国际资源转变，该战略实施的核心在于着力培养中国实施"走出去"战略的主体——中国跨国公司，彻底改变过去内向型的对外开放现状。①

2005 年全国人大十届三次会议通过的《政府工作报告》提出了要建立"走出去"支持服务和监管体系，鼓励有条件的企业对外投资和扩大经营，加大信贷、保险、外汇等支持力度，加强对"走出去"企业的引导和协调。2006 年全国人大四次会议通过的《国民经济和社会发展"十一五"规划纲要》指出了中国实施"走出去"战略的具体方式和组织形式。政府支持有条件的企业对外直接投资和跨国经营，以优势产业为重点，引导企业开展境外加工贸易，促进产品原产地多元化。通过跨国并购、参股、上市、重组联合等方式，培育和发展中国的跨国公司。按照优势互补、平等互利的原则扩大境外资源合作开发。鼓励企业参与境外基础设施建设，提高工程承包水平，稳步发展劳务合作。完善境外投资促进和保障体系，加强境外投资统筹协调、风险管理和海外国有资产监管。"走出去"战略的制定和实施，标志着中国对外开放战略的重大转变。把"引进来"与"走出去"相结合战略纳入中国经济发展的总体战略之中，让其成为中国国家发展战略的重要组成部分，是国家发展战略在全球的延伸和体现。

总之，由"引进来"转向"走出去"的战略，是中国政府加入世界贸

① 胡艺、陈继勇：《迈向互利共赢的开放之路——中国对外开放 30 年的回顾与展望》，载《扩大型对外开放与中国特色社会主义建设》，武汉大学出版社，2008。

易组织以后更加深入和全面地参与国际生产和国际分工的客观要求，是中国充分利用国际市场和国际资源的必然选择，也是中国政府职能战略性转变和面对经济全球化挑战而对经济对外开放战略所做的主动自我调整。[①]这就要求对"引进来"和"走出去"相结合的战略重点进行重新调整和进一步优化。

其次，互利共赢国际投资新战略是落实科学发展观和构建和谐世界的具体要求。

要全面落实科学发展观就要要求中国对外经济开放可持续发展，国际参与中国国内经济发展和中国参与国际经济发展要统筹兼顾，这就要求我们彻底实现由"引进来"向"走出去"的根本转变，要超越长期以来形成的依赖于廉价劳动力的比较优势，提高利用外资的质量和效益，积极探索充分利用国内外两个市场和两种资源的新形式和新方法，积极全面地参与国际生产和科学技术经济的合作与竞争，健全"引进来"和"走出去"的利益分享机制，通过"引进来"和"走出去"的转换渠道，即通过引进、吸收、消化、再创新的方式去创新有竞争力的绝对优势或竞争优势，实现中国国际竞争力的再提升。

在全面参与国际经济合作和建立中国新竞争优势的同时，要努力建设一个持久和平、共同繁荣的和谐世界。当今世界正在发生前所未有的历史性变革，我们所处的时代是一个充满机遇和挑战的时代。在当今世界多极化、经济全球化的大背景下，各国积极谋求快速发展。和平、合作、发展汇成时代洪流。2003 年 5 月 28 日，胡锦涛访问俄罗斯期间在莫斯科国际关系学院发表演讲，指出为实现持久和平和共同繁荣，国际社会要通力合作，不懈努力，建设和谐世界。这是胡锦涛第一次提出建设和谐世界的战略主张。[②] 中国经济已经成为世界经济的重要组成部分。因此，要把坚持独立自主同参与经济全球化结合起来，统筹好国内发展与对外开放，为促进人类和平与发展的崇高事业做出贡献。具体说来，就是不断扩大对外开放，把"引进来"和"走出去"紧密结合起来，认真学习借鉴人类社会创造的一切文明成果，坚持趋利避害，使人民群众的根本利益在纷繁复杂的

---

① 陈继勇：《加入 WTO 与我国政府职能的战略转变》，《光明日报》2001 年 12 月 1 日。

② 张晓彤：《试论胡锦涛的时代观》，《瞭望》2009 年第 44 期。

世界变化中始终得到有力的保障和有效的发展，在经济全球化条件下形成参与国际经济合作和竞争新优势，推动经济全球化朝着均衡、普惠、共赢方向发展，共同呵护人类赖以生存的地球家园，促进人类文明繁荣进步。

总之，互利共赢国际投资新战略的最终目的就是通过全面实施"引进来"和"走出去"相结合的国际投资战略，在维护中国经济发展利益的同时，致力于推动世界经济持续稳定增长，以自己的发展促进地区和世界共同发展，扩大各方利益的汇合点，在实现本国发展的同时兼顾对方特别是发展中国家的正当利益。

（三）互利共赢国际投资新战略的主要内容

互利共赢国际投资新战略的关键就是在互利共赢的基础上全面实施"引进来"和"走出去"相结合的开放型国际投资战略，既做到"引进来"收益和成本的平衡，也要做到"走出去"收益和成本的平衡，其主要内容如图 4－1 所示。

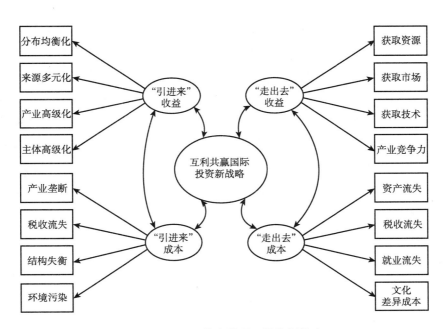

图 4－1　互利共赢的国际投资新战略

具体说来，互利共赢国际投资新战略的主要内容由三个部分构成。

一是要兼顾中国"引进来"的收益和成本。外商直接投资地区的均衡化、外商来源的多元化、产业的高级化和投资主体的高级化，使外商直接投资增加了中国资金存量，促进了中国经济的快速发展，增加了中国工业增加值，提高了中国财政收入增长速度；加速了国外先进技术向中国的传播和转移，使得国外先进的管理经验和方法在中国得以普及和应用，特别是与中国的生产要素结合在一起极大地提高了中国生产效率；同时由于外商在华直接投资生产规模的扩大和再投资的增加，外商直接投资企业已经成为中国提高就业的重要渠道和场所；外商在华直接投资的发展也促进了中国对外开放经济的发展，特别是促进了中国对外贸易的发展，外商直接投资企业已经成为中国对外贸易的重要主体，为中国生产制造的产品进入国际市场并参与国际市场竞争提供了重要渠道；此外，外商直接投资也促进了中国市场经济体制的建设，推动了中国市场体系的建设与完善。

但与此同时，中国利用外商直接投资也产生了一些负面影响，主要表现为中国部分产业被外商投资企业所垄断，外商投资企业占领这些行业的国内市场，这对中国产业安全或经济安全有一定的风险；外商企业转移定价、交联交易、财务运作等方式使得中国政府的合法税收有所流失，据国家税务总局分析计算，外资企业每年至少有 1000 亿元的税款流失；外商投资企业在地区分布和产业分布上的非均衡状态依然没有根本扭转；一些高污染的企业转移到中国对中国的环境造成了一定的污染，研究表明，1999～2004 年外商直接投资对中国生态环境具有负效应，即三资企业总资产每年增加 1%，工业废气排放量就增加 0.358%，可见部分高污染产业的引进，使得中国生态环境受到严重的破坏，这对中国国民福利的提高造成了不利的影响。①

因此，如何兼顾"引进来"的成本和收益已经成为中国政府现在必须重视的问题，即如何权衡利用外商直接投资所带来的利弊。

二是要兼顾"走出去"的收益和成本。通过实施"走出去"战略，中国企业获得了许多重要的生产资源与战略物资，这对中国企业降低生产成

---

① 沙文兵、石涛：《外商直接投资的环境效应——基于中国省级面板数据的实证分析》，《世界经济研究》2006 年第 6 期。

本提供了重要帮助；通过对外投资，中国参与了国际生产与国际市场竞争，这使得中国企业的集约化和国际化经营能力大幅度提高。中国有许多企业已经进入《财富》500强，特别是像中国石化、中国石油和国家电网已经在国际市场竞争中处于较强的地位；通过对外直接投资，中国企业也获得了当地的一些技术和管理经验，特别是在境外科技资源密集地区设立研发机构和高新技术产业，利用当地科技智力资源和研发设施，开发了具有自主知识产权的新技术、新产品和中间产品，增强了中国的创新能力，提高了中国企业跨国生产和经营的能力与水平。从总体上讲，"走出去"战略的实施提高了中国企业整体的国际竞争力。与此同时，从中国整体利益上看，"走出去"战略的实施也会造成一定的负面影响。在"走出去"战略实施的过程中，由于国有资产监管不完善的原因，也必然会产生一些国有资产流失的现象，这可能导致国家福利水平的下降，同时由于资金和人才的"外流"，也必然会产生税收流失的问题，对国内就业水平的提高也帮助不大；此外，在"走出去"的过程中，也必然会因为文化差异而产生额外的生产经营成本，这些额外的支出也会给整个国民福利的提高带来负面的影响。因此，全面分析"走出去"战略实施的收益和成本，不仅仅是企业在跨国经营决策时所考虑的问题，也是国家在实施"走出去"战略过程中必须考虑的重要问题。

三是要兼顾"引进来"和"走出去"相结合战略实施所带来的整体收益和整体成本。尽管"引进来"战略和"走出去"战略的实施进程不同，其带来的收益和成本也有巨大的差异，但是扩大型对外开放战略30多年来的实践证明，考虑成本收益的对外开放是盲目的开放。因此，全面权衡"引进来"和"走出去"相结合战略实施的整体收益和整体成本应以一种审慎的和负责任的态度来理性选择，也就是说，必须将"引进来"和"走出去"的成本和收益进行整体比较分析，不仅要把利用外商直接投资与中国对外投资结合起来，而且也要把要素国际组合与中国全球经营战略目标和全球规划结合起来；不仅要把中国对外开放过程获取的收益与对国际经济的贡献结合起来，而且也要把中国经济的可持续发展与世界经济的可持续发展结合起来。在充分利用国内外两个市场和两种资源，积极全面地参与国际生产和科学技术经济的合作与竞争的过程中，健全"引进来"和

"走出去"的利益分享机制，进一步发挥资本国际流动对中国开放经济和世界经济的促进作用，努力建设一个持久和平、共同繁荣的和谐世界。

二　实施互利共赢国际投资新战略的重要性

实施互利共赢国际投资新战略，对中国经济结构调整和可持续发展，进一步扩大经济双向开放，参与国际经济合作与竞争具有重要的意义。

（一）有利于推动中国双向平衡开放经济的发展

开放型经济本身就包括"引进来"和"走出去"两个重要方面，且是相辅相成、相互促进的。从世界范围看，没有一些国家、地区、企业的"走出去"，就没有另一些国家、地区、企业的"引进来"，但具体到每一个国家，由于其经济发展阶段、综合国力、经济结构、技术水平、开放程度不同，"引进来"与"走出去"的构成存在很大差异。发达国家，如美国在"走出去"方面占有先机，且与"引进来"紧密配合，形成了良性循环；而发展中国家，如中国在 20 世纪 80～90 年代处于工业化的初中期阶段，中国的对外开放主要侧重点是"引进来"。可见，实施互利共赢国际投资新战略是由单向对外开放向更高层次的双向平衡经济开放发展的必然选择。

中国加入 WTO 标志着中国的扩大型对外开放战略已进入一个新的发展阶段。一是中国将从有限范围和有限领域开放向全方位开放转变，到 2005 年，中国生产要素国际流动自由化程度逐步提高，到 2010 年基本实现投资体制自由化；到 2020 年全面实现贸易投资自由化。二是中国根据加入世界贸易组织承诺的义务和国际规范，深化经济管理体制改革，遵循世界贸易组织规则和国际市场经济运行的统一规则。这意味着中国的国际经贸关系将从双边经贸合作关系为主向 WTO 多边经贸体系转变，中国将加快建立健全社会主义市场经济体制的步伐。[①] 同时，中国在向其他世贸组织成员履行承诺开放市场的同时，其他成员也向中国开放市场。因此，"入世"后国界对企业国际竞争的屏蔽作用越来越小，国内竞争国际化，

---

① 陈继勇、肖光恩：《世界贸易组织协调重点的变化与中国政府的应对措施研究》，载《WTO 与政府管理》，湖北人民出版社，2001。

国际竞争国内化。国内企业不出国门也将面临外国企业、外国产品、外国资本的竞争。企业要在经济全球化和 WTO 规则下求生存，谋发展，就必须熟悉和适应国际市场经济运行规则，就必须具备跨国界配置生产要素的动力和能力。从发达国家经济发展的实践看，一个健全的开放型经济单靠"引进来"是远远不够的，必须建立一个双向循环机制，既要"引进来"，又要"走出去"，否则，如果长期偏重"引进来"，忽视"走出去"，势必会造成资金和技术的单向流动，长此下去容易造成对国外资金、技术的严重依赖，进而导致国际收支严重失衡，甚至引发债务危机。

因此，实施互利共赢国际投资新战略，通过实施"引进来"与"走出去"相结合的战略，尤其是通过海外直接投资，设立海外企业，让企业直接"走出去"，变企业国内生产国外销售为国外生产国外销售，以带动货物、技术和服务的出口，提高国际市场占有率，这样才能在国际分工与合作中取得有利地位，才能实现从"引进来"到"走出去"的重大转变，中国的对外开放才能实现从"市场换技术"到"市场换市场"的战略转变，中国发展双向平衡的开放型经济才能得以实现。[1]

（二）有利于中国经济结构战略调整和可持续发展

目前，中国经济已进入高速发展但内需相对不足的阶段。进一步开拓国内外市场，调整经济结构，培育新的经济增长点，提高国民经济整体素质成为中国经济发展的关键。据统计，许多企业和行业的生产能力大量闲置，有近 500 种产品的生产能力利用率在 60% 以下，比如现在中国大多数轻纺产品生产能力已居世界第一，不少产品的年产量已超过世界年产量的一半，供大于求，年国内销量仅占生产能力的 1/3 到 1/2。这种状况使已建成的大量生产能力严重闲置，并使大部分轻纺业处于高亏损、高补贴、高负债、高库存的危机状态。实施互利共赢国际投资新战略，有利于中国在更广阔的空间里进行经济结构调整和资源优化配置，从而不断增强中国经济发展的动力和后劲，促进中国经济的长远发展。

因此，我们要从根本上调整中国在全球范围内的产业结构、资源结

---

[1]　陈继勇：《坚持实施引进来与走出去相结合战略，全面提升对外开放》，《光明日报》2004 年 10 月 19 日。

构、技术结构、投资结构、贸易方式，就必须通过实施"引进来"与"走出去"相结合战略，在兼顾中国人民和世界人民根本利益的前提下，调整"引进来"和"走出去"相结合战略的重点。充分利用国内外两个市场和两种资源，积极全面地参与国际生产和科学技术经济的合作与竞争，健全"引进来"和"走出去"的利益分享机制，才能有利于提高中国的对外开放度和生产国际化程度；才能有利于中国过剩的生产能力和夕阳产业生产能力向海外转移，从而促进中国国民经济结构的调整。在充分利用国际和国内两个市场、两种资源和充分发挥比较优势的基础上，推动中国有条件的企业以成熟的技术和设备开展对外投资合作，增加中国国内市场的有效需求，进而拉动经济增长，缓解国内市场需求约束，实现经济快速增长和全面建设小康社会的宏伟目标。同时也有利于中国集中力量发展高新技术产业和新兴产业，提升和优化中国的经济结构。

世界上任何一个国家都不可能拥有经济发展所需要的全部资源，都会遇到资源约束问题。经济发展所需要的资源既包括自然资源，也包括资本、技术、经济管理、经济信息、劳动力等生产要素。中国是自然资源大国，但却是人均资源小国，人均资源占有量远远低于世界平均水平，且资源分布很不均衡，品位低，开采难度大。如中国已探明的矿产资源总量约占世界的12%，仅次于美国和俄罗斯，居世界第三位，但人均占有量低，仅为世界平均水平的58%，列世界第53位。中国淡水、耕地、森林等资源人均占有量不到世界人均水平的1/3；煤、石油等重要矿产资源也不足世界人均水平的一半。因此，我们面临的资源形势十分严峻，直接威胁着中国未来的可持续发展。利用国外资源，弥补国内资源不足，则是保证和促进中国国民经济稳步、持续增长的重要途径。我们不但要通过"引进来"，利用外资和其他国际资源，更要通过"走出去"，在国外进行直接投资和组织生产来利用国际市场和国际资源。只有实施互利共赢国际投资新战略，才能更好更充分地利用国际和国内两个市场、两种资源，这对于中国全面建设小康社会，实现现代化的第三步战略目标关系重大。

扩大型对外开放以来，我们把对外开放的重点放在了"引进来"方面，这是与经济发展阶段相适应的，也是完全必要的。随着中国对外开放的不断深化，经济的快速增长，经济实力的不断增强，"走出去"就成为历史的必然选择。当代国际资本流动与经济贸易发展的规律表明，随着一国经济的发展，经济规模的扩大，经济结构层次的提升，开放经济在经济总量中的比重会不断提高。

因此，实施互利共赢国际投资新战略，不仅有利于扩大对国外的投资，获取经济发展所需的原材料、资源、中间产品及稳定的海外市场，而且有利于中国在更高层次上参与国际分工，进而促进中国经济的可持续发展。

（三）有利于培育中国参与国际经济合作与竞争的主体

目前在经济全球化中起主导作用的是世界上著名的 6.5 万家跨国公司，它们在世界经济发展中起着举足轻重的作用。中国要增强国际竞争力，就需要建立自己的跨国公司。推动中国企业"走出去"，从事跨国经营和参与国际市场的竞争，是中国培育有国际竞争力的跨国公司的重要举措之一。因此，中国必须竭尽全力培养自己的跨国公司，创造自己的国际品牌。

扩大型对外开放 30 多年来，中国通过引进外商直接投资，不仅引进了资金，弥补了中国的资金缺口，而且引进了先进的技术和管理经验，推动了产业结构的升级和企业的发展壮大。2012 年在世界跨国公司 500 强中，中国大陆已有 73 家，企业总数超过日本，仅次于美国。入围中国企业大多数是国有大型企业集团，它们凭借多年在国内市场积累的资源优势和雄厚实力，纷纷走出国门，成为中国"走出去"的主力军。与此同时，一批优秀民营企业也纷纷加入"走出去"的行列，参与国际市场的竞争与合作。例如中国家电行业的排头兵——海尔集团在这方面起到了表率作用。海尔通过 20 多年的创业，目前已在世界各地建立了 13 家海外工厂、56 个贸易中心、18 个设计中心、5 万多个营销网点，产品销往 160 多个国家或地区。2002 年全球营业额 723 亿元人民币，实现了融资和融智的当地化。海尔在美国南卡州坎姆顿市有一座占地 600 多亩的海尔工业园，它是海尔集团在国外的最大的生产基地。再如万向集团进入国际市场，从"贴牌"生产开始，到打自己的品牌进行"反贴牌"销售，开发和组合品牌优势，实现了两个市场的连接。在新世纪，中国企业要在经济全球化条件下加快发展进程，更好地参与国际经济竞争和合作，就必须面向世界，通过实施"引进来"与"走出去"相结合战略，与世界知名跨国公司结成战略联盟，一起进入世界市场。

因此，实行互利共赢的国际投资新战略，在继续引进外商直接投资的同时，加快发展海外直接投资，开展跨国经营，在全球范围内优化资源配置，有利于催生和培育中国的跨国公司，加速中国跨国公司的成长壮大，推动中国企业更多更好地参与国际经济技术合作和竞争。

三　实施互利共赢国际投资新战略的现实基础

（一）　实施互利共赢国际投资新战略的有利外部环境

经济全球化是当今世界经济发展的基本特征，也是中国对外开放所面临的最根本的外部宏观环境。经济全球化在生产领域最为突出的具体表现是生产国际分割。生产国际分割是指生产过程在世界不同地区和国家之间的重构，特别是以前垂直一体化的生产过程在经济全球化和自由化的推动下开始在不同国家或地区之间进行生产环节的细分、重组或再构。生产国际分割的本质是跨国企业在经济全球化和经济自由化条件下按照生产要素成本最小化或是垂直一体化生产环节的地区专业化原则，将产品生产过程在不同地区或国家进行细分、重组和再配的一种新的国际生产分工形式，也是经济全球化在国际生产领域中一种新的表现形式。

20 世纪 60 年代初，美国为了与西欧和日本竞争经济而对本国的经济结构进行调整，美国从地理区位、历史联系以及成本要素等各方面考虑，将加拿大和拉丁美洲作为本国劳动密集型制造业或部分资本密集型工业零部件专业化生产的供应地，开始将部分工业零部件的生产转移到这些国家和地区，如当时的哥伦比亚就成为美国纺织和服装生产加工的重要来源地。20 世纪 70 年代，零部件专业化在欧洲也开始流行起来，当时联邦德国的汽车工业在波兰建立汽车零部件生产基地，开始将汽车零部件的专业化转移到东欧国家；日本同时也将制造业的部分生产环节转移到东南亚一些国家，东南亚地区的零部件生产加工能力开始成长。20 世纪 80 年代由于拉丁美洲地区宏观经济不稳定、政治冲突、劳工组织的反对以及货币金融债务危机等原因，美国一些制造业零部件的专业化生产开始转移到东南亚地区。与此同时，日本也将更多制造业零部件加工生产大规模地转移到东南亚地区，进而使得东南亚地区由零部件的专业化生产开始向零部件再加工和组装方向转变，最终使得东南亚成为全球生产加工和组装效率最高的地区，成为全球生产加工和组装重要基地。20世纪90年代随着经济自由化和经济全球化的发展，特别是信息革命的快速发展，跨国生产协调服务成本大规模下降，跨国公司的多国生产环节开始在全球范围内进行细分和重组，内部生产流程再造已经成为跨国公司应对经济全球化最为重要的举措。跨国生产过程的细分和重组首先发生在投资于东南亚地区的西方发达国家的跨国公司内部，因而东南亚地区也由零部件加工或组装开始向产品生产过程的国际重构和产品生产环节的地区专业化方向转变，生产国际分割开始在东南亚地区出现。随着东南亚地区各国经济的快速发展，生产国际分割从地区现象向全球现象发展，生产国际分割也从地区走向世界。目前，生产国际分割已经成为经济全球化的重要组成部分，也是国际生产一种新的表现形式。

总之，生产国际分割的发展为各国在世界范围配置优化生产成本提供了一种选择方式，也为各国参与国际经济技术合作和竞争提供了一种依托方式。

（二）　实施互利共赢国际投资新战略的有利内部条件

一是中国经济持续发展和综合国力的提高，是实施互利共赢国际投资新战略的前提条件。经过扩大型对外开放30多年的发展，中国的综合国力显著增强。中国已经成为世界第一大贸易国和第一大出口国，净出口对经济增长的年均贡献率超过10%，对外贸易吸纳的就业人数超过1亿人。中国累计利用外资规模超过1万亿美元，成为全世界吸收外商直接投资最多的国家之一。中国累计对外直接投资规模居发展中国家前列。扩大型对外开放使中国经济与世界经济相互依存、深刻互动，通过技术外溢效应、学习效应和竞争效应，增强了企业活力，带动了技术进步，加快了中国工业化和现代化进程，提高了中国的综合国力，为中国实施互利共赢国际投资新战略奠定了物质基础。[①]

二是中国对外开放经济的深入发展，是实施互利共赢国际投资新战略的必要条件。扩大型对外开放 30 多年来，中国以实施"引进来"战略为重点，以吸收外资为纽带，中国经济与世界经济的联系日益紧密，交流日益频繁。实践证明，引进外资不仅弥补了国内建设资金的不足，加速了固定资本的形成，提高了投资率和经济增长率，而且引进大批的先进适用技术、设备和管理经验和适合当时水平的生产线，促进了中国新的产业的建立和传统产业的升级和改造，加快了中国工业化的进程和经济结构的调整，进而增加了进出口贸易、税收和外汇收入，扩大了就业，培养了人才，为促进国民经济的健康稳定持续发展做出了重要贡献。中国通过引进外资，尤其是引进跨国公司的直接投资，加速了中国的技术创新，提升了中国的产业水平，使中国形成了成熟技术体系的制造业，为中国实施"引进来"与"走出去"相结合战略创造了有利条件。

三是中国市场经济体系的完善，是实施互利共赢国际投资新战略的制度保障。中国的对外开放是全方位的对外开放，我们采取了引进外资、扩大进出口贸易、开展国际经济合作等形式，但中国对外开放的重要载体是外资的流入。外商在中国举办合资、合作和独资企业，开展国际贸易，要求按国际惯例办事，尤其是跨国公司在中国的投资，把中国纳入了全球生产体系，这就在客观上促进了中国市场取向的经济体制的改革，加快了中国社会主义市场经济体制的建设。可以毫不夸张地说，没有外资的引进，就不可能有中国社会主义市场经济体制的建立。尤其是 2001 年 12 月，中国加入世界贸易组织，进一步推动中国市场经济体制的健全和完善，为中国实施"引进来"与"走出去"相结合战略创造良好的条件。

四是在对外开放实践中培养的大批涉外的经营和管理人才，是实施互利共赢国际投资战略的重要支撑。大量外资的引进和大量外资企业的设立，对中国企业的生存、发展和壮大构成了激烈的竞争和严峻的挑战。正是在这种竞争和挑战中，中国劳动者抓住扩大型对外开放的重大机遇，迎接挑战，通过"干中学"、"互动中学"以及企业的再培训学等方式，在与

---

① 陈德铭：《全面提升开放型经济水平》，《经济日报》2010 年 9 月 29 日。

外资企业的合作、竞争和学习中，不断发展和完善了自己劳动技能，这些使得中国劳动力素质不断提高，劳动经验不断丰富，中国劳动力的国际竞争力日益提高。在扩大型对外开放过程中成长起来的这批中国劳动力，已经成为中国实施"引进来"和"走出去"相结合战略的重要支撑。

第三节　互利共赢国际投资新战略的重点和举措

一　互利共赢国际投资新战略的战略重点

实施互利共赢国际投资新战略的关键就是推动中国利用外资和对外投资的协调发展，确立利用外资和对外投资的战略重点，提高利用外资和对外投资的质量和效益。

（一）"引进来"战略的重点是提高利用外资的层次

提高利用外资层次是中国今后利用外资的重点，主要体现在以下几个方面。

1. 优化中国利用外商直接投资的产业结构

面对经济全球化的发展大潮，特别是全球产业新一轮的国际大转移，我们要紧紧抓住高新技术产业跨国公司在全球进行新一轮价值链和产业供应链重新布局的重大机遇，增强跨国公司与国内产业的关联程度，进一步优化中国利用外商直接投资的产业结构，积极引导外商投向新技术产业、先进制造业、节能环保产业和现代服务业，这样不仅能让中国在新一轮的国际产业大转移过程中能承接适用中国产业结构的先进生产环节或生产价值链，而且对优化中国产业结构，转换中国经济增长方式，推进中国经济结构战略调整，继续深化扩大型对外开放，进一步完善有利于科学发展观的经济体制和机制具有重要的作用。

2. 优化中国利用外商直接投资的地区分布结构

扩大型对外开放以来，中国利用外商直接投资地区非均衡分布的状况十分严重，至今没有发生根本转变。外商在华直接投资地区非均衡分布的现状对中国地区经济均衡协调发展产生了重大的障碍，特别是对中国继续实施西部大开发、东北老工业基地振兴、中部地区崛起战略不利，因为区域经济协调发展，需要大量的资金投放和产业介入，而外商在华直接投资不仅能够对一个地区输入大量的经济建设发展所需要的资金，而且能够转移和输入一个地区经济发展所需要的产业链或价值链。因此，今后还要继续支持和提升西部国家级开发区发展水平和沿边开放水平，全力支持外商直接投资向中西部地区转移，使外商在华直接投资能为中国区域协调经济发展总体战略的实施发挥重要作用。

3. 优化外商在华直接投资的来源结构

长期以来周边国家或地区一直是中国内地外商直接投资的来源地，这些地区的外商直接投资对中国内地利用外资发挥了重大作用。但是外商直接投资不仅仅是资金问题，其在更多的时候还体现在生产技术、劳动力资源和管理经验上。而不同地区的外资携带转移的生产技术、劳动力资源和管理经验又有很大区别，一般说来，来自美国、欧盟、日本、加拿大和澳大利亚等国家或地区的外商直接投资的技术溢出效应更大。因此，在利用外商直接投资的过程中应最大限度地优化外商在华直接投资的来源地，这样才能通过来自不同国家或地区的外商直接投资，来提高中国分享外商直接投资所带来的技术溢出效应，进而通过利用外商直接投资来推进中国的科技创新，将国外的先进技术与中国企业科技创新、技术推广、产品研发结合起来，并推动产学研的结合，加快科技向现实生产力转化。

4. 优化外商在华直接投资的主体结构

一般认为，大型跨国公司对当地东道国的经济发展效应大。因此，吸引大型跨国公司的直接投资已经成为各国利用外商直接投资的重点和首要目标。扩大型对外开放以来，到中国进行直接投资的跨国公司很多，世界跨国公司500强企业大多数已经到中国设立了生产企业或地区总部，但在中国进行直接投资的巨型或大型跨国公司还不是很多，特别是高新技术或具有研发性质的跨国公司到中国进行的直接投资仍有很大增长空间。因此，在今后，引进大型跨国公司是中国利用外商直接投资的首要工作，这对中国利用外商直接投资促进产业结构调整和升级具有重要意义。

5. 推动跨国公司到中国设立研发机构或地区研发中心

未来的国际竞争从根本上说是技术的竞争，因此，领先技术的竞争或是技术标准制定的国际竞争已成为跨国公司国际竞争战略的重点，跨国公司研发机构的全球化和当地化已经成为跨国公司全球战略的组成部分。跨国公司研发机构的全球化和当地化相结合的趋势，为当地企业参与国际研发提供了重大机遇，特别是为当地企业参与国际生产价值链或生产供应链提供了重要的契机。所以，在中国未来对外开放过程中，应将吸引跨国公司研发机构来华投资作为提高利用外商直接投资质量的一项重要工作。

（二）"走出去"战略的重点是促进中国制造业的对外直接投资

"走出去"战略的实施，不仅是中国扩大内需、实现中国经济可持续发展的需要，也是面对经济全球化的客观要求，还是对外开放进程中进一步深化的重要措施。

"走出去"战略的实施应是全方位的，不仅是产品、技术和资本的"走出去"，更应是企业整体的"走出去"。"走出去"战略实施的范围应是广泛的，不仅要走向发达国家，同时也要走向发展中国家；不仅要在欧美，也可以在亚非拉。"走出去"战略实施的主体也应是多样化的，企业应该是"走出去"的主体，而且企业"走出去"的方式也应是多种形式的。

因此，未来中国要继续实施"走出去"战略，就应大力支持各类有条件的企业对外投资和开展跨国并购，充分发挥大型企业在"走出去"中的主力军作用，实施"走出去"战略的重点就是推动中国制造业的对外直接投资。

1. 中国制造业的加工制造能力具有一定的国际竞争力

通过扩大型对外开放 30 多年的发展，中国制造业生产技术水平有了很大的提高，形成了较完善的加工配套体系，"中国制造"已经成为国际市场认可的质量保证标志，中国制造业具有一定的国际竞争能力。因此，中国制造业"走出去"首先具有很好的国际市场认可度，这对中国企业快速参与国际生产和国际生产分割提供了前提条件。

2. 中国制造企业在扩大型对外开放中积累了国际经营的经验

中国制造业通过"引进来"战略，吸收和积累了国际市场经营的观念、技术和管理经验，为"走出去"战略的实施提供了经验支持。中国制造业对外开放是最全面的，大量的外商直接投资聚集在中国制造业领域，这加快了中国企业的竞争和成长速度，在与外商投资企业的合作与竞争中，中国企业通过模仿、干中学和研发与学习等方式，初步掌握了国外市场经营的观念、诀窍、经验和技能，特别是在中国较早对外开放的制造业，中国企业国际化的程度较高；一个领域的市场竞争越激烈，这个领域中的中国企业在竞争中掌握技术诀窍和管理经验的激励就越强，企业改制和内部治理结构调整就越彻底，企业竞争能力提升得就越快，企业文化和行为越规范，产品的技术和附加价值含量增长得就越快。因此，在与外商投资企业竞争的过程中，培养了一批有实力能率先"走出去"的制造企业。

3. 中国制造业中成长了一批国际经营的人才

中国在制造业领域的改革开放中培养了大批熟悉跨国公司和对外经营的涉外经营管理人才。中国扩大型对外开放造就了一大批涉外经营管理人才，仅仅涉外制造业领域就吸引了2000多万劳动力，这些制造业领域的劳动力不仅熟悉跨国公司经营和对外投资企业的运作和管理方式，而且掌握了一定的专业技能和生产管理经验，当这些专业人才通过国内人才市场的交流与流动，回到国有企业、民营企业从事管理和技术工作或者是自我创业时，进一步影响和带动更多具有国际化经验的人才，这是一笔巨大的无形资产。因此，制造业领域储备了大量的适合于实施"走出去"战略的人才资源。

促进中国的制造业"走出去"，扩大对外直接投资，必须支持具有一定国际竞争力的企业率先"走出去"。

首先，要支持有条件的企业在国外投资建设国内有短缺趋势的战略性资源和初级产品的长期稳定供应地。如油气、矿产、木材及纸浆生产基地，这类项目投资大，市场和投资风险高，建设周期长，不仅项目建设会涉及采掘、加工、运输、仓储、销售、融资、投资方式等极其复杂的系统问题，还往往涉及国际政治、经济、技术和生态环境等方面的不可预见性因素。因此，需要政府为企业创造条件，进行必要的组织协调，调动各方面的积极因素进行建设。①

其次，要支持有条件的企业投资开发人力资源密集型产品的长期稳定的海外市场和需求源。人力资源密集型产业包括：劳动密集型的一般工业制成品加工工业，从事贸易、物流和分销、金融保险、专业服务等的劳动密集型服务业，人才和技术相对密集型的高新技术产业。这些领域的多数企业普遍规模小，跨国经营的融资能力有限，也缺少国际化的经验和人才。因此，可先从试点做起，政府在融资、税收、外汇和出入境等方面可制定有时限、有条件、有标准的支持性措施，使这些领域中的有进取和有实力的企业率先"走出去"。

最后，要支持中国有竞争优势的产业和企业率先走出去。如家电、轻纺和成衣、食品加工和轻工业产品、一些质量价格比有明显优势的机电产品，可以通过对外投资在当地设立企业和机构，把国内过剩的生产能力、原材料及零部件出口到国外市场。

二　互利共赢国际投资新战略的基本原则和主要举措

（一）　实施互利共赢国际新战略的基本原则

实施互利共赢国际投资新战略是一项系统工程，应坚持以下原则。

1. 统一规划和逐步推进的原则

虽然实施互利共赢国际投资新战略的主体是企业，但其运作方式却要严格按国际市场经济规律办事，不同领域和地区的差异又很大，因此，其需要中国政府制定一个纲领性的战略框架及实施方法来推动，并要按照地区差异、产业差异和国别差异逐步推进。

2. 跨地区、跨部门和跨国别合作原则

互利共赢国际投资新战略不仅涉及不同的国内地区和国内产业部门，也涉及中国与世界其他国家的政治经济关系。因此，需要通过合作、协商以及联合的方式，建立省际、产业间和国别间的沟通机制，或者是建立战略性投资联盟来协调彼此的分歧，建立利益和风险分担共享机制。

---

① 张燕生：《"走出去"战略是一个大战略》，《宏观经济研究》2000 年第 10 期。

（二） 互利共赢国际投资新战略的主要举措

1. 中国政府要制定互利共赢国际投资新战略的整体规划

要实施互利共赢国际投资新战略，中国政府应尽早制定出中国国际投资新的整体战略规划。对于外商在华直接投资，中国政府要制定一个可预见中国利用外商直接投资长期发展的纲要，重点要制定外商在中国直接投资的产业发展整体规划和地区发展整体规划。对于中国对外直接投资，中国政府要研究实施"走出去"战略的近期、中期和远期目标，并制定促进中国企业"走出去"整体战略规划，重点制定促进中国企业"走出去"的产业政策和财政金融促进政策，并把这些"走出去"的促进政策与国内产业结构调整和地区经济协调发展的政策目标结合起来，转移国内过剩的生产能力，开发海外资源，拓展国际市场，培育中国大型跨国公司，提高中国整个产业的国际竞争力。

2. 中国政府要促进"引进来"和"走出去"战略的协调发展

利用国内和国外两个市场和两种资源，促进中国利用外商直接投资和中国对外直接投资的发展，是中国提高全球资源配置能力和提升对外开放层次的重要途径。要提高利用外资质量和水平，发挥外资在自主创新和产业升级方面的作用，引导外资投向高端制造、新能源、节能环保、现代服务业等领域，不断优化外资产业结构和区域结构。[1]从贸易大国走向投资大国，从商品输出走向资本输出，是对外经济转型升级的普遍经验和客观规律。要继续健全中国对外直接投资的政策促进体系、服务保障体系和风险控制体系，优化中国企业"走出去"的制度环境，培育和发展中国的跨国公司，扩大国际市场份额，提升中国企业的核心技术和管理水平。

3. 中国政府要优化外商在华直接投资和中国对外直接投资来源的空间布局

要按照中国统筹区域协调发展的要求，因地制宜制定不同地区利用外商直接投资和中国对外直接投资的新战略，使中国各省市之间形成均衡协调的对外开放新格局。鼓励东部地区发挥信息、人才、区位等优势，把外

---

[1]　陈德铭：《全面提升开放型经济水平》，《经济日报》2010 年 9 月 29 日。

商在华直接投资和中国对外直接投资与当地产业政策和地区经济发展结合起来，推动当地对外开放向集约化开放转型，加快提升中国东部各省市参与全球分工的层次和能力；鼓励中国西部各省市以承接国内外产业转移为契机，根据当地沿河、沿江和沿边的不同地域特色，利用外商在华直接投资和当地对外直接投资的双向国际通道，尽快形成当地特色鲜明和定位合理的沿河、沿江和沿边或陆路对外开放带，打造新的开放增长极。充分发挥中部地区比较优势，加强与东、西部地区对外开放的分工合作，加快中部地区对外开放经济的发展。

4. 中国政府要完善对外商在华直接投资和中国对外直接投资的保障机制

要促进外商在华直接投资和中国对外直接投资的发展，中国政府必须增强内外经济政策之间的协调性和相互支持，特别是要加强中国外贸、外资、对外投资政策与中国财政、货币、产业政策之间的相互配合；要健全中国对外开放的风险防范机制，完善产业损害预警制度和摩擦应对机制，提高摩擦应对能力和对外经济的救济能力，重点是要加强与有关部门的有效配合，建立健全境外安全风险防范和应急处理机制，保障境外人员和财产安全。进一步转变政府职能，减少和规范行政审批，提高行政透明度。加快培养适应对外开放需要的各类人才，为对外开放提供强有力的组织保证和人才保障。[①]

5. 中国要加强全球战略谋划并营造有利的外部环境

中国政府从维护和发展国家根本利益的战略高度出发，积极营造和谐稳定的国际经济发展环境。中国作为世贸组织的成员国，中国政府应顺应建立合理国际经济秩序的要求，努力从国际经贸规则的"参与者"向"制定者"转变，积极谋划和充分利用好各种多边机制，在推动实现商品、资本在国际有规则的自由流动，不断提高全球协调与治理水平的同时，要按照平等互惠、形式多样、注重实效的原则，统筹规划，分步实施，逐步建立起布局合理、区域协调的全球自贸区网络，从根本上保护中国在国际经济发展过程中的国家利益，维护中国对外开放的国际环境，使中国与世界各国共享世界经济结构重大转变的发展机遇。

---

① 陈德铭：《全面提升开放型经济水平》，《经济日报》2010 年 9 月 29 日。

第五章

互利共赢的国际技术创新
与合作新战略

互利共赢的国际技术创新与合作战略是中国互利共赢对外开放新战略的重要组成部分。本章在深入分析过往 30 多年扩大型对外开放阶段，对外开放对中国技术创新能力影响的基础上，充分理解互利共赢的国际技术创新与合作战略的内涵。实施互利共赢的国际技术创新与合作战略的目的，就是要进一步深化与国际技术强国之间的交流，同时引进、吸收、学习国际先进技术与管理经验，提升中国技术创新能力，进而完善中国技术创新与合作体系，形成经济全球化条件下中国参与国际技术创新与合作的新优势，为中国实现可持续发展奠定最坚实的基础。

第一节　对外开放对中国技术创新能力影响的实证研究

扩大型对外开放 30 多年来，中国经济取得了举世瞩目的成就，经济总量快速增长，人民生活水平显著提高，综合国力不断增强，总体技术水平也有了长足进步。对外贸易、吸引海外人力资本、外商在华直接投资是对外开放过程中利用国际科技资源提升中国技术创新能力的重要渠道，本节将利用 VAR 模型深入分析这三个因素对中国技术创新能力的影响，以拓宽对外开放对中国技术创新能力影响的认识。

一　相关文献综述

随着经济全球化趋势与中国对外开放程度的不断深化，对外贸易、利用海外人力资本和 FDI 与技术创新之间关系的理论研究已成为国内外学术界的研究热点。现有的大量研究表明，对外贸易、吸引海外人力资本与 FDI 对东道国技术创新能力存在显著影响。

（一）对外贸易与技术创新

自 20 世纪初熊彼特提出创新理论以来，各国学者对技术创新的研究方兴未艾。国外学者对发展中国家通过外贸方式促使本国技术进步与创新做了大量研究。20 世纪 80 年代中后期，Romer、Lucas 等人更强调技术进步对于经济发展的重要性，并进一步将技术内生化，从而建立了内生增长理论。内生增长理论十分重视发展中国家从国际贸易中获得的知识、技术溢出效应，Grossman、Helpman（1991）认为国际贸易是国家技术进步与创新的引擎；Coe 等（1997）分析了国际贸易对于促进技术进步的影响与途径，认为国际贸易给予了技术落后国进行技术模仿的机会，国际贸易不仅提升了贸易各国的劳动生产率，改善了贸易各国的研发活动效率并避免重复劳动，而且还通过影响国际要素市场来间接影响技术创新的进步与成本，从而达到提升贸易各国技术创新水平的目标。Coe、Helpman 等（1995，1997）通过大量的实证研究也支持了国际贸易能显著提高贸易国的 TFP（全要素生产率）和经济增长。

国内学者对外贸产生知识溢出效应、技术溢出效应以提升中国技术创新能力与经济增长做了大量研究。佟家栋、彭支伟（2007）通过 1981～2005 年的数据检验了贸易与中国 TFP 增长的关系，并得出进口贸易对中国 TFP 有促进作用；符宁（2007）运用 1987～2005 年的样本数据也得出了类似的检验结果。但也有学者得出了与之相反的结论，如胡兵、乔晶（2006）通过 1978～2003 年的时序数据分析了进口与 TFP 以及经济增长之间的关系，但通过检验得出了进口与 TFP 和经济增长之间并不存在显著的 Granger 因果关系；李平、崔喜君（2007）等学者以面板数据来检验地区或行业的研究也得出了类似结论。国内相关研究没有取得一致性的结论主要是由于采用的实证分析方法存在差异和数据的误差。

（二）人力资本与技术创新

人力资本是东道国吸收国际知识、技术溢出效应，用以提升自身技术创新能力的重要渠道，各国学者对人力资本与技术创新之间的联系做了大量的研究。Borensztein 等（1998）考察了 OECD 国家对发展中国家的技术溢出效果，研究表明一国人力资本投资对于技术吸收与创新的重要性；Foster 和 Rosenzweig（1999）的研究也表明人力资本存量的增加有助于提高发展中国家的技术吸收能力，进而提升技术创新能力；Xu（2000）研究了人力资本与国际知识、技术溢出效应吸收能力之间的关系，他发现相对领先的发展中国家可以从发达国家的知识与技术溢出中获益，间接表明一国人力资本存量对本国的技术吸收与创新能力存在重要影响；Kneller 和 Stevens（2005）考察了 OECD12 个国家 9 个行业的数据，他们发现人力资本在技术引进和技术效率方面起重要作用。

国内学者赖明勇、包群和阳小晓（2002）通过实证检验人力资本、政府引资政策、经济开放程度等诸多因素对国际技术外溢效应的影响，结果表明在影响吸收能力的众多因素中，人力资本起着至关重要的作用；邹薇、代谦（2003）运用标准的内生增长模型分析了发展中国家对发达国家的技术模仿和经济赶超问题，指出发展中国家对于引进的发达国家的先进技术的模仿能力依赖于发展中国家的人均人力资本水平；赖明勇、张新等（2005）通过实证分析表明人力资本对技术吸收、创新、经济增长起着重要作用；代谦、别朝霞（2006）从人力资本的角度，通过内生增长模型的分析表明人力资本水平的高低制约着发展中国家能否有效吸收新技术，进而也成为促进东道国技术进步与创新的重要因素。

（三）FDI 与技术创新

20 世纪 60 年代，Macdougall（1960）首次把技术外溢效应作为外商直接投资的一个重要现象进行分析；而 20 世纪 80 年代的新增长理论认为经济对外开放、国际资本流动和开展国际贸易的技术外溢效应加速了世界先进的科学技术、知识和人力资本在世界范围内的传递。新增长理论以技术因素为核心变量给出了从技术进步、技术外溢的角度来探讨 FDI 对东道国技术创新和经济增长影响的新思路，并引发了诸多学者对 FDI 的技术外溢假设进行了广泛的实证检验。Caves（1974）利用澳大利亚 1969 年分行业的截面数据计量分析外资对当地劳动生产率的影响，检验发现 FDI 的确对澳大利亚相关行业的劳动生产率产生积极影响。Lee（2000）考察了流入美国的日本投资的影响，经分析发现，日资的流入不仅促进了美国当地企业生产效率的提高，同时也提高了日本在美企业自身的技术创新水平。而发展中国家和地区的情况则较为复杂，FDI 的相关经验研究缺乏一致的结论。如 Kokko 等（1994，1996）在墨西哥，Blomstrom 和 Sjohölm（1999）、Blalock 和 Gertler（2003）在印度尼西亚都发现了明显的正向 FDI 技术溢出效应；相应的，Haddad 和 Harrison（1993）对 1985～1989 年摩洛哥制造业的面板数据进行了考察，没有发现正的溢出效应；Aitken 和 Harrison（1999）对 1976～1989 年委内瑞拉企业面板数据的检验中发现 FDI 与国内工厂的 TFP 呈负相关。

国内学者十分关注对 FDI 的知识、技术溢出效应的跨区域差异特征的考察和分析。陈继勇、盛杨怿（2008）构建了国内知识资本、外商在华直接投资的知识溢出和地区技术进步的分析框架，通过对中国区域 R&D 投入、外商在华直接投资的知识溢出对地区技术进步的影响进行了面板数据分析，认为受中国目前引资结构和质量的影响，外商在华直接投资的知识溢出效应特别是通过 FDI 企业在当地从事生产活动带来的知识溢出效应并不明显，而通过 FDI 渠道传递的外国 R&D 资本对技术进步的促进作用与当地的经济、科技发展水平有着密切关系。冼国明、薄文广（2006）考察了 FDI 对中国企业技术创新的影响，通过检验发现外资企业技术创新能力的提高对国内其他类型的大中型工业企业的技术创新产生明显的促进作用，但对国有大中型企业的技术创新产生显著的抑制作用。谢建国（2006）利用中国 29 个省区 1994～2003 年的面板数据考察了 FDI 对中国各省区技术进步与经济增长效率的影响，结果表明 FDI 显著提高了东、中省区的技术效率，西部省区的技术效率没有明显影响。严兵（2006）与李平和盛丹（2007）等的研究也得出了类似的结论。尽管各种经验研究的结果存在差异，但 FDI 的知识、技术溢出效应对中国技术创新的正面影响是客观存在的。

二　实证检验

（一）模型的设定与样本数据说明

模型将采用多元线性回归方程，在解释变量存在滞后项的基础上建立 VAR 模型，并对 VAR 模型进行 ADF 单位根、Jonhansen 协整检验、脉冲响应函数以及方差分解检验，模型指标数据采用 1985～2011 年的时间序列数据。基本回归方程为：

$$IN_t = C + \beta_1 TR_t + \beta_2 FDI_t + \beta_3 FE_t + \mu_t \tag{5.1}$$

其中，C 为常数项；u_t 为随机误差项，解释变量为中国年对外贸易额，年吸收外商直接投资额和年海外人力资本等；TR_t、FDI_t 分别代表中国年对外贸易额与年吸引外商直接投资额，用以衡量中国的对外开放程度对技术提升的知识、技术溢出效应的影响；FE_t 代表中国年海外留学归国人员，用以衡量中国海外人力资本对技术创新的影响；β_1、β_2、β_3 分别为解释变量 TR_t、FDI_t、FE_t 的系数，并代表三个解释变量对被解释变量 IN_t 的影响程度；被解释变量 IN 选取中国在美国年申请专利数量。

模型指标的样本数据主要来自《中国统计年鉴》、《中国科技统计年鉴》、《中国商务年鉴》、中国商务部网站、美国专利商标局网站等。

（二）一般回归分析

为了降低变量的波动性，我们将模型中的被解释变量 IN_t，解释变量 TR_t、FDI_t、FE_t 取自然对数，基本回归方程变为：

$$LnIN_t = C + \beta_1 LnTR_t + \beta_2 LnFDI_t + \beta_3 LnFE_t + \mu_t \tag{5.2}$$

对上式进行时间序列数据的回归分析，结果如表 5-1 所示。

表 5-1　（5.2）式的实证检验结果

解释变量	Coefficient
Ln（TR）	3.725609 ＊＊ （3.754301）
Ln（FDI）	1.005708 ＊＊ （3.360850）
Ln（FE）	0.773270 （0.925965）
R-squared：0.987825	F-statistic：385.3998
Adjusted R-squared：0.985262	Durbin-Watson stat：0.793246

说明：括号内数值为 t 检验值，＊＊＊、＊＊、＊分别表示系数 t 统计值在 1%、5%、10% 的水平上通过显著性检验。

根据检验结果，我们看到解释变量 TR、FDI 分别代表的中国对外贸易额和外商直接投资额对被解释变量 IN（中国在美国申请专利）存在显著的正相关，因为 IN（中国在美国申请专利）代表国内技术创新水平，因此解释变量 TR、FDI 代表的对外贸易与外商直接投资对中国技术创新水平具有正向的影响效应，这一结论也符合绝大多数学者的经验研究。但 FE 代表的海外人力资本与被解释变量 IN 并没有显著的相关性，同时，我们看到检验结果中的 D·W 值 0.793246 小于 1.5，根据时间序列的计量分析，时间序列残差存在较强的一阶正相关，因此我们通过 Q 统计量检验回归方程残差的序列相关性。检验结果如表 5-2 所示。

表 5-2 Q 统计量检验结果

	AC	PAC	Q-Stat	Prob
1	0.560	0.560	8.5194	0.004
2	0.135	-0.261	9.0369	0.011
3	-0.196	-0.227	10.177	0.017
4	-0.303	-0.059	13.046	0.011
5	-0.276	-0.077	15.552	0.008
6	-0.289	-0.244	18.454	0.005
7	-0.192	-0.009	19.802	0.006
8	-0.144	-0.161	20.608	0.008
9	0.048	0.113	20.704	0.014
10	0.037	-0.261	20.765	0.023
11	0.046	0.010	20.868	0.035
12	0.072	-0.002	21.137	0.048

根据 Q 统计量的检验规定，如果残差不存在序列相关，各阶滞后的自相关和偏自相关值都接近于 0，并且 Q 统计量的 P 值较大。否则，在 Q 统计量的 P 值较小的情况下，拒绝原假设，即认为存在序列相关。通过观察表 5-2 的检验数据，我们看到一阶的自相关和偏自相关值都较大，且 Q 统计量的 P

值最小，因此可以判定回归方程残差一阶存在明显的序列相关。而时间序列数据的计量分析中如果出现残差序列相关，必须进行修正序列相关，我们将采用滞后 1 期的办法来修正回归方程，回归方程变为：

$$LnIN_t = C + \beta_1 LnTR_t + \beta_2 LnFDI_t + \beta_3 LnFE_t + \mu_t + ar(1) \tag{5.3}$$

我们将修正后的方程再次进行时间序列的实证检验，检验结果见表 5 - 3。

表 5 - 3　加入滞后项的实证检验结果

解释变量	Coefficient
Ln（TR）	2.788452 * * (3.225991)
Ln（FDI）	1.738662 * * (3.102355)
Ln（FE）	- 0.325150 (- 0.353327)
R - squared：0.992243	F - statistic：434.9012
Adjusted R - squared：0.989961	Durbin - Watson stat：1.490847

我们看到回归方程经过修正后的检验结果显示解释变量 TR、FDI 仍然与被解释变量 IN 存在显著正相关，而解释变量 FE 与被解释变量 IN 呈负相关，且并不显著。回归方程经过修正后的检验结果中 D·W 值为 1.490847，约等于 1.5，因此修正后的回归方程残差序列近似认为不存在序列相关，并且回归方程数据的拟合优度也较好。

（三）基于 VAR 模型的实证分析

虽然经过误差修正后的回归方程近似不存在序列相关，但基本的实证检验结果仅仅表明了解释变量与被解释变量的显著相关性，而不能具体说明解释变量的滞后项与被解释变量之间存在的因果关系，以及解释变量对被解释变量随时间变化的动态影响程度。因此，基于回归方程建立 VAR（向量自回归）模型，并进行实证检验是解决这些问题的重要方式。一般的 VAR（P）模型数学表达式如下：

$$Y_t = C + A_1 Y_{t-1} + A_2 Y_{t-2} + \cdots + A_k Y_{t-k} + BX_t + \varepsilon_t \quad t = 1, 2, \cdots, T \qquad (5.4)$$

其中，Y_t 是 m 维内生变量，X_t 是 n 维外生变量，C 是 m 维常数向量，k 是滞后阶数，T 是样本个数。矩阵 A_1，$\cdots$，A_k 和矩阵 B 是要被估计的参数矩阵，ε_t 是 m 维扰动向量。下面将利用原回归方程的 4 个变量进行 VAR 模型的实证研究。

在建立 VAR 模型时，要先检验数据的平稳性，因此我们将对 4 个变量的数据 $LNIN$，$LNTR$，$LNFDI$，$LNFET$ 运用 ADF 方法做单位根检验，检验结果如表 5 - 4 所示。

表 5 - 4　ADF 单位根检验

变量名	ADF Test Statistic	Judgement 判别	显著性水平（%）	Critical Value 临界值	Conclusion 结论
$LNIN$	- 2.894531	> > >	1 5 10	- 3.752946 - 2.998064 - 2.638752	非平稳
$LNTR$	- 0.469789	> > >	1 5 10	- 3.752946 - 2.998064 - 2.638752	非平稳
$LNFDI$	- 1.823090	> > >	1 5 10	- 3.788030 - 3.012363 - 2.646119	非平稳
$LNFET$	0.483239	> > >	1 5 10	- 3.752946 - 2.998064 - 2.638752	非平稳

从对 4 个变量数据的 ADF 单位跟检验情况来看，各变量 ADF 值均大于 1%、5%、10% 显著水平下的临界值，即都是非平稳变量。因此，我们对 4 个变量进行一阶差分 ADF 检验，结果见表 5 - 5。

表 5 - 5 一阶差分 ADF 单位根检验

变量名	ADF Test Statistic	Judgement 判别	显著性水平 （%）	Critical Value 临界值	Conclusion 结论
LNIN	- 4. 784728	< < <	1 5 10	- 3. 788030 - 3. 012363 - 2. 646119	平稳
LNTR	- 2. 335972	> > >	1 5 10	- 3. 769597 - 3. 004861 - 2. 642242	非平稳
LNFDI	- 3. 043877	> < <	1 5 10	- 3. 788030 - 3. 012363 - 2. 646119	非平稳
LNFET	- 4. 722797	< < <	1 5 10	- 3. 752946 - 2. 998064 - 2. 638752	平稳

从对 4 个变量的一阶差分 ADF 单位根检验的结果可以看出，变量 *LNIN*、*LNFET* 的 ADF 值均小于 1%、5%、10% 显著水平下的临界值，即都是平稳变量，因此 *LNIN*、*LNFET* 是一阶单整变量。但是变量 *LNTR* 与 *LNFDI* 一阶差分 ADF 单位根检验的结果均大于 1%、5%、10% 显著水平下的临界值，即都是非平稳变量。因此，对这两个变量需进行二阶差分 ADF 单位根检验，检验结果见表 5 - 6。

表 5 - 6 二阶差分 ADF 单位根检验

变量名	ADF Test Statistic	Judgement 判别	显著性水平 （%）	Critical Value 临界值	Conclusion 结论
LN *TR*	- 3. 374554	< < <	1 5 10	- 3. 287830 - 3. 012363 - 2. 646119	平稳
LNFDI	- 4. 455870	< < <	1 5 10	- 3. 808546 - 3. 020686 - 2. 650413	平稳

通过对两个变量的二阶差分 ADF 单位根检验，我们看到两个变量的 ADF 值均小于 1%、5%、10% 显著水平下的临界值，即都是平稳变量。因

此，变量 *LNTR* 、*LNFDI* 是二阶单整变量。

至此，我们对 VAR 模型进行 ADF 单位根检验，得出的结果使我们确定 VAR 模型变量的最佳滞后期为 2，即建立 VAR（2）模型：

$$Y_t = C + A_1 Y_{t-1} + A_2 Y_{t-2} + \varepsilon_t \quad t = 1, 2, \cdots, T \tag{5.5}$$

在建立模型的同时，我们对 4 组变量数据进行 Jonhansen 协整检验。由于变量 LN*IN* 与 LN*FET* 为一阶单整变量，变量 LN*TR* 与 LN*FDI* 为二阶单整变量，而不同阶的单整变量之间不可能存在协整关系，所以我们分别对一阶变量与二阶变量做协整检验，检验结果见表 5 - 7、表 5 - 8。

表 5 - 7　一阶变量 LN *IN* 、LN *FET* 的协整检验结果

特征值	5% 临界值	1% 临界值	协整个数假设
0.308813	15.49471	19.93711	None
0.020909	3.841466	6.634897	At most1

表 5 - 8　二阶变量 LN *TR* 、LN *FDI* 的协整检验结果

特征值	5% 临界值	1% 临界值	协整个数假设
0.177932	15.49471	19.93711	None
0.035679	3.841466	6.634897	At most1

从表 5 - 7、表 5 - 8 的协整检验结果来看，一阶与二阶变量的特征值均小于 1%、5% 下的临界值，从而不能拒绝"协整关系个数为 None"的假设，因此，4 个变量的数据组之间不存在协整关系。

通过 ADF 单位根和协整检验，我们可以确定 VAR（2）模型，并对模型进行 VAR 分析，运用 Eviews5.1 软件分析结果见表 5 - 9。

表 5 - 9   对 4 个变量进行的 VAR 分析

	LIN	LTR	LFDI	LFET
Vector Autoregression Estimates				
Sample（adjusted）：1987 2011				
Included observations：25 after adjustments				
Standard errors in（ ）& t - statistics in［ ］				
LIN（-1）	0. 652153 (0. 31762) [2. 05327]	0. 020610 (0. 21127) [0. 09755]	- 0. 181287 (0. 18421) [- 0. 98414]	0. 178228 (0. 26574) [0. 67069]
LIN（-2）	- 0. 176322 (0. 17239) [- 1. 02281]	0. 031273 (0. 11467) [0. 27272]	0. 129876 (0. 09998) [1. 29900]	- 0. 159278 (0. 14423) [- 1. 10430]
LTR（-1）	0. 186060 (0. 93939) [0. 19806]	0. 984882 (0. 62485) [1. 57618]	1. 242692 (0. 54482) [2. 28091]	1. 421541 (0. 78596) [1. 80866]
LTR（-2）	0. 201271 (0. 87141) [0. 23097]	- 0. 355766 (0. 57963) [- 0. 61378]	0. 000844 (0. 50539) [0. 00167]	0. 210707 (0. 72908) [0. 28900]
LFDI（-1）	- 0. 464729 (0. 33501) [- 1. 38720]	- 0. 101844 (0. 22284) [- 0. 45703]	1. 277764 (0. 19430) [6. 57629]	0. 076975 (0. 28030) [0. 27462]
LFDI（-2）	0. 206118 (0. 29286) [0. 70380]	0. 145540 (0. 19480) [0. 74712]	- 0. 385163 (0. 16985) [- 2. 26763]	0. 014907 (0. 24503) [0. 06084]
LFET（-1）	0. 357337 (0. 44099) [0. 81031]	0. 268852 (0. 29333) [0. 91655]	- 0. 328234 (0. 25576) [- 1. 28336]	0. 014367 (0. 36896) [0. 03894]
LFET（-2）	0. 171309 (0. 36024) [0. 47554]	- 0. 079107 (0. 23962) [- 0. 33014]	- 0. 737275 (0. 20893) [- 3. 52881]	- 0. 603033 (0. 30140) [- 2. 00075]
C	- 3. 683945 (1. 40053) [- 2. 63039]	0. 948338 (0. 93159) [1. 01798]	0. 206063 (0. 81227) [0. 25369]	0. 325491 (1. 17179) [0. 27777]
R - squared	0. 975542	0. 981334	0. 990292	0. 977432
Adj. R - squared	0. 960490	0. 969847	0. 984318	0. 963544
Sum sq. resids	0. 874808	0. 387055	0. 294258	0. 612382
S. E. equation	0. 259409	0. 172550	0. 150450	0. 217040
F - statistic	64. 81439	85. 42983	165. 7624	70. 37906

续表

	LIN	LTR	LFDI	LFET
Log likelihood	4. 256081	13. 22588	16. 24109	8. 179213
Akaike AIC	0. 431265	− 0. 384171	− 0. 658281	0. 074617
Schwarz SC	0. 877601	0. 062164	− 0. 211946	0. 520953
Mean dependent	4. 934073	8. 227214	5. 515045	9. 019484
S. D. dependent	1. 305067	0. 993680	1. 201405	1. 136719
Determinant resid covariance (dof adj.)	7. 09E − 07			
Log likelihood	54. 03868			
Akaike information criterion	− 1. 639880			
Schwarz criterion	0. 145462			

　　从表 5 - 9 对模型的分析结果来看，每个方程的拟合优度都较好，并且变量系数值也比较符合预期结果，但为了更直观地显示出 4 个变量之间的影响程度，我们运用脉冲响应函数（impulse response function，IRF）对 VAR 分析结果进行检验（见图 5 - 1 至 5 - 3）。

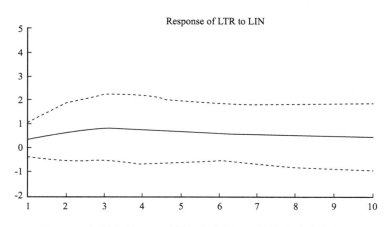

图 5 - 1　解释变量 *LTR* 对被解释变量 *LIN* 的脉冲响应分析图

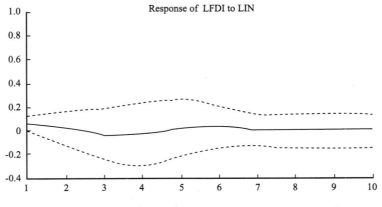

图 5 – 2　解释变量 *LFDI* 对被解释变量 *LIN* 的脉冲响应分析图

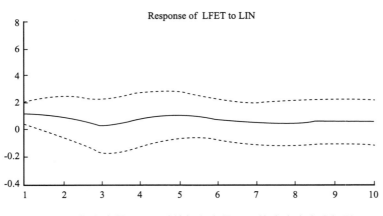

图 5 – 3　解释变量 *LFET* 对被解释变量 *LIN* 的脉冲响应分析图

通过脉冲响应函数的图示，我们看到随着时间的推移，*LTR* 对 *LIN* 呈稳定的正向影响，且影响幅度在其他三个变量中最大；*LFDI* 对 *LIN* 主要呈负向影响，并且影响幅度较小；*LFET* 对 *LIN* 呈波动式的正向影响，且影响幅度适中。

我们进一步用方差分解（ variance decomposition ）方法进行分析，分析结果如图 5 – 4 至图 5 – 6。

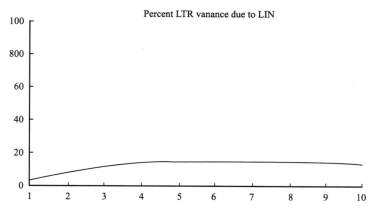

图 5 - 4 解释变量 *LTR* 对被解释变量 *LIN* 的方差分解图

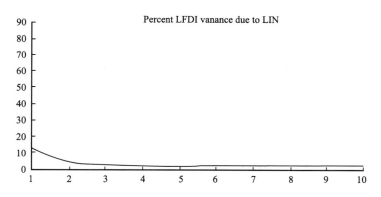

图 5 - 5 解释变量 *LFDI* 对被解释变量 *LIN* 的方差分解分析图

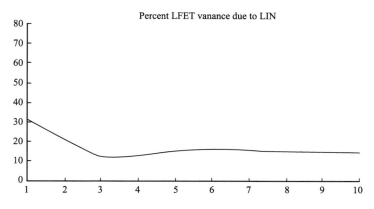

图 5 - 6 解释变量 *LFET* 对被解释变量 *LIN* 的方差分解分析图

方差分解是通过分析每一个结构冲击对内生变量变化（通常用方差来度量）的贡献度，进一步评价不同结构冲击的重要性。因此，我们观察图5-6、图5-7、图5-8，随着时间的推移，中国对外贸易总额对中国技术创新的贡献率逐步增加，最大达到20%，并一直稳定在15%-20%；外商在华直接投资额对中国技术创新的贡献率逐步递减，最大达到12%左右，并一直处于较低水平；海外归国留学人员对中国技术创新的贡献率呈现波动状态，最大达到31%左右，其贡献率均值为15%左右。

三 实证结果分析

首先，我们看到解释变量 TR 代表的对外贸易与被解释变量 IN 代表的中国在美国年专利申请量呈显著正相关，并且对外贸易对中国技术创新的影响幅度、贡献率也是最稳定的。这说明对外贸易对中国产生了正向的知识、技术溢出效应，中国在吸收正向的知识溢出效应的同时，也逐步提升了自身的技术创新能力。

其次，根据时间序列数据初步分析，解释变量 FDI 代表的外商在华直接投资与被解释变量 IN 呈正相关，但根据 VAR 模型、脉冲函数以及方差分解的分析结果，我们看到 FDI 对中国技术创新在前期存在着正向的影响效应，但在中、后期处于波动阶段，贡献率在逐步递减，稳定在接近零的状态。在部分特定时期，其影响呈负向效应。因此，FDI 是否真的促进中国技术创新水平的提升有待讨论。其他国内学者也曾得出类似结论，如冼国明、薄文广（2006）认为 FDI 对中国企业的技术创新水平存在抑制作用。平新乔等（2007）认为中国在吸引 FDI 的同时，FDI 的技术溢出存在"门槛"效应，且并不存在很明显的"市场换技术"效应。

最后，解释变量 FE 代表的海外人力资本与被解释变量 IN 在时间序列数据的初步分析中并没有形成很好的正向关联，但在 VAR 模型的修正分析中，解释变量 FE 与被解释变量 IN 也形成了较好的正相关，虽然它对中国技术创新能力的影响幅度呈波动状态，但始终保持了正向的影响幅度，并且它对中国技术创新的贡献率也保持了较好的水平。

第二节　实施互利共赢国际技术创新与合作新战略的背景

一　实施互利共赢国际技术创新与合作新战略的国际背景

与经济全球化同步的科技全球化是中国实施互利共赢国际技术创新与合作战略最主要的国际背景。19 世纪下半叶以来，国际技术创新与合作经历了三个重要阶段。

（一）科技全球化的不断发展阶段

19 世纪下半叶，电磁与无线电技术推动了第二次科技革命，而这一时期的电力技术革命又推动了 20 世纪的科学发展，并且在技术密集型工业体系中实现了技术和科学的结合，使科学研究出现了社会化的趋势，为科技全球化的发展奠定了基础。科技全球化，即研究和开发资源的全球配置、科学技术活动的全球管理、研究与开发成果的全球共享。这三个方面相辅相成，互相促进，共同构成了科技全球化浪潮的主旋律。随着经济全球化与知识经济的快速发展，近年来国际科技资源的流动、组合方式和具体内容显现了一些新特征，科技要素在全球范围内优化重组，外部技术来源的重要性大大增加，跨国转移的大量技术的先进性日益提高，各国科技系统的开放性不断增强，第三方技术供给方式逐渐盛行。全球化正在对科学研究的对象、方向、范围、水平，以及科学家之间的学术交流、合作方式及学科交叉研究的发展，产生重大而深远的影响。研究项目日趋复杂化，许多项目的研究范围超越国家的范围，必须通过不同国家的科学家互相交流、协作完成。科学研究所需的昂贵仪器设备，使科研成本不断增加，需要不同国家分担成本，资源共享。从事科学研究的科学家将更多地在全球化和网络化的开放环境中相互竞争、相互交流和合作。

（二）跨国公司研究与开发的全球化程度不断加深阶段

20 世纪 80 年代以来，跨国公司研究与开发的全球化程度不断加深。随着经济全球化的发展，企业研究和开发的全球化程度和企业经营的全球化程度之间出现了明显的不相称，激烈的国际竞争又使作为研究和开发结果的知识资源成为企业经营的核心资源。在这种情况下，跨国经营企业不得不逐步加大在国外从事研究和开发的力度，从而使跨国公司的研究和开发全球化成为世界经济中的重要趋势之一。同时，更多的发展中国家在接受外来投资的同时，对技术本土化的呼声日益高涨，采取了以市场换技术的策略；跨国公司在关注核心技术的同时，开始将一般性技术转移到发展中国家获取利益，这也进一步加速了科学技术知识的全球范围的流动。

（三）信息全球化时代的来临阶段

从 20 世纪 90 年代到 21 世纪的今天，世界进入了信息全球化时代，信息网络技术为加快科技全球化进程创造了条件。以信息技术和网络技术为支撑，世界范围内的科技创新、科技活动、科技人才的交流日趋活跃，科技成果的扩散影响深远。信息技术的飞速发展，深刻地影响着人类的生活和工作方式，使得通过网络配置科技资源成为可能，使人们从外界获得科技信息的能力大为提高，特别是全球研究村和虚拟实验室的出现，改变了传统的科学研究方式，处于全球不同地区的科研人员可以在任何时间更便捷地进行跨国界的研究合作，科研效率也大大提高。

二 实施互利共赢国际技术创新与合作新战略的国内背景

扩大型对外开放 30 多年来，中国经济取得了举世瞩目的成就，对外开放已经进入新的历史阶段。在迈入这一新的历史阶段过程中，中国国际技术创新与合作经历了三个历史阶段：从最初单纯引进外国生产线以填补国内技术设备空白的阶段（1978～1991 年），到利用国内外两种资源两个市场即"市场换技术"战略下的外资利用阶段（1992～2000 年），再到互利共赢的国际技术创新与合作战略阶段（2001 年至今），中国走过的是一条迈向互利共赢的开放之路。

（一）引进生产线填补国内技术空白阶段（1978～1991 年）

1978 年党的十一届三中全会正式做出了把工作重点转移到社会主义现代化经济建设上来的战略决策，开始了中国经济从"突围型"到"扩大型"对外开放的历史性转变，也开启了中国开放经济条件下利用外国科技资源提升技术能力的新篇章。

这一阶段的对外开放主要是通过发挥经济特区的"窗口"作用，而外国技术设备和生产线的引进与当时对外开放的阶段性特点密切相关，主要集中在沿海的开放试点地区，在产业上相对集中在轻工业，对提高产业生产效率和扩大出口发挥了重要作用。1979 年，中国技术引进合同 95 项，合同金额 24.84 亿美元，其中关键和成套设备合同 60 项，合同金额 2.43 亿美元，占当年总额比重的 9.78%。进入 20 世纪 80 年代，中国技术引进合同首次突破 100 项。1985 年，中国技术引进合同达到 826 项，合同金额 31.99 亿美元，其中关键和成套设备合同 419 项，合同金额 24.38 亿美元，占总额的比重为 76.21%。1991 年，中国技术引进合同减少至 359 项，但合同金额并未减少，达到 34.59 亿美元，其中关键和成套设备合同 210 项，合同金额 29.04 亿美元，占总额比重的 83.95%。[1]

（二）"市场换技术"的外资利用阶段（1992～2000 年）

在部分让利对外开放的 14 年中，中国主要是以引进外国生产线与关键设备来填补国内技术空白，从统计数据可以看到，20 世纪 80 年代之后中国引入关键和成套设备的趋势尤为明显。但由于市场机制与现代企业制度在中国尚未建立，这种以政府主导的技术设备和生产线引进缺乏效率和预见性，引进的技术相对落后，盲目、重复引进和引进后不重消化吸收等现象普遍存在，为此中国付出了一定的经济代价。但当时中国与世界总体科技水平存在巨大差距，因而以引入技术设备和生产线为主要方式的技术引进，对中国部分产业缩小与发达国家的技术差距具有积极意义，也奠定了此后中国产业国际技术创新与合作的基础，总体上是值得肯定的。

1992 年，以邓小平南方谈话和十四大确立社会主义市场经济体制的改革目标为标志，中国的对外开放加速向纵深发展，陆续对财税体制、金融体制、外贸体制和外汇体制等进行了重大的改革，扫除了制约对外开放的制度障碍。在前一阶段技术设备和生产线引进经验的基础上，中国政府更为重视通过国内巨大的市场潜力和优惠政策吸引外商在高新技术产业领域

---

① 本段数据来源于《中国科技统计年鉴》各期数据。

进行持续投资，然后借助外资的技术溢出效应提高国内创新能力和技术水平，这一战略的主导思想可以概括为"市场换技术"。国际技术合作则在这一时期快速发展，一个多层次、多渠道、多形式的全方位国际科技合作新局面基本形成。

1992年，中国吸引外商直接投资金额110.08亿美元，实际利用外资金额192.03亿美元，其中中国高新技术产品进出口总额147.08亿美元，高新技术产品出口额39.96亿美元，进口额107.12亿美元，分别占高新技术产品进出口总额的21.17%和72.83%；到2000年，中国吸引外商直接投资金额达407.15亿美元，实际利用外资金额593.56亿美元，较1992年分别增长269.87%和209.10%。高新技术产品进出口总额达895.5亿美元，较1992年增长508.85%；其中，高新技术产品出口额为370.43亿美元，进口额为525.07亿美元，分别占当年中国高新技术产品进出口总额的41.37%和58.63%。[①]

从以上数据可以看出，在中国利用外资规模不断扩大的同时，中国高新技术产品贸易额也在持续增长，并且出口额占总贸易额的比重也在不断增大，这说明"市场换技术"战略对中国提升技术创新能力起到了较好作用。但中国同发达国家之间的技术鸿沟依然较大，大量的外商在华直接投资使中国对外国技术的依赖性不断加强。这主要体现在两方面。其一，跨国公司独资、合资子公司的研发高度依赖母国研发资源，与中国本地技术资源没有足够的链接，中方几乎没有共同参与的空间，其技术联动效应、知识流动效应和人才流动效应无从发挥。其二，跨国公司利用其技术、资金、营销和品牌等方面的优势，不断蚕食中资企业的市场份额，在诸如重型机械、日化、饮料等行业中形成垄断，导致示范效应、竞争效应、生产网络效应等技术引进效应丧失了实现的基础，给中国的国家经济安全也埋下了隐患。"市场换技术"战略在理论上有成功的可能，但由于客观现实的复杂性和实际操作的失误，中国在让出市场的同时，没有得到应有的技术，失去了应得的经济利益。

---

① 本段的数据来源于中经网、中国科技部网站。

（三）互利共赢的国际技术创新与合作战略阶段（2001 年至今）

2001 年中国正式加入 WTO，成为 WTO 第 143 个成员，这标志着中国对外开放步入新的历史阶段。2001 年，中国进出口贸易总额达 5096.48 亿美元，其中，高新技术产品进出口总额为 1105.6 亿美元，首次突破千亿美元大关，占中国进出口贸易总额的 21.69%；外商在华直接投资金额为 468.78 亿美元，中国全年实际利用外资金额为 496.72 亿美元；中国研究与试验发展经费支出达 1042.5 亿元，占国内生产总值的 0.95%，其中基础研究经费支出达 52.2 亿元。2011 年，中国高新技术产品进出口总额达 10120 亿美元，与 2001 年相比增长近 9 倍。其中出口 5488 亿美元，进口 4632 亿美元，分别占商品出口额和进口额的 28.9% 和 26.6%；中国研究与试验发展经费支出达 8687 亿元，占国内生产总值的 1.84%，是 2001 年的 8.33 倍。[①]

新时期中国的对外开放战略主要表现为开放领域的扩大、开放模式的转型以及国内体制与世界规则的全面对接。新世纪的中国经济面临着更为严峻的考验。在国内，以高投入为基础的粗放型经济增长模式难以为继，大量低附加值产品的出口既缺乏效益又增加了贸易摩擦，国际知识产权纠纷不断，频遭贸易伙伴的技术性贸易壁垒，对外技术依存度居高不下，国内能源缺口巨大，生态环境压力不断加大，科技创新水平不高已经成为制约中国经济未来持续、稳定增长的"瓶颈"。国际上，科技全球化浪潮下的科技问题越来越复杂，创新活动的范围、规模、成本和复杂性都非任何一国所能单独承担，技术、资金、人才、信息等国际科技资源的跨国流动快速发展，广泛的国际技术合作成为研究开发的基本要求。环境的变化给中国对外开放中的国际技术创新与合作带来了新的机遇和挑战。在此背景下，互利共赢的，全方位、多层次、宽领域开展国际技术创新与合作的新战略成为我们必然的选择。

"互利共赢"要求我们既要在开放经济条件下提高自身的创新能力与技术水平，缩小同发达国家的技术差距，又要与世界分享中国智慧，充分

---

① 本段数据来源于中经网、中国科技部网站、《中国科技统计年鉴》各期数据。

考虑他国的技术安全和经济利益。2005 年底出台的《国家中长期科学和技术发展规划纲要 (2006~2020)》明确提出要充分利用对外开放的有利条件，扩大多种形式的国际和地区科技合作与交流。支持中国企业"走出去"，鼓励企业在海外设立研究开发机构或产业化基地，扩大高新技术及其产品的出口，同时鼓励跨国公司在华设立研究开发机构。支持科研院所、高等院校与海外研究开发机构建立联合实验室或研究开发中心，积极主动参与国际大科学工程和加入国际学术组织，并提供优惠条件，在中国设立重要的国际学术组织或办事机构。

目前部分居于行业领导地位的跨国企业，如微软、IBM 等均在华设立了研究院或研发中心，其功能已经超越了针对中国市场的技术开发，并在行业技术前沿发展平台上，将中国的研发资源优势纳入其全球研发战略中，实现了整个创新价值链的收益最大化，也在更大程度上发挥了引入外资的技术溢出效应，使中国分享到了科技全球化的红利。中国部分企业，如海尔、联想等也纷纷建立了海外研发和设计中心，充分利用国际科技资源，提高了企业的核心竞争能力。在政府的大力支持下，中国的国际技术合作也取得了丰硕的成果，参与并牵头组织了一批前沿的国际大科学计划和大科学工程，如人类基因组计划、"伽利略"计划、国际热核实验反应堆计划、人类蛋白质组计划、地球空间双星探测计划等，对提升中国科技水平、在更深层次参与全球科技合作与竞争、提高中国国际影响力发挥了重要作用，同时也为世界科技的发展做出了贡献，充分体现了互利共赢的新的国际技术创新与合作战略的思想精髓。①

三 中国参与国际技术创新与合作存在的主要问题

进入 21 世纪以来，中国以互利共赢的战略思想为指导，在国际技术创新与合作方面取得了卓越的成就，但其中也存在一些问题，主要表现为以下几个方面。

---

① 胡艺：《中国对外开放中的技术创新与合作战略》，《武汉大学学报》2009 年第 5 期。

（一）跨国公司强大的技术优势一定程度上抑制了中国企业技术创新能力的提高

中国企业在与跨国公司的技术合作过程中，受到跨国公司技术管制与内部信息等方面的控制，并且中国大部分企业处于产业链的中低端，而跨国公司与中国企业相比，在技术方面占据着绝对优势地位，致使中国企业被动地跟随跨国公司的技术路线，在技术成长与创新等方面偏向于配套产业技术链，远离关键、核心技术路线，从而在扩大自主创新成果、提升自身产业与市场竞争力的过程中受到阻碍。

（二）中国企业在技术引进方面的消化吸收能力不强

许多本土企业对引进国外关键技术极为重视，但大部分本土企业的学习能力与内生发展能力整体上仍相对薄弱，"重引进、轻消化吸收"的观念影响了本土企业的技术引进效果，进而影响了技术引进时产生的知识、技术溢出效应，使得中国本土企业在国际技术引进与合作的过程中没有获得应有的技术支持。

（三）中国利用国际创新资本和创新人才的机制仍不完善

长期以来，中国对国际创新资本的利用是以税收等优惠政策来推进的，跨国公司利用中国推行的这些优惠政策，在中国市场竞争中占据绝对优势地位。而以 IT、电子和通信设备为代表的一批高新技术产业的国际并购趋势，影响到中国国内市场的竞争格局。大部分跨国公司通过并购本土企业等方式扩大在华的市场份额，冲击国内市场。同时，国内企业对提高企业自身的长期技术创新能力的投资较少，使中国的高素质创新人力资源纷纷流入跨国公司，中国企业在争夺创新人力资源要素上处于不利地位。

（四）中国企业的创新环境并不乐观

中国企业通过运用收购与联合开发等国际化形式，在自身的技术创新与国际技术合作上已经取得了较多的成果，并在较短时间内获得了许多高端资源，提升了自身的技术竞争力。但跨国公司掌控高精尖技术的整体趋势并未改变，大部分技术含量高的研发活动、制造加工环节仍在海外企业本部进行，这对中国企业技术创新能力提高的贡献比较有限。同时，中国企业受到国际市场和创新人才的双重冲击，创新空间受到了更大挤压。

（五）中国经济可持续增长受困于技术瓶颈

从总体上看，中国经济增长主要依赖资金的高投入和资源的高消耗，技术对经济增长的贡献远低于发达国家，而中国资金利用效率不高，资源严重短缺，部分核心技术、关键技术仍受制于人，经济可持续增长面临的资源和环境压力日趋严峻。面对新时期的巨大挑战，要突破困扰经济可持续增长的技术瓶颈，中国必须利用国内外一切资源和手段，在对外开放中实现创新能力和技术水平的飞跃。

第三节　互利共赢国际技术创新与合作新战略的基本内涵与基础条件

一　基本内涵

（一）实施互利共赢国际技术创新与合作战略是加快创新型国家建设的关键所在

在对外开放中加强国际技术创新与合作是建设创新型国家的必要条件之一，根据《国家中长期科学和技术发展规划纲要（2006～2020）》的要求，到 2020 年中国要初步完成创新型国家的建设，具体要达到以下几个目标：全社会研究开发投入占国内生产总值的比重提高到 2.5% 以上，力争科技进步贡献率达到 60% 以上，对外技术依存度降低到 30% 以下，本国人发明专利年度授权量和国际科学论文被引用数均进入世界前 5 位。要达成上述目标，增强自主创新能力，加快开放的创新型国家建设是关键。

1. 加大技术引进工作力度，增强消化吸收再创新能力

按照国家中长期科学和技术发展规划纲要的要求，一方面，需组建更加先进、完善的政府公共服务和技术引进信息平台，避免低层次技术的重

复引进，提高技术引进的先进性、适用性，更加重视提升专有技术许可和提升专利的引进比重；加强引进技术的消化吸收再创新能力，对消化吸收再创新工作给予适当的激励措施与优惠政策，从而更好地促进技术创新水平的提升。另一方面，需考虑中国企业的总体技术水平和产业现有的竞争力水平，适当保护中国企业技术成长的空间，配合产业结构调整和重大产业技术升级等措施的需要，引导有利于中国企业的内外创新合作，在对外开放进程中使引进技术、消化吸收再创新成为增强中国技术创新能力的重要途径。

2. 加强对中国研究开发的投入力度，提高科技进步贡献率

加强对中国研究开发的投入力度，提升中国企业的自主创新能力。加大对研究开发的投入力度有助于提升中国企业的技术创造、创新、运用能力，从而增强在国内、国际市场上的竞争力。同时，中国企业自主创新能力的提升有利于和跨国公司的海外研发机构在更深层次上进行国际技术创新与合作，并且可以迫使跨国公司的海外研发机构继续增大研发投入的力度，将更先进的技术转移至中国研发。而中国企业通过与居于行业领先地位的跨国公司合作，可以开展互补性的研究开发活动，促使相关领域互补性环节的突破，并在跨国公司全球生产分享的架构中提供高端的配套产业链，学习和消化吸收引进的先进技术，更进一步地提升中国企业的技术创新能力，提高中国企业的科技进步贡献率。

（二）实施互利共赢国际技术创新与合作战略是转变经济增长方式的内在要求

互利共赢的国际技术创新与合作战略是互利共赢对外开放战略的重要组成部分，它必须服务于中国拓展对外开放的广度与深度，服务于提高开放型经济水平的总体要求，通过国内经济增长方式的转变促进贸易增长方式的转变，逐步改善贸易条件，优化出口产品结构，提高出口产品附加值，减少知识产权纠纷和技术性贸易摩擦，同时提高利用外资质量，创新对外投资方式，为中国由开放型经济大国向强国的转变奠定坚实的技术基础。

第一，要坚定不移地实施对外开放政策，积极、合理、有效地引进外资，加快实现经济增长方式的转变和产业结构的优化升级，使中国走上科学、合理的发展道路。"十一五"期间中国提出了更高的产业结构调整目标，产业结构调整的政策在不断完善，力度在不断加强。因此，中国应结合国际产业转移的新形势和本国产业发展的实际，制定具体措施，继续积极、合理、有效地利用外资，增强中国产业的国际竞争力和可持续发展能力。

第二，进一步推进贸易转型升级，转变外贸增长方式，推动出口企业通过提升非价格竞争力走差异化竞争和创新之路，成为加快中国新型工业化和自主创新的重要途径。要结合产业结构和布局的调整，为数量扩张型外贸增长方式向质量效应型外贸增长方式转变创造有利条件。中国对外贸易目前主要集中在加工贸易，应在保持加工贸易积极发展势头的基础上，采取有效措施来引导和促进加工贸易转型升级，这主要包括以下几方面：一是推动加工贸易产业结构升级，加快以高新技术产品出口为贸易主导方向的演变；二是提升中国企业参与加工贸易的程度和水平，使国内有实力的企业与外商进行更深层次的合作；三是支持中国企业由贴牌生产向生产自主品牌为主转变，通过参与模仿创新和国际竞争，逐步提高自主研发、创新的水平，促进加工贸易产业链与本地产业的有机结合；四是大力推进各类企业机制改革和管理创新，提高按国际惯例和规范经营的水平，走内涵式的发展道路。加工贸易合理、有效的转型升级将极大地促进中国贸易整体结构的转型升级，更有利于中国企业培育自主知识产权品牌的产品出口，从而走上增强自主发展和创新能力的道路。

第三，要提高引进外资的质量，积极改善自身条件，更加有效地利用外商直接投资的知识溢出效应来提升产业的技术水平和竞争力。要加强对引进外资的技术要求，大力引进深加工业和技术密集型项目，努力实现向技术含量高、附加值高的项目转移，改变目前一般加工工业和劳动密集型企业占主导的局面；要加大对外国直接投资的产业导向力度，优化引资结构，使之与中国产业结构调整和优化的目标相匹配。要引导外商加大对第一、第三产业的投资力度，相对降低对工业投资的比重。目前中国第一产业和第三产业的外商直接投资比重偏低，第二产业尤其是出口加工业占了外商投资的绝大多数。因此，应当引导外商更多地进入第一产业，促进第一产业的快速发展和生产率水平的快速提高；同时，引导外资更多地流向现代服务业，逐步放宽外资进入第三产业的限制。当前，外商对中国第三产业的直接投资主要集中在房地产业、社会服务业、商业和交通运输业等行业，而在金融保险业、卫生体育业、社会福利业、科研和综合技术服务业以及教育、文化艺术等产业，外国直接投资的比重仍很低。所以，应当有步骤地引导外商对这些行业进行投资，促进这些行业的发展和经营效率的提高；利用跨国公司在华投资业务重组之际，促进跨国公司对华核心技术及产品的转移。要鼓励跨国公司在中国设立研发中心、培训中心，鼓励外商投资企业和国内企业、科研院所合作，提高外商直接投资知识溢出的效率。通过与跨国公司的竞争和合作，全面提升国内产品的技术含量和产业竞争力，努力实现在引进先进技术的基础上消化吸收再创新，促进中国产业结构的持久性优化升级。

第四，要积极发展跨国经营，提高利用外资的创新资源水平，加强中国对外直接投资的力度，实施好"走出去"战略，提高中国企业跨国经营的整体水平，更好地利用国外市场和资源，为提升企业实力和创新能力服务；指导国内有较强实力的企业在海外并购国外研发机构和中小型科技企业，合作建立营销网络，提高利用境外创新资源的能力，并在此基础上培育自己的核心技术和能力；有针对性地加强双边交流，维护中国"走出去"企业的知识产权和专利；支持少数有条件的国内大型企业与海外跨国公司结成战略联盟，开展高端研发合作，提升技术实力和经营管理水平；要鼓励企业在境外重要的高科技产业园区和研发基地设立研发机构，跟踪前沿技术，吸收国外创新人才，积极开展各种层次的适合自身需要的研发活动，以此增强中国"走出去"企业的国际市场竞争力与技术创新能力。

（三）实施互利共赢国际技术创新与合作战略是中国参与国际技术合作的外在要求

互利共赢的国际技术创新与合作战略是在"以我为主"的基础上，统筹兼顾，与世界分享中国的科技资源，帮助其他发展中国家提高技术水平和培养科技人才。中国要积极参与国际技术开发与合作，加大国际技术推广的力度，使中国成为国际技术开放、合作与推广的重要力量。

1. 设立国际科技合作专项经费，加大国际科技合作力度

2000 年以前，中国没有设立关于国际科技合作的专项经费。但随着科技全球化趋势的迅猛发展与中国经济和科技的快速发展，2001 年，中国政府决定设立国际科技合作专项经费，由国家科学技术部牵头设立了"国际科技合作重点项目计划"。随着这一项目计划的成立，中国国际科技合作专项经费也逐步增长，2007 年，项目经费已达 4 亿元。政府设立国际科技合作专项经费有助于中国企业、相关科研机构与国外知名企业和一些顶级的科研机构进行更深层次的互动、学习、交流。互相学习、交流双方科研领域方面的先进技术、经验，有助于中国企业和相关科研机构发现与国外企业和科研机构的技术差距，更有针对性、目的性地提升自主技术创新能力，从而缩小与发达国家企业和科研机构的差距。

2. 积极推动国际科技合作，把握研发全球化机遇

2006 年，科学技术部发布了《"十一五"期间国际科技合作实施纲要》，以及围绕建设创新型国家的总体目标和《国家中长期科学和技术发展规划纲要（2006～2020）》（以下简称《规划纲要》）的重点任务和要求，提出了"十一五"期间国际科技合作的战略转变和重点合作领域。战略转变包括：战略目标要从一般性国际科技合作转向以《规划纲要》为目标、以需求为导向的国际科技合作，合作方式要从注重项目合作转向整体推进"项目－人才－基地"相结合，合作内容要从注重技术引进转向"引进来"和"走出去"相结合，合作主体要从以政府和科研机构为主转向政府引导、多主体共同参与，任务确立要从"自下而上"的立项机制转向以《规划纲要》为导向的"自上而下"的立项机制。《规划纲要》提出的战略转变内容表明国际科技合作已上升至国家战略层面，从推进立项，到培养优秀人才，再到设立国际科技合作重点基地这一系列的战略转变举措，可以看出中国政府非常重视国际科技合作机制。随着《规划纲要》战略转变的提出，中国国际科技合作的重点合作领域也已扩展至许多国际科学上的前沿领域，如纳米技术、生命科学、新材料技术、信息技术、能源、水资源和环境保护技术等。[①]

---

① 资料来源于《"十一五"国际科技合作实施纲要》。

在中国政府积极推动国际科技合作、扩展国际科技合作领域的同时，中国企业和相关科研机构要利用好国际科技合作发展势头良好的契机，更好地把握研发全球化的机遇，与跨国公司和国外科研机构建立更高层次、更多领域的国际科技合作。要鼓励国内企业与跨国公司进行多种形式的经济技术合作，特别要推动有实力的企业与跨国公司开展高端技术合作，增强跨国公司研发活动的溢出效应；需继续鼓励跨国公司加大对中国的投资，兴办更多的研发机构，使中国成为跨国公司在发展中国家中最重要的研发基地。通过加强知识产权保护，大力优化国内创新环境，促使跨国公司在国内的研发活动升级，而高层次的研发活动所产生的知识和技术溢出效应既能推动中国企业自主技术创新能力的提高，也能增强中国企业在国际市场和全球研发活动中的竞争力。

（四）实施互利共赢国际技术创新与合作战略是中国发展国际技术援助的重要举措

科技援助是科技外交的重要组成部分，通过科技援助展开国际外交，改善国际形象，扩大国际影响力，开拓国际市场，获取多方利益，是许多国家的成功经验。随着中国经济和科技的迅速发展，中国把对发展中国家的技术援助作为中国国际科技合作的一项重要任务。自2001以来，中国对发展中国家的技术援助工作在多层次、多领域的基础上展开，如中国对其他发展中国家技术人员的培训领域涉及医药与医疗、汽车与化工机械、信息技术、环境资源等领域，培训工作受到了国际上的一致好评；包括华为、中兴等在内的中国企业集团对非洲的大部分发展中国家提供了电子、光纤、计算机、信息通信设备等方面的技术援助，获得了国际赞誉；同时，中国政府针对亚洲、非洲发展中国家的实际情况，开展的科技示范项目和举办的科技展收到了很好效果。

中国在开展对发展中国家技术援助的工作中，应大力鼓励中国中小企业进入国际技术援助市场，提升中国中小企业的市场竞争力与技术创新能力，培育更多有活力的中小企业主体，积极参与到国际技术援助市场中去，将自己研发的产品推广到发展中国家市场，形成自己规范的营销网络；需参照国际通行做法，大力扶持中小企业和鼓励个人创业，制定有效政策支持中小企业开拓发展中国家技术援助市场；中小企业在参与并进入国际技术援助市场的同时，可以促进其提高技术和管理等方面的水平，加强优秀、创新人力资源的开发，通过积累资金、人力、技术和经营管理实力，成为国际技术援助市场的一股新生力量。

二　基础条件

（一）科技创新能力不断增强

扩大型对外开放30多年来，中国科技创新能力不断增强，为中国实施互利共赢的国际技术创新与合作战略打下了坚实基础。1985年，中国三种专利申请受理量达14372项，其中三种专利申请授权量达138项，仅占三种专利申请总量的0.96%；1987年，中国三种专利申请受理量达26077项，其中三种专利申请授权量达6811项，占三种专利申请总量的26.12%，较1985年增长了25.16个百分点；1992年，中国三种专利申请受理量达67135项，其中三种专利申请授权量达31475项，占三种专利申请总量的46.88%，较1987年增长了20.76个百分点；2001年中国三种专利申请受理量达203573项，其中三种专利申请授权量达114251项，占三种专利申请总量的56.12%，较1992年增长了近10个百分点；2011年，中国三种专利申请受理量达1633347项，其中三种专利申请授权量达960513项，占三种专利申请总量的58.81%。

在创新成果交易方面，1979年，中国全年签订技术引进合同95项，合同金额达2.48亿美元，其中关键和成套设备合同60项，合同金额2.43亿美元，关键和成套设备合同金额占技术引进合同总额的97.98%；1992年，中国全年签订技术引进合同504项，合同金额达65.90亿美元，合同项数和金额分别约是1979年的5.31倍和26.57倍，其中关键和成套设备合同282项，合同金额达47.01亿美元，关键和成套设备合同金额占技术引进总额的71.34%，合同项数和金额分别约是1979年的4.7倍和19.35倍；2011年，中国全年共签订技术合同25.6万项，技术合同成交金额4763.6亿元，同比增长21.9%。中国自2001年后引进的关键和成套设备逐年减少，这说明中国的科技创新能力在不断增强。

在高新技术产品贸易方面，1985年，中国高新技术产品进出口总额达

52.55 亿美元，占进出口贸易总额的 7.5%，占工业制成品总额的 10.4%，其中出口额达 5.21 亿美元，进口额达 47.34 亿美元，分别占出口、进口贸易总额的 1.9% 和 11.2%；2002 年中国高新技术产品进出口总额达 1507 亿美元，占进出口贸易总额的 24.3%，占工业制成品总额的 27.75%，其中出口额为 679 亿美元，进口额为 828 亿美元，分别占出口、进口贸易总额的 20.8% 和 28.1%；2011 年，中国高新技术产品进出口总额 10120 亿美元，其中出口额为 5488 亿美元，进口额为 4632 亿美元，分别占中国出口、进口贸易总额的 28.9% 和 26.6%，以及工业制成品出口和进口贸易额的 30.5% 和 40.7%。[①]

从表 5 - 10 可以看出，中国高新技术产品进出口额逐年增加。2004 年，中国高新技术产品出口额首次超过进口额，并在随后的数年保持着这种态势，中国已完成从进口国外高新技术产品转为向国外出口高新技术产品的转变，这也更加说明中国的科技创新能力和竞争力都在不断增强。

表 5 - 10 2002 ~ 2011 年中国高新技术产品进出口情况

单位：亿美元

年 份	2002	2003	2004	2005	2006	2007	2008	2009	2010	2011
出 口 额	679	1103	1654	2183	2815	3478	4156	3769	4924	5488
进 口 额	828	1193	1613	1977	2473	2870	3418	3099	4127	4632
进出口总额	1507	2296	3267	4160	5288	6348	7574	6868	9051	10120
差 额	- 149	- 90	41	206	342	608	738	670	797	856

资料来源：中国科技部网站，http://www.most.gov.cn/。

（二）研发支出持续增长

中国在实施互利共赢的国际技术创新与合作战略的同时，也在不断加大对研发支出的投入力度。1987 年，国家财政决算支出中用于科学研究的达 113.79 亿元，其中财政决算支出中用于科技三项经费的支出为 50.60 亿

---

① 资料来源于中国科技部网站，http://www.most.gov.cn/。

元，科研基建费 22.87 亿元，科学事业费 29.50 亿元，其他科研事业费 10.82 亿元；1993 年，国家财政决算支出中用于科学研究的支出首次突破 200 亿元大关，其中用于科技三项经费的支出为 106.56 亿元，突破 100 亿元大关，科研基建费 33.95 亿元，科学事业费 65.59 亿元，其他科学事业费 19.51 亿元；2002 年，国家财政科技拨款达 8.16 亿元，占国家财政总支出的 3.70%；2011 年，国家财政科技拨款 49.03 亿元，占国家财政总支出的 4.49%，较 2002 年增长 0.79 个百分点。

1989 年，中国研究与试验发展（R&D）经费支出 112.31 亿元，占国内生产总值的 0.7%；1998 年，中国研究与试验发展经费支出 551.10 亿元，占国内生产总值的 0.69%，其中基础研究经费支出 28.90 亿元，应用研究经费支出 124.60 亿元，试验发展经费支出 397.50 亿元，分别占研究与试验发展经费支出的 5.24%、22.61% 和 72.13%；2001 年，中国研究与试验发展经费支出 1042.50 亿元，研究与试验发展经费支出首次突破千亿元大关，约占当年国内生产总值的 1%，其中基础研究经费支出 52.20 亿元，应用研究经费支出 175.90 亿元，试验发展经费支出 814.30 亿元，分别占研究与试验发展经费支出的 5.01%、16.87% 和 78.11%；2011 年，中国研究与试验发展经费支出 8687.0 亿元，占国内生产总值的 1.84%，其中基础研究经费支出 411.8 亿元，应用研究经费支出 1028.4 亿元，试验发展经费支出 7246.8 亿元，分别占研究与发展试验经费的 4.74%、11.84% 和 83.42%。①

中国研究与试验发展经费支出主要集中在试验发展经费，其次为应用研究经费。这说明中国在科技试验方面投入了较多的资金，十分重视在科技创新领域做出成果。同时，中国每年应用研究经费支出的递增，说明中国不仅重视科技创新成果，更加重视在取得创新成果后，将成果快速转化为可应用成果，这也促使中国企业和相关科研机构的自主创新能力得到更广的发展空间。从表 5-11 可以看出，中国的 R&D 经费大部分来源于企业，且中国科研经费的国外来源部分也主要集中在企业层面，研究机构与高校其次。这说明中国企业在研究与试验发展上的投入强度。通过大力投

---

① 数据来源于《中国统计年鉴》和中国科技部网站各期数据。

入研究与试验发展，中国企业的科技创新水平将会大幅提高。科技创新能力的提高使中国企业能与国外企业和科研机构在更尖端的科技领域展开更深层次的合作与交流，从而促使国外企业加大在中国的投资与科研机构的兴建力度，更进一步地对中国企业和科研机构的科技创新水平产生推动作用。

表 5 - 11　2008 年全国 R&D 经费支出来源分布表

单位：亿元

经费来源＼执行部门	合　计 Total	企　业 Business	研究机构 Research Institutes	高等学校 Higher Education	其他事业单位 Others
合　计 Total	4616.0	3381.7	811.3	390.2	32.9
企　业 Business	3311.5	3137.2	28.2	134.9	11.2
政　府 Government	1088.9	145.5	699.8	225.5	18.2
国　外 Abroad	57.2	48.2	4.0	4.8	0.2
其　他 Others	158.4	50.8	79.3	24.9	3.3

资料来源：中国科技部网站，http://www.most.gov.cn/。

（三）大量科技创新人才储备

科技创新人力资源对中国的科学技术发展和技术创新水平的提升起到了至关重要的作用，也直接关系到中国在未来更好地实施互利共赢的国际技术创新与合作战略，因此，科技创新人才的大量储备是极为必要的。

科技创新人力资源分为两种：一种是国内科技创新人才储备；另一种是国际科技创新人才储备。从国内科技创新人才储备的情况看，1987 年，中国 R&D 人员 43.46 万人，其中科学家和工程师 24.4 万人，占 R&D 人员总数的 56.14%；1991 年，中国科技活动人员 228.6 万人，科学家与工程师 132.1 万人，其中 R&D 人员 67.43 万人，占科技活动人员总数的 29.50%，R&D 科学和工程师 43.46 万人，占科学家与工程师总数的

32.90%；2001 年，中国科技活动人员 314.1 万人，科学家与工程师 207.2 万人，其中 R&D 人员 95.65 万人，占科技活动人员总数的 30.45%，R&D 科学和工程师 74.27 万人，占科学家与工程师总数的 35.84%。2000 年以来，全球 R&D 人员总量总体在稳步增长，但 2008 年金融危机后，增长率有所下降，从 2007 年的 5.2% 降到 2010 年的 3.5%，2011 年有所回升。2007～2011 年全球 R&D 人员总量年均增长率为 3.7%，我国 R&D 人员同期年均增长率为 13.5%，是 R&D 人员增长率最高的国家。2011 年，R&D 人员 288.3 万人，每万人就业人员中 R&D 人员数达到 35.28 人/年。

数据显示，中国科技活动人员、科学家工程师人数逐年递增。同时，R&D 人员、R&D 科学家和工程师占科技活动人员和科学家工程师人数的比重也在不断增加，中国政府在科技创新人才储备方面给予了相当的重视，逐步意识到科技创新人才是中国企业和相关科研机构提升技术创新能力的关键因素。中国企业、高等院校、科研机构储备了大量的科技创新人力资源，为中国企业提升自主技术创新能力和应对未来更激烈的国际市场竞争打下了坚实基础。同时，高等院校和科研机构也储备了更为优质的科技创新人力资源，为中国国内企业、高等院校、科研机构构建"产学研"的良性循环创新体系提供了重要推动力。

从科技创新人才的储备情况看，1989 年，全国出国留学人员 3329 人，学成回国留学人员 1753 人，占当年出国留学人数的 52.66%；1993 年，全国出国留学人员 10742 人，首次突破万人大关，其中学成回国留学人员 5128 人，占当年出国留学人数的 47.74%；2002 年，全国出国留学人员 125179 人，首次突破十万人大关，其中学成回国留学人员 17945 人，占当年出国留学人数的 14.34%；2009 年，全国出国留学人员 22.9 万人，突破 20 万人大关，其中学成回国留学人员 10.8 万人，占当年出国留学人数的 47.16%；2011 年，全国出国留学人员数和学成回国留学人数分别为 30.4 万人和 18.6 万人（见表 5 - 12）。①

2000 年以前，中国留学学成回国人员占中国出国留学人员的比重逐年下降。但在 2000 年以后，中国留学学成回国人员占中国出国留学人员的比

---

① 数据来源于中国科技部网站，http：//www.most.gov.cn/。

重逐步上升，这说明中国政府非常重视国际科技创新人才的储备，因为这部分国际科技创新人力资源站在了世界科学技术领域的最前沿，他们具有极强的创造力、创新性、前瞻性，这一部分科技创新人力资源的储备对中国参与未来更激烈的国际竞争将发挥决定性作用。

表 5 - 12　2004 ~ 2009 年中国出国留学和学成回国人员情况

单位：万人

年　　份	2004	2005	2006	2007	2008	2009	2010	2011
出国留学人员 （Overseas Chinese Students）	11.5	11.9	13.4	14.4	18.0	22.9	28.5	30.4
学成回国人员 （Returnees）	2.5	3.5	4.2	4.4	6.9	10.8	13.5	18.6

资料来源：根据《中国统计年鉴》各期数据整理所得。

（四）创新体制和环境不断优化

中国在实施互利共赢的国际技术创新与合作战略过程中，创新体制和创新环境是实施好这一战略的关键因素。创新体制和环境的不断优化，也是中国企业提升技术创新能力的重要外部条件之一。

中国创新体制和环境的不断优化主要体现在四个方面。一是建立了合理的所有制结构体制。以前的所有制单一，国有资产比重较大，经过大力调整，一般竞争性的国有资产基本退出市场，由市场选择投资者，在市场中实行优胜劣汰。对垄断行业放宽市场准入限度，并引入合理的竞争机制，积极推进了投资主体多元化。二是建立以市场配置资源为主的管理体制，充分发挥市场配置资源的作用，有效地提高了国内市场化程度。土地、矿藏、资金、资产、劳动力、技术、人才等资源，主要依靠市场来配置，政府不再参与审批经营性的土地、矿山，劳动力、技术人力资源也在逐步提高市场化程度。三是政府职能的转变，减少审批项目，简化审批程序，把政府经济管理职能转到主要为各类市场主体服务和建立健全与市场经济相适应的体制、政策、法律环境上，完善市场体系，规范市场法规，改善市场环境，加强市场硬件建设，拓展市场运作领域，营造了具有竞争力的投资、创业和发展环境。既要有"管"的本事，更要有"活"的能耐。四是营造非公有经济发展的良好环境。在市场准入、审批办照、待遇、服务等方面，都创造了宽松、良好的发展环境，加快了非公有经济的发展。

创新体制和环境的不断优化，使国内市场的运作效率不断提高，拓展了国内的投资领域，促使跨国公司加速对中国国内市场的投资进程，也为中国本土企业提供了更好的发展环境，使中国能够更好地实施互利共赢的国际技术创新与合作战略。

（五）国际知识溢出效应日益增强

跨国公司在中国设立的大量高技术研发中心，对中国相关产业和企业产生了较强的知识和技术溢出效应，并且这种国际知识溢出效应对中国企业的影响日益增强，中国企业通过学习吸收这些知识和技术溢出效应，提高了自身的技术创新能力与国际竞争力，为中国实施互利共赢的国际技术创新与合作战略提供了基本条件。

2001 年，中国加入 WTO 后，外商加大了在华研发投资的力度。来自世界各国的大型跨国公司在中国设立的独立研发机构有 110 家左右，这些研发机构主要集中在信息通信、生物制药、精细化工、运输设备制造等行业，包括微软、英特尔、IBM、诺基亚、摩托罗拉、朗讯、富士通、宝洁、惠普、SUN、通用汽车、GE、松下、东芝、北方电讯等著名跨国公司。全球 500 强中有近九成企业在华设立了企业和分支机构，跨国公司在中国投资设立的独立研发机构总数已超过 1000 个，中国已经成为外商直接投资最具吸引力的东道国和研发首选地。未来的一段时间里，绝大多数跨国公司将会继续加大在中国的研发投入。

跨国公司研发机构在中国的设立，不仅对中国科技水平的提高有贡献，而且对促进中国社会逐步向创新型社会的发展也做出了贡献。它们对提高我们的管理水平、培养人才（包括吸收海外留学生）的作用十分明显。具体来说，跨国公司研发机构对中国经济发展有四大作用：一是桥梁沟通作用，即把国外的先进技术引进中国，中国通过他们走向世界；二是标杆示范作用，把先进的管理模式带入中国，对中国企业如何处理研发机构与市场的关系，建立运行规则具有示范效应；三是关联带动作用，跨国公司通过上、下游产业推动当地企业按照现代生产管理模式进行生产；四是竞争激励作用，即按照市场规律，通过竞争，淘汰落后企业，促使先进企业脱颖而出。

跨国公司在华设立地区总部特征显露端倪。早期在华的外商投资企业，是一个个分散的工厂或子公司、分公司，随着跨国公司投资规模的扩大和投资水平的提升，原先分散投资、分散管理的模式已不适应其发展战略的需要，跨国公司要求将运营管理中心转移到中国。近年来，一些跨国公司纷纷将其地区总部转移至中国。这样做的目的在于更好地管理海外的分支机构，并扩大公司总部的业务范围。随着跨国公司在华设立地区总部数量的增多，地区总部对当地国民经济发展的促进作用不断增强，主要体现在对税收、产业、刺激消费、劳动就业和社会资本等的效应。对于国内具体城市而言，地区总部的设立有利于完善城市的经济结构，提高境内企业与跨国公司总部配套的对接能力，加强城市相关配套的基础设施建设，促进其现代服务业发展，增强经济活力，强化其经济中心地位。

跨国公司在中国的研发投入不断增加，致使国际知识溢出效应日益增强，对中国各领域企业的科技创新能力起到强有力的推动作用。同时，也有助于中国进一步优化引资方式，调整国内产业结构，改变经济增长方式，更好地为中国实施互利共赢的国际技术创新与合作战略服务。

（六）参与国际技术合作的广度和深度不断扩展

国际技术合作要围绕国家科技发展战略，建立高层次、高水平的对外科技合作平台，以充分利用国际科技资源，增强中国科技自主创新能力，努力为国家经济建设和社会发展服务，为国家科技发展和建设中国特色国家创新体系服务，为国家的总体外交服务。近年来，中国参与国际技术合作的广度和深度不断扩展，国际科技合作计划配合国家外交战略，有选择地资助一批政府间科技合作协定中的重点项目，以及一批有效利用全球科技资源，着力解决制约中国社会、经济、科技发展的重大科学问题和关键技术瓶颈，有利于实现"重点跨越"的重大国际科技合作项目。

第四节　互利共赢国际技术创新与合作新战略的重点及举措

一　不断完善效率与公平兼顾、促进创新的市场机制

创新的市场机制绝不是一个纯自然的封闭机制，而是一种开放的社会经济机制。因为市场本质就是开放的，它作为社会分工发展和商品生产及商品交换扩大的必然产物，集中反映了社会经济活动中各种复杂的经济关系。市场作为商品流通的总体，反映了商品流通的横向性、伸缩性、变动性、复杂性的特点。市场价格、供求、竞争这三大要素的组合及运动变化，都会受到各种直接因素和间接因素的制约和影响。因此，创新市场机制的运动与社会经济结构的调整和变动，生产、分配和消费状况的变化，各种宏观经济杠杆的变动（如利率、税率、基建投资、货币流通与发行、汇率等）是紧密联系的。国家政治经济形势的变化，甚至自然现象等都会不同程度地对市场机制的三大基本要素及其运动产生影响。而创新市场机制的优点有：创新市场机制的反应比较敏捷，近乎无穷多的市场主体随时都在关注着市场信息，所以市场的微妙变化容易被捕捉到；每一个创新市场主体根据自己获得的信息进行自己的判断，采取不同的策略，形成市场策略的多元化特征。因此，建立公平、高效、创新的市场机制是中国实施互利共赢的国际技术创新与合作的战略选择。

二　统筹协调各部门政策法规，重视创新环境建设

创新环境的建设需要调整政府资助计划的阶段、对象和方式，从一般领域转向战略领域；从直接资助商业性开发转向资助竞争前的研究开发（各种创新计划只是使少数企业直接受益，缺乏产业界广泛参与，创新成效有限）；从资助单个企业技术开发转向支持行业共性基础技术的联合开发及研发基础设施，为行业内企业提供公共创新平台；从注重国有大中型企业转向加强中小企业的技术服务，建立面向中小企业创新的技术服务体系；更好地发挥政府创新资金的引导作用；从集中于研究开发阶段的创新

战略转向集中于商业化和创立企业的战略。鼓励新技术的开发和商业化，向拥有新技术的企业家或发明者提供产品和市场开发援助、资本援助，建立高技术企业创业孵化器。

在国内创新体制和环境不断优化的同时，必须把建立和完善以企业为主体、产学研结合的技术创新体系作为中心任务，引导创新要素向企业积聚，大力加强企业自主创新能力；可构建一批面向企业技术创新需求的服务平台，不断提升服务能力，形成专业化、网络化的公共科技服务体系；要把激励科技人才创新创业作为核心任务，动员组织广大科技人员深入企业、深入基层，开展形式多样的创新服务；针对制约科技和人才优势发挥的突出问题，在加强科技管理统筹协调、引导创新资源向企业集聚、加大金融对科技创新支持、改进人才创新评价激励等方面积极探索，采取更大力度的改革举措，努力形成加速科技成果转化和产业化的有效机制。充分落实好国家已有政策，重点政策要先行先试，并在试点过程中结合实际、大胆创新、逐步完善，使国内的创新创业环境更加优化，城市整体创新效率更加提高；通过创新科技管理统筹协调机制、企业技术开发机制、技术转移机制、科技投入机制、科技人才激励机制、科技评价机制六大机制，深化科技体制综合改革。

要健全知识产权保护制度，加大创新保护的执法力度，切实保护创新者利益；要加强现代企业制度建设，增强企业创新动力与意愿，推进企业工资薪酬制度改革，逐步建立按职业分层、以能力绩效为基础的薪酬体系，增强对创新关键群体的收入激励，鼓励各类人才向业务层面及企业的流动，资源向创新一线集聚，使其逐步成为创新主体；要建立和完善企业创新服务体系，提供基本服务和增值性服务，方便和增强企业创新能力；建立与企业创新需求相适应的多元化的融资渠道和多层次的资本市场，在规范的基础上发展产权交易，促进创新与资本的融合。政府直接提供创新服务存在着以下几方面的问题：政府能力有限，无法达到预期的推动创新的效果；不同政府部门提供的服务内容交叉重叠，企业难以得到整合的全方位服务；政府部门缺少激励而缺乏责任心；环境未得到根本改善的情况下，产业内参与创新的企业相对有限。因此，统筹协调各部门的政策法规是加强创新环境建设的重要推动力量。

三 突出企业创新主体地位，加快中国跨国企业集团的建设

在互利共赢的国际技术创新与合作战略选择上应突出企业的创新主体地位，加快跨国企业集团的建设。企业是创新的主体，自主创新不完全等同于自主研发，其关键是要将创新成果转化为现实生产力。在市场经济条件下，企业创新更为有效，因为它贴近市场、了解市场需求，具备将技术优势转化为产品优势、将创新成果转化为商品、通过市场得到回报的要素组合和运行机制。同时，在市场竞争压力下，企业家较之科学家，对通过自主创新提升竞争力与创造效益、谋求企业的发展壮大更为迫切，正是企业所具有的这些内在需求和属性，决定了它在创新中的主体地位。强化企业在自主创新中的主体地位，应引导和支持创新要素向企业集聚；注重发挥国有企业的重要作用，国有大中型企业主要集中在关系国家安全和国民经济命脉的重要行业和关键领域，其创新能力的提高势必对整个产业产生深远影响，而且它们也具备了加大创新投入的一定实力和条件。因此，在自主创新中要注重发挥国有企业的示范、带动效应以及以战略联盟形式实施重大产业技术创新的作用；在税收、知识产权、政府采购等领域，进一步完善扶持企业自主创新的政策措施。

突出企业创新主体地位是为了更好地建设跨国企业集团。跨国企业集团的产业链由营销、采购、产品研究开发、许可交易、设计、制造、入级检验、来货检验、设备调试、仓储、项目管理、售后服务、投资、融资等环节构成。因此，要建设一个成功的跨国企业集团，就要建立独特的企业文化；明确愿景、使命、目标、战略、手段、管理、执行标准；通过与强者建立伙伴关系，向强者学习；着重软件生产要素：设计、研发、营销、售后服务；强化核心业务，突出核心竞争能力；规范企业经营，增加企业美誉度；组织架构扁平化，贴近市场和客户，进行网络化管理；吸引国内外人才，开发智力资源；完成市场化，走入全球化、网络化和信息化；以指标管人、树人，建立"能者上、平者让、庸者下"的机制。

四 完善"官、学、民、产、研、用"相结合的创新协调机制

"官、学、民、产、研、用"并不是陌生概念，作为推进高等院校和

科研院所科技创新成果转化的有效途径，它在诞生之初就自然地将政府、企业和高校及科研院所紧密地联系在一起。然而在多年的产学研合作实践摸索过程中，一些关乎产学研合作向纵深发展的深层次问题逐渐显现出来，比如，如何定位政府、企业与高校之间的关系；如何在更好地激发高校科技创新能力的同时，又保证风险利益的主体企业肯投入、乐于投入，从而形成产学研合作链条的良性循环。因此，产学研合作必须走"产学研用"紧密结合的道路，充分发挥应用和用户在技术创新中的重要作用。

"官、学、民、产、研、用"相结合的创新协调机制是对中国特色产学研合作在认识上的新飞跃。后者进一步突出了产学研合作成果的应用和用户，强化了以企业为主体，以市场为导向。"用"，主要指"应用"和"用户"。最早提出技术创新概念的经济学家熊彼特强调，技术创新是新技术的首次商业应用。"用"是技术创新的出发点和落脚点。实践证明，任何一项新的技术，只有通过应用才能逐渐成熟和完善；任何一项科技成果，也只有通过应用才能转化为现实生产力，为人类带来福祉。用户是技术创新的重要参与者和利益相关者。用户直接参与产学研合作，不但能够减少技术创新的盲目性，缩短新产品从研究开发到进入市场的周期，而且能够有效降低技术创新的风险和成本。中国移动通信产业的跨越发展和高速列车、大型水轮发电机组等重大装备的开发成功，都说明"官、学、民、产、研、用"紧密结合是推动技术进步和产业升级的有效途径。

以政府为主导推进产、学、研、用合作，在技术引导和资金引导两方面都有优势，起点高，影响大；政府立项对产学研合作的双方均有信誉约束力，有利于合作的成功开展和逐步形成一种自发的行为；要鼓励和支持国内各类企业与专业水平较强的高校、科研院所建立产业技术联盟，重点开展行业关键共性技术、产业化关键技术的联合攻关，争取自主知识产权，抢占行业高端；鼓励企业与高校、科研机构之间不拘形式地开展产、学、研、用合作，特别是由地方政府牵头，联合各省内高校、科研院所、行业龙头企业，围绕各地市主导产业，抓紧建立一批面向长远、面向产业、行业发展的专业化产学研合作联盟，共建研发机构，开展技术攻关、平台建设、成果转化、人才培养等全方位的合作；进一步创新"官、学、民、产、研、用"合作形式，探索和完善多种技术对接模式以及利益共享、风险共担的技术创新机制；政府的引导和支持是产、学、研、用合作成功的有效保障，也为完善产、学、研、用相结合的创新协调机制打下了坚实基础。

五 拓展利用国际创新资本与创新人才的方式

拓展利用国际创新资本主要是创新利用外资方式，提高中国开放型经济水平的迫切需要。当前中国利用外资的内外部条件都发生了质的变化，现有的引资方式不能完全适应经济发展的要求。着眼于提高利用外资的质量，引导跨国并购向优化产业结构方向发展，放宽中西部地区外资进入的行业限制。完善并购环境，建立跨国并购的法律体系；继续优化软硬件环境建设，切实加强知识产权保护，支持外资研发机构与中国企业和科研院校开展合作，更好地发挥技术共享、合作研究、人才交流等方面的溢出效应；鼓励跨国公司在中国设立外包企业承接本公司集团和其他企业的外包业务，提高中国承接国际服务外包的水平；有效利用境外资本市场，鼓励具备条件的境外机构参股国内证券公司和基金管理公司，逐步扩大合格境外机构投资者（QFII）规模。

创新对外投资和合作方式是构筑中国参与国际经济合作和竞争新优势的重要路径。要开展跨国并购，有效提高企业在研发、生产、销售等方面的国际化经营水平，支持具备条件的企业在全球整合资源链，树立自己的国际知名品牌，打入国际主流市场。积极开展国际能源资源互利合作；推动在资源富集地区进行能源资源开发、农业项目综合开发和远洋渔业资源开发，建立多元、稳定、可靠的能源资源供应保障。开展境外加工贸易，通过加工贸易方式，可以有效释放中国已经形成的充足生产能力，规避贸易壁垒，带动相关产品的出口。目前，中国已启动八个境外经济贸易合作区的建设，从政策、资金、配套服务等方面积极支持企业实施"走出去"战略；要有序推动对外间接投资，以国家外汇投资公司等方式，拓展境外投资渠道，逐步形成以企业和居民为主体的对外间接投资格局。

创新人才是创新的根本因素。一切制度、环境、政策都要以围绕发挥人的积极性、激发人的创造性为出发点。人的素质是创新的基础性因素，良好的创新文化和完善的教育体制是培养高素质创新人才的必要条件。应突出企业主体，加快创新人才在高新产业的集聚；重点推进企业柔性引才引智，鼓励和支持企业以兼职、顾问、合作等方式柔性引进高层次创新人才和智力，并纳入相关人才政策的保障范围；充分发挥中国重点高校和科研机构的人才、技术优势，鼓励和支持高校和科研机构的专家教授以兼职方式，为企业提供各类智力服务；及时征集企业需求，有效组织开展院士企业行、专家企业行、博士企业行、留学生企业行等专项企业引才引智系列活动，进一步拓宽企业柔性引才引智的渠道。

六　创新参与国际技术合作方式

创新参与国际技术合作的方式，需进一步完善"科技创新"和"国际合作"科技服务平台，积极开展多双边技术合作。通过加强政府间及非政府组织、企业间交流与合作，突破发达国家的技术垄断，促进高新技术的引进；采取联合研究、合作攻关和对口交往等多种形式，扩大合作范围；拓展技术引进来源国，根据企业的技术需求引进不同层次的技术；利用多双边合作机制，为双方企业和科研机构进行研发和技术合作牵线搭桥；建立和完善国际技术贸易公众信息服务系统。通过信息收集、政策咨询、发布技术资源和技术需求，帮助企业获取国际技术市场信息；引导有条件的企业"走出去"。通过建立境外研究与开发机构，充分利用国外科技资源，跟踪学习世界先进技术，不断提高中国企业技术开发和创新能力；鼓励和引导企业与跨国公司或发达国家技术先进企业建立战略联盟关系，参与跨国公司主导的技术研发活动。鼓励国内企业与外商投资企业开展技术配套活动，加速高新技术研发领域的国际化进程；要拓展培训方式，组织师资到发达国家设点培训，以国际培训带动项目交流与合作，促进高新技术成果转化，为发展中国家培养科技管理人才，从广度和深度上加大科技企业"走出去"的力度，为企业走出国门、参与国际竞争铺路搭桥，为振兴区域经济营造国际化氛围，为推动技术进步和国际科技合作发挥更大的作用。

七　加强对发展中国家的技术援助

进入 21 世纪以来，中国在促进本国经济社会发展的同时，努力帮助其他发展中国家增强自主发展能力。中国政府通过逐步扩大对外援助规模，减免世界最不发达国家和重债贫穷国债务，在扶贫、农业、医疗卫生、教育、人力资源开发等民生领域有针对性地开展援助和合作，进一步推动千年发展目标在发展中国家的实现进展。2008 年 9 月，温家宝总理在联合国千年发展目标高级别会议上，宣布了中国政府为促进实现千年发展目标拟采取的六项对外援助举措，涉及农业、粮援、教育培训、卫生、清洁能源、免债、零关税待遇等，体现了中国"建设和谐世界，推动共同发展"的发展理念，表明中国将加强对发展中国家的技术援助。

八　注重区域创新能力的协调发展

区域经济发展不平衡是中国经济目前面临的重大难点问题，而区域创新投入和创新绩效的差异是导致区域经济发展失衡的重要原因之一。因此，在开放型、创新型国家建设当中应特别注意区域创新能力的协调发展，以免造成新的、更为严重的失衡局面。东部地区要率先通过自主创新能力的提高实现经济增长方式的转变和产业结构的优化升级，加快形成一批拥有自主知识产权、核心技术和知名品牌的具有较强国际竞争力的企业集群。同时，通过技术转移、技术合作等多种方式加强同中西部地区在研发上的合作，推动中西部地区创新能力的提高。中西部地区则要依托现有基础，在发挥承东启西和产业发展优势中崛起，提升产业层次，加快推进工业化和城镇化进程。依托现有的教育和科技资源，发挥自身优势，走差异化发展道路，形成具有当地特色的创新型企业集群。

第六章

互利共赢的国际区域经济合作新战略

国际区域经济合作泛指不同主权国家或者地区之间的跨国界区域经济合作，是两个或两个以上的主权国家（地区）在跨国界的经济地域或者特定经济地域进行经济分工活动的总称，其主要内容包括贸易投资自由化、经济与技术合作、政策协调和建立超国家组织等。本章将从互利共赢国际区域经济合作战略的实施背景和内涵出发，分析中国参与区域经济一体化的历史进程与现实特点，研究中国实施互利共赢的国际区域经济合作战略的支撑条件、参与战略以及政策安排。

第一节　互利共赢国际区域经济合作战略的实施背景

中国参与国际区域经济合作比较晚，直至 20 世纪 90 年代初，中国才开始利用 APEC 平台参加亚太地区的区域经济合作。2001 年 5 月，中国加入亚太贸易协定（前身为曼谷协定），拉开了参与国际区域经济合作的序幕。2006 年 12 月，中央经济工作会议进一步指出要坚持互利共赢的开放战略，提高对外开放水平。作为对外开放战略的重要组成部分，中国的国际区域经济合作战略也相应进行了调整。2007 年 11 月，中国共产党十七大报告首次明确提出要实施自由贸易区战略，标志着中国互利共赢国际区域经济合作战略的正式形成。对待国际区域经济合作，中国的态度由谨慎保守转变为全面参与，与国际经济大环境的变化以及自身对外开放的经验积累有着密切关系。2012 年 11 月，党的十八大报告再次强调要统筹双边、多边、区域次区域开放合作，加快实施自由贸易区战略，推动同周边国家互联互通。

一 实施互利共赢国际区域经济合作新战略的国际背景

20 世纪 90 年代以来，经济全球化趋势日益明显，已经成为世界经济中最主要的趋势之一。世界各国相互依存，但也彼此竞争，在经贸各领域的摩擦也不断增加。在 WTO 多边贸易自由化进程举步不前的背景下，世界各国纷纷通过区域经济合作的方式推动贸易协调发展。这些都构成了中国实施互利共赢区域经济合作战略的国际背景。

（一） 国际区域经济合作的发展方兴未艾

20 世纪 80 年代中期以后，国际政治局势趋向缓和，各国将更多的精力投入经济建设中。在世界经济国际化、全球化和新技术革命的推动下，国际区域经济合作进程出现了迅猛发展的态势。截至 2012 年 1 月 15 日，WTO 共收到 511 份关于成立区域贸易安排（商品和服务分开计算）的通知，其中 319 份已经开始生效。这些区域贸易安排共同点在于它们都是在两个或者更多的伙伴之间签署贸易协定。

如表 6 - 1 所示，战后区域贸易安排的发展经历了四个阶段。1972 年以前为第一阶段，该阶段仅仅签订了 5 个贸易安排；1973 ~ 1991 年为第二个阶段，此阶段共 19 年，贸易安排增长的数量有限，仅仅增加了 21 个，平均每年约新增 1 个；1992 ~ 2000 年为第三个阶段，贸易安排快速增加，9 年间增加了 60 个，平均每年增加将近 7 个；第四个阶段从 2001 年至今，12 年间贸易安排数量净增 233 个，平均每年约新增 19 个。区域贸易安排在全球的快速发展，无论在西欧、北美还是世界其他地区，均有非常明显的体现。

表 6 - 1 WTO 统计的区域贸易安排数量

年　份	累计的区域贸易安排数量	年　份	累计的区域贸易安排数量
1958 ~ 1972	5	1992 ~ 1997	64
1973 ~ 1977	14	1998	71
1978 ~ 1982	17	1999	76
1983 ~ 1987	20	2000	86
1988 ~ 1991	26	2001	97

续表

年　份	累计的区域贸易安排数量	年　份	累计的区域贸易安排数量
2002	108	2006	157
2003	119	2007	168
2004	129	2008	181
2005	142	2012	319

资料来源：WTO RTA Database（2009）。

与世界主要经济体相比，中国参与国际区域经济合作处在一个绝对落后的状态。根据 Baldwin（1993）的解释，国际区域经济合作的发展有着多米诺骨牌效应（Domino Effects）。Baldwin 认为，80 年代中期"单一欧洲法令"确立了建立欧洲统一市场的目标，其产生的示范效应和压迫效应引起了其他地区经济一体化的发展，犹如多米诺骨牌一发而不可收。其基本观点是，具有特异性质的地区主义事件引发多重影响，从而推倒一系列国家的双边进口壁垒。当某一地区组成一体化集团或加深原有组织的一体化程度时，必然产生贸易和投资转向，而这种转向将对非成员产生经济压力，压力的大小与该地区一体化组织的规模密度相关，非成员国为避免自身经济利益受到损失，或谋求加入该组织，或者组成新的一体化组织，从而形成一系列的一体化的新发展。在其他地区经济一体化和贸易安排快速发展的背景下，中国感受到了前所未有的压力，这些压力也构成了中国实施互利共赢国际区域经济合作战略的动力。

（二）WTO 多哈回合谈判举步维艰

WTO 多边贸易自由化与区域贸易自由化都是世界经济中国家寻求优化资源配置的途径。因此从某种意义上讲，多边贸易自由化与区域贸易自由化之间具有一定替代关系。当多边贸易自由化发展陷于停顿时，就会有一些国家试图通过区域贸易自由化实现资源配置优化。随着贸易发展的不断深化，多边贸易自由化涉及的议题不断增加，在成员间达成共识的难度日益增大，使得形成最终决议的时间越来越长。

如表 6－2 所示，GATT/WTO 框架下多边贸易谈判的领域不断增加。在肯尼迪回合以前，GATT 主持的多边贸易谈判仅涉及与产品有关的关税减让，谈判问题集中并且难度相对较小。但是随着国际贸易的不断发展，有更多的问题需要到 GATT/WTO 框架下解决。到 1986 年乌拉圭回合启动时，除制造业产品的关税削减外，服务市场准入、农产品、反倾销、技术贸易壁垒等问题都被囊括进来。在 2001 年启动的多哈回合谈判中，更是加入了贸易与投资关系、贸易便利化以及电子商务等内容。

表 6-2　GATT/WTO 多边贸易谈判领域与结果

贸易谈判	参加成员数目	谈判领域及方式	谈判结果
日内瓦回合（1947 年）	23	关税：产品对产品的谈判	45000 个税号的减让
安纳西回合（1949 年）	13	关税：产品对产品的谈判	适度的关税降低
托奎回合（1951 年）	38	关税：产品对产品的谈判	8700 个税号的减让
日内瓦回合（1956 年）	26	关税：产品对产品的谈判	适度的关税降低
狄龙回合（1960~1961 年）	26	关税：产品对产品的谈判；欧盟关于工业制成品 20% 线性削减建议未被通过	1957 年欧共体建立后进行关税调整；4400 个税号的相互减让
肯尼迪回合（1964~1967 年）	62	关税：公式法减让、辅之以产品对产品的谈判；非关税措施：反倾销、海关估价	发达国家平均减税 35%；30000 个税号被约束、反倾销和海关估价协议
东京回合（1973~1979 年）	102	关税：公式法减让；非关税措施：反倾销、补贴、海关估价、政府采购、进出口许可程序、产品标准、保障条款	发达国家平均减税 1/3（其中，工业制成品达 6%）；有关非关税措施的行为准则，适用于有关 GATT 成员
乌拉圭回合（1986~1994 年）	123	关税：产品对产品和公式法谈判相结合；非关税壁垒：所有东京回合议题加上装船前检验、与贸易有关的投资措施、原产地规则；新议题：服务贸易和知识产权、争端解决程序、贸易政策和监督的透明度	发达国家平均减税 1/3；农产品和纺织品被列入 GATT；创立 WTO；服务贸易协议和知识产权协议；许多东京回合的守则得到加强并成为 1994 年 GATT 的一部分，即适用于 WTO 所有成员

续表

贸易谈判	参加成员数目	谈判领域及方式	谈判结果
多哈回合（2001年至今）	145	WTO生效后出现的问题：关于WTO协议的事实与执行；非农产品的市场准入；小型成员参与的乌拉圭回合的后续谈判；农产品和服务贸易自由化；知识产权；政府采购、贸易与环境问题WTO规则：反倾销和反补贴；争端解决；WTO与区域贸易协定；发展中成员与最不发达成员的差别待遇。新议题：贸易与投资关系；贸易便利化、电子商务	处于谈判过程中

资料来源：刘晨阳《中国参与双边FTA问题研究》，南开大学出版社，2006，第54~56页。

不断增加的谈判议题以及成员数量，使得GATT/WTO框架下的多边贸易自由化谈判达成共识的时间越来越长。如表6-2所示，由于议题日益增多和成员数量不断增加，多边贸易自由化谈判取得进展越来越难。GATT在1947年成立时只有23个成员，并且谈判议题比较简单，所以前几轮谈判进展都比较顺利。可是到了第七轮东京回合，谈判耗时5年多的时间，第八轮乌拉圭回合更是耗时近8年的时间。WTO成立以后，由于各成员意见分歧比较大，WTO新一轮谈判迟迟未能提上议事日程，1999年西雅图会议无果而终。2001年多哈会议虽然决定了新回合谈判，但2003年的坎昆会议仍未能如期达成任何实质性协议。进入2006年后，尽管WTO多次组织关键成员进行协商与谈判，但由于主要成员在关键的农业和非农议题上的立场分歧过大，历次协商均告失败。2006年7月14日，WTO的6个关键成员美国、欧盟、日本、澳大利亚、巴西和印度结束了为期两天的部长级会谈，因分歧严重难以弥合，最终决定中止已持续谈判近五年的多哈回合全球贸易谈判。2007年1月27日，近30个WTO成员的贸易部部长或代表在达沃斯举行3个多小时的非正式会谈，但此次会谈仍未能打破多哈回合谈判的僵局。

中国经过了长期努力才获得WTO的成员资格，对于其主导的全球多边贸易自由化曾寄予厚望。但是，多边贸易谈判进展缓慢的客观现实，也让中国意识到全球多边贸易自由化的局限性和积极参与国际区域经济合作的必要性。

二 实施互利共赢国际区域经济合作新战略的国内背景

(一) 经济开放度不断提高

国际区域经济合作的核心内容就是实施贸易投资自由化。其参与国的经济开放度越高，推行贸易自由化的难度越小，即在参与国际区域经济合作方面具备相应的开放优势。

在经过30多年的扩大型对外开放之后，中国的经济开放度有了较大提高。以对外贸易为例，中国货物贸易进出口额年平均增长17.3%，比同期世界平均水平的8.5%高8.8个百分点；比居世界第一位的美国平均增速高9.2个百分点；比第二大发展中国家印度的平均增速高5.6个百分点。尤其在进入21世纪之后，中国货物贸易进出口额更是在高位上逐年大幅增长，年平均增长速度达到24.3%。对外贸易的快速发展，使得中国经济的对外开放度不断增加。如图6-1所示，自1991年以来中国的贸易依存度一直在30%以上，至2007年达到64.39%。尽管2008年和2009年略有下降，但仍维持在59.4%和46.2%的水平。

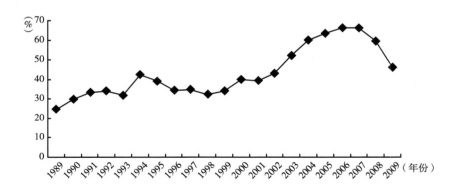

图6-1　1989~2009年中国的贸易开放度指数

注：贸易开放度用进出口总额与GDP的比重来衡量。
资料来源：贸易数字来源于历年海关统计，国内生产总值数字来自历年《中国统计年鉴》。

　　经济开放度的提升，在中国的关税税率方面也有所体现。中国关税政策的宗旨是促进经济开放和经济改革。其目标主要包括两个方面：一是通过关税调节进口以促进和支持国内生产，二是作为中央政府财政收入的重要来源。中国对所有产品都实行约束关税。如图6-2所示，近年来中国对进口税率进行了较大幅度的调整，关税总水平不断下降。

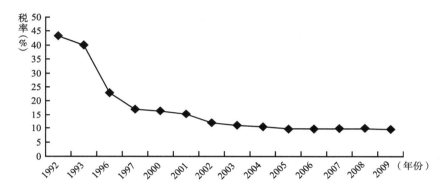

图6-2　简单的中国平均关税水平

资料来源：根据 WTO 官方网站和中国财政部网站相关数据整理而得。

　　贸易依存度的增加和进口关税的不断降低，意味着中国在参与国际贸易自由化方面已经积累了一定经验，也表明中国具备了进一步实施国际化的开放优势，拥有进一步参与国际区域经济合作的经济基础。

（二）市场吸引力不断增强

　　从理论上讲，参与国际区域经济合作的国家，都希望借助消除彼此间的贸易、投资壁垒，减少商品、资本的流通成本，增加市场容量，谋求在更大的市场空间中获取更大的规模经济效应。因此，市场容量越大的国家，在开展国际区域经济合作建设方面具有的吸引力越大。参与国际区域经济合作的国家，对于那些拥有巨大市场潜力，并且贸易结构与自身存在互补的国家，更是青睐有加。随着经济规模不断扩大和人民收入水平的显著提高，中国的市场潜力巨大，不仅可以为贸易伙伴带来贸易创造的机遇，而且也可以帮助伙伴获取更多的动态利益，因此在参与国际区域经济合作方面具有相当大的市场优势。

（三）产品竞争力获得不同程度提升

1978年至今，中国依靠比较优势参与国际竞争，经济获得了较快发展，并且从国际分工中获益良多。在此过程中，部分中国产品的竞争力也获得了较大提升。如图6－3所示，以贸易专业化指数①来衡量，食品及活动物、杂项制品是中国最具竞争力的产品，尽管竞争力的提升势头并不明显，甚至出现了下降，但是其出口竞争力仍然存在。按原料分类的制成品、机械及运输设备等，尽管在之前没有出口优势，但是经过几十年的发展已经逐步获得出口竞争优势，并且还呈现出逐年提升的趋势。这4大类产品所具有的出口优势，可以帮助中国在贸易自由化中受益。对于进一步参与国际区域经济合作的中国而言，这些已经具备或者即将获得出口竞争优势的产品是在贸易自由化中获益的关键。目前已经具备的出口竞争优势，构成了中国进一步参与国际区域经济合作的经济基础。如果中国能够成功利用技术自主研发、加强生产管理等方式提升产品的竞争力，对于实现自由贸易区中的静态利益和动态利益意义重大。

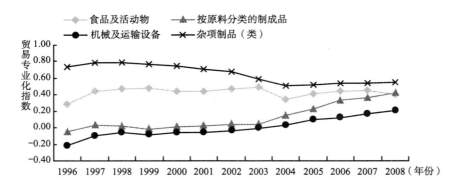

图6－3 1996～2008年中国部分具有竞争优势产品的贸易专业化指数

注：商品以联合国国际贸易标准分类法（SITC）分类。

资料来源：根据中经数据库计算。

---

① 贸易专业化指数用来表示一国对于某项产业或产品，主要是净进口还是净出口国。计算公式为 $TSI = (Xs - Ms)/(Xs + Ms)$。其中 Xs 表示出口，Ms 表示进口。TSI 如果为正数，说明具有出口优势（出口大于进口）；如果为负值，说明具有出口劣势（出口小于进口）。TSI 越接近1，表明其出口竞争优势越明显。

第二节 互利共赢国际区域经济合作新战略的
理论内涵

从理论上讲，国际区域经济合作致力于消除区域内部商品和要素流动障碍，为区域内部分工深化提供更加广泛的市场范围，从而提升区域整体的福利水平。但是由于要素流动的不完全性，可能出现某些部门或者某些要素所有者利益受损的情形，故而使得国际区域经济合作难以为继。因此，只有以互利为前提、以共赢为基础，国际区域经济合作战略才能持久有效地开展。中国要实施互利共赢的国际区域经济合作战略，必须首先了解区域经济合作的经济性质、福利来源和表现形式，从理论上对区域经济合作的利益基础、共赢条件以及互利共赢的实现机制进行分析。

一 国际区域经济合作的性质

国际区域经济合作可以被分解为静态和动态两个层面。从静态来看，国际区域经济合作是一种既成状态，反映出区域成员的共同意识、共同行动，是区域经济、政治、文化联系深化到一定程度后的产物；从动态来看，国际区域经济合作是一种故意的集体行为过程，旨在推动地区经济、政治、文化进一步融合，在某个时点上表现为国际区域经济合作的静态层面。可以说，国际区域经济合作的静态层面是动态层面的结果，动态层面决定了静态层面的形态。因此，国际区域经济合作中的动态层面——区域成员实施集体行动的过程显得尤为重要。

就参与这种集体行动的个体成员而言，它们受个体利益的驱使，但事实上表现为对集体利益的追求。与此同时，这种集体行动拥有一定的组织形式。这种组织可以是一体化组织，即两个或两个以上的国家通过签署某种协定或条约建立的一体化组织，例如 EU、NAFTA 等；也可以是经济合作组织，即不需要政府之间签订协定和条约，而仅仅作为一种协调场所、对话论坛而存在的地区经济合作组织，例如 APEC 等。区域成员之所以采取集体行动，是因为集体行动可以为他们带来额外的利益。这种额外的利益只有在集体行动的基础上才能产生，任何单独的行为都会使得这种利益的获得变得不可能或者缺乏效率。因为国际区域经济合作是区域成员集体行动的过程和结果，它的产生和发展也与一定的共同利益相关。

因此，国际区域经济合作可以被视为区域成员基于共同利益而采取的集体行动的过程和状态；不管参与集体行动的成员持何种心态，均导致了公共物品的产生，也不管参与集体行动有何作为，均可以享受公共物品带来的经济效益。

二 国际区域经济合作的福利来源

参与国际区域经济合作的国家最根本的福利来源是由区域内部贸易壁垒消除后产生的专业化分工经济。具体而言，分工经济对参与国际区域经济合作国家的作用体现在以下几个方面。

第一，提高参与国际区域经济合作国家的劳动生产率。分工和专业化使得劳动者越来越将其生产活动集中在较少的操作上，能够较快地提高其生产的熟练程度。劳动熟练程度的提高意味着劳动生产率的提高。参与国际分工的国家类似于参与社会分工的劳动者，专业化生产某种或某几种产品，有助于它们提高劳动生产率，为其企业降低成本而提高生产者剩余、降低产品价格而提高消费者剩余奠定基础。国际区域经济合作深化区域内分工，参与国际区域经济合作的国家也因此得到相应生产率的提高，获取了生产者剩余和消费者剩余等福利收益。

第二，节约参与国际区域经济合作国家的生产资源，尤其是人力资源。分工和专业化可使生产者节约时间或减少因经常变换工作或变换生产活动中的不同操作而浪费的时间。分工和专业化的发展减少这种工作或操作的变化，也就是等于节约了生产的人力资源。参与国际区域经济合作的国家，在实现地区自由贸易之后，在具有比较优势的产业从事专业化生产，可以减少产业转换带来的成本和学习费用，将有助于节省生产资源。

第三，有利于参与国际区域经济合作国家的技术创新与技术进步。分工和专业化的发展，使人们将注意力集中在更窄的生产领域，因而能够比较容易产生技术创新。通过国际区域经济合作，区域内分工将进一步深化，参与合作的国家将按照比较优势进行专业化生产。在固定的产业进行生产，不仅有利于实行专业化生产的国家进行知识积累，而且也有利于它们实现技术创新与技术进步。由于生产领域比较狭窄，研发出来的技术比较容易进行试验和推广，对于增强分工经济的好处具有重要意义。

第四，促进参与国际区域经济合作国家的迂回生产方式的发展，有利于创造更多的投资。迂回生产方式，指的是人类的生产活动将资源投入到对生产资料的生产上，而不是直接投资到消费资料的生产之上。这种生产方式反而使消费资料的生产有更多的增长。分工和专业化促进了生产工具的变革，即机器设备的发展，也必然会增大对机器设备的需求。生产工具的变革越是发展，生产工具的种类就越多。同时，对生产资料的生产也会发生分工和专业不断发展的趋势，会出现生产机器设备的机器设备，也必然会有对这种机器设备的生产及其专业化的分工，生产活动因此越来越迂回。随着生产活动链条的不断增长，新的职业和工种不断产生，这将促进国际区域经济合作内部的投资。

三　利益协调与国际区域经济合作的互利共赢

从一个地区整体的角度来看，国际区域经济合作是可以被看作是区域成员为获得某种共同利益而实施的集体行为。该利益可以给区域整体带来福利改进，但是它在区域内成员之间以及区域成员内部的各要素之间分配的非均衡，可能导致区域内某些部门或者某种要素所有者的利益受到损害。作为一种自愿性的经济行为，国际区域经济合作的持续开展需要最大限度地得到各个部门和各个阶层的支持。换言之，只有协调各方利益，使各利益相关方能够在互利的基础上实现共赢，国际区域经济合作才能持续有效开展。

（一）　国内利益的协调

国际区域经济合作的主要内容是贸易自由化。然而，生产要素流动的不充分，使得贸易自由化催生的生产结构调整并不能在瞬间实现，产生摩擦和成本。换言之，参与国际区域经济合作的国家还将承受相应的调整成本，即贸易改革过程中从一种状态向另一种状态转移所产生的广泛的、短期的潜在不利后果，或者狭义地界定为资源从一个部门向另一个部门转移的成本。一般而言，调整成本为多进口竞争部门所承担。在部门利益集体受到威胁时，它们会自动结成利益集团，共同反对国际区域经济合作的开展。因此，需要采取渐进稳妥的合作方式，并在合作内容上充分考虑进口竞争部门的承受程度，以最小的调整成本实现最大利益的国际区域经济合作。

（二）国际利益的协调

国际区域经济合作扩大了区域内部分工的市场范围，为各国更大程度的专业化生产提供了基础，也为整个地区生产效率的提升、生产可能性边界的扩展创造了条件。但是区域内成员之间经济发展水平、社会政治制度可能存在较大差异，导致整体利益与个体利益出现不一致，凸显出协调区域内成员之间利益的必要性。Andriamananjara 和 Schiff（1998）在《袖珍国家间的区域集团》一文中曾指出，区域合作规模越大，为达成某项协议的谈判成本越大。[1] 在国际区域经济合作中，参与谈判的国家数量越多，经济发展水平差异越大，达成协议的难度越大，由此衍生的协调成本也越高。此外，与区外成员的协调也是国际利益协调的重要部分。国际区域经济合作对成员国有多种收益，但其中很多收益是以非成员国的损失为代价的。因此，国际区域经济合作组织规模越大，被排除在外的非成员国损失也就越大。具体而言，非成员国的损失主要是由国际区域经济合作的歧视性而引致的贸易转移和投资转移，因此非成员国不得不寻求加入到区域贸易集团之中。这种自我扩张机制被称为多米诺效应。Krugman（1991）认为如果一个国家被排除在外，作为一个单纯的旁观者（the innocent by-stander），将会遭受重大福利损失。[2] 这种福利损失的大小则取决于多种因素，其中区域贸易协定的类型至关重要。小国被排除在关税同盟之外的福

---

① Andriamananjara, Soamiely & Schiff, Maurice, "Regional Groupings Among Microstates", Policy Research Working Paper Series 1922, The World Bank, 1998.

② Paul Krugman, "The Move Toward Free Trade Zones", Proceedings, Federal Reserve Bank of Kansas City, 1991.

利损失要远大于被排除在自由贸易区之外的福利损失。①

四　互利共赢国际区域经济合作的实现形式

国际区域经济合作涉及合作参与国和非参与国之间、参与国之间以及参与国内部的不同部门以及不同要素所有者之间的利益分配。只有让这些利益相关方能够在国际区域经济合作中实现共赢，才可能保证国际区域经济合作持续有效开展。

国际区域经济合作可以分为两种类型，即论坛性合作和机制性合作。两者最大的区别在于是否涉及主权让渡，前者没有主权让渡的问题，而后者会建立制度性的合作组织，将签订涉及主权让渡的协议，对成员方实施合作的内容给予严格约束。机制性的国际区域经济合作主要包括自由贸易区、关税同盟、经济同盟等形式。论坛性国际区域经济合作不涉及主权让渡，故而容易开展。但是它对合作成员不构成约束性，故而无法避免"搭便车"行为。在无任何责任约束的合作环境中，任何合作的参与者都难以抵制"搭便车"的诱惑，那么合作的低效率和难以为继将成为必然结局。而机制性国际区域经济合作会有相应的协议，通过制度的封闭性和约束性遏制"搭便车"行为，从而提高合作的效率和可持续性。但是机制性合作会涉及不同程度的主权让渡，这增加了达成合作意向的难度。因此"具备约束、简单易行"的合作形式，即难度较小的机制性国际区域经济合作，应该是开展互利共赢国际区域经济合作的首选形式。

当前，自由贸易区是世界经济中最普遍的国际区域经济合作形式。自由贸易区（简称 FTA）是指两个或两个以上的国家或行政上独立的经济体之间通过协议，相互取消进口关税和与关税具有同等效力的其他措施而形成的区域经济一体化组织。其制度特点体现在三个方面。第一，成员之间互惠性，并针对非成员国保留贸易壁垒。自由贸易区的参加者之间相互取消关税和非关税壁垒。与此同时，保留对第三国的贸易政策不变。由于参加 FTA 国家相互间给予了贸易优惠，实际上形成了对第三方的贸易壁垒。

---

① Kose, M. Ayhan and Riezman, Raymond, "Small Countries and Preferential Trade Agreements", How Severe is the Innocent Bystander Problem? CESifo Working Paper Series CESifo Working Paper, CESifo GmbH 2000.

第二，参与 FTA 国家没有共同的对外贸易政策。各成员经济体之间的自由贸易并不妨碍各成员经济体针对非自由贸易区成员国（或第三国）采取的限制性贸易政策，成员经济体之间没有共同对外关税。第三，严格实施原产地规则。为了防止非成员国产品借道其中关税较低的成员国将产品输出到自由贸易区中关税较高的其他国家，从而造成高关税成员国的对外贸易政策失效，FTA 协定通常包括原产地原则。由此看来，自由贸易区涉及较低程度的主权让渡，易于开展和实施，并且也有相应的协议，可以保证合作的效率，符合"具备约束、简单易行"的要求，可以将其作为互利共赢国际区域经济合作的主要形式。

第三节　互利共赢国际区域经济合作新战略的现实基础及面临的挑战

新中国成立之后，由于特殊的国情条件和国际环境，中国在很长一段时间内都奉行了旗帜鲜明的"独立自主"和"不结盟"的对外政策。因此对于略带结盟性质的区域经济合作，中国一直持保留态度。直至 20 世纪 90 年代，中国才开始依托亚太经济合作组织（APEC）参加约束性较低的区域经济合作。进入 21 世纪之后，中国根据新的国情条件和国际环境对开放战略进行了调整，其中最令人瞩目的是推行互利共赢的对外开放新战略。作为对外战略的重要组成部分，国际区域经济合作战略也随之调整，具体表现为中国从 2007 年正式开始实施自由贸易区（FTA）战略，这意味着中国将以自由贸易区为主要形式参与国际区域经济合作。自由贸易区作为 WTO 的一种例外，仅要求其成员对其自贸区伙伴开放市场，且可以保留自身经贸政策的独立性。自由贸易区的特性无疑将为中国实施互利共赢的国际区域经济合作新战略提供条件和基础。

一　中国参与国际区域经济合作的历史进程

纵观中国参与国际区域经济合作政策的变迁，可将中国参与国际区域经济合作进程划分为三个阶段。

（一）第一阶段：初步参与国际区域经济合作（2001 年之前）

中国的区域合作战略一直从属于外交战略。1982 年，中国共产党十二大报告正式将中国改革开放之后的对外开放战略界定为"独立自主的外交政策"，依据当时的国情条件和国际环境，在外交政策中旗帜鲜明地表明"独立自主"和"不结盟"，无疑具有重要的历史意义。但是随着外向型经济发展的不断深入，中国开始意识到需要调整对外战略，"为现代化建设创造良好的国际环境"，"为维护周边的安全，寻求共同发展"。

20 世纪 80 年代中期以后，全球国际区域经济一体化趋势日益明显。欧洲在 1992 年启动了单一市场，美国也于 1989 年与加拿大签署了《美加自由贸易协定》。处于亚洲的日本也开始展开行动，力图在环太平洋推动经济一体化。与此同时，世界政治环境日趋缓和，尤其是随着冷战的结束，东西方对峙局面不复存在，市场经济成为全球统一的资源配置方式。1989 年 11 月，联系亚太地区经济体的 APEC（Asia Pacific Economic Cooperation，亚太经济合作组织）在澳大利亚堪培拉成立。美国、日本、澳大利亚、新西兰、加拿大、新加坡以及马来西亚等 12 个主要亚太经济体均加入该组织，使之迅速成为亚太地区最具影响力的经济外交平台。中国身处亚太，亚太地区必将是中国实施对外开放的重点对象。APEC 作为亚太地区唯一的经济合作组织，其成员囊括了中国主要的经贸伙伴，它的存在与发展必然吸引着中国的注意。在历经一系列谈判之后，中国于 1991 年 10 月与 APEC 达成谅解备忘录，加入了这个全球最大的经济合作组织。①

作为亚太地区重要的经济合作组织，APEC 主要依靠贸易投资自由化与经济技术合作来减少或消除地区贸易与投资障碍，缩小成员间的经济发展差距，实现地区共同发展。中国积极参与 APEC 的经济合作，是 20 世纪 90 年代中国经济外交的重要举措，也是中国参与区域经济合作的重要转

---

① 1990 年 7 月，在新加坡举行的 APEC 第二届部长级会议上，APEC 发表了欢迎中国内地、中国台湾、中国香港尽早同时加入 APEC 的《联合声明》。在经过反复的磋商之后，中国同 APEC 签署了关于中国内地、中国台湾、中国香港三方加入问题的谅解备忘录，明确我方作为主权国家，台湾、香港作为地区经济分别以"中国台北"和"香港"（1997 年 7 月 1 日之后改为"中国香港"）的名称同时加入 APEC。1991 年 11 月 12 日，在汉城举行的 APEC 第三届部长级会议上，中国内地和中国台北、香港正式加入 APEC。

变。对于中国参与国际区域经济合作而言，参加 APEC 具有以下意义：第一，有利于加强中国与亚太主要经济体的经贸联系，为中国未来参与亚太地区经济一体化提供经济基础；第二，有利于中国积累参与国际经贸谈判的经验，以应付国际区域经济合作中更为复杂的谈判局面；第三，有助于推进中国经济结构调整步伐，提升应对国际区域经济合作冲击的能力。

尽管中国在此阶段只是尝试性地参与了 APEC 这个论坛性的国际区域经济合作，但是此举开启了中国参与国际区域经济合作的大门，为其"复关"和"入世"积累了经验，也为下一步参与国际区域经济合作奠定了基础。

（二）第二阶段：全面参与国际区域经济合作（2001～2006 年）

进入 21 世纪之后，国际区域经济一体化进程急剧加快。在全球范围内，具有排他性质的一体化组织相继成立或者扩大，给中国外经贸发展带来了严峻的挑战。对于中国而言，仅参与 APEC 这样松散的、论坛性质的合作组织，已经不能适应当时中国经济发展的需要。尤其是日本、韩国、东盟等东亚经济体在国际区域经济合作方面的态度日益积极，形成的国际区域经济合作政策呈现出很强的竞争性。综合政治经济等各方面因素考虑，中国选择参加机制性的区域经济合作组织，真正做到了对国际区域经济合作的全面参与。

中国参与的第一个国际区域经济一体化组织是《曼谷协定》。① 2000 年 11 月 25 日，中国利用在新加坡召开第 4 次中国－东盟领导人会议的机会，主动向东盟提出了组建中国－东盟自由贸易区的设想。2001 年 11 月 6 日，在文莱举行的第 5 次中国－东盟领导人会议上，中国与东盟就未来 10 年建立自由贸易区达成共识。2002 年 11 月，时任中国总理的朱镕基和东盟 10 国领导人签署了《中国－东盟全面经济合作框架协议》，决定到 2010 年建成中国－东盟自由贸易区。该自由贸易区是中国组建的第一个国际区

---

① 《曼谷协定》签订于 1975 年，是在联合国亚太经济社会委员会（简称亚太经社会）主持下，在发展中国家之间达成的一项优惠贸易安排，现有成员国为中国、孟加拉、印度、老挝、韩国和斯里兰卡。2005 年 11 月 2 日，各成员国代表通过新协定文本，将《曼谷协定》更名为《亚太贸易协定》。

域经济合作组织，它的建立与深化对中国而言都具有很强的象征意义。随后中国分别与智利等贸易伙伴签署自由贸易协定。

在这个阶段，中国同时从论坛性和机制性的区域经济合作入手，逐步强化对机制性国际区域经济合作的参与，主要选择与较容易开展合作的贸易伙伴建立自由贸易区。

（三）第三阶段：实施互利共赢的国际区域经济合作新战略（2007年至今）

随着中国外经贸的高速发展，经贸摩擦、环境与贸易冲突等引起的负面影响逐一显现，调整对外开放战略迫在眉睫。作为对外开放战略的重要组成部分，中国的国际区域经济合作战略也相应进行了调整。2004年，修订的《外贸法》前瞻性地指出"中国根据平等互利的原则，促进和发展与其他国家和地区的贸易关系，缔结或者参加关税同盟协定、自由贸易区协定等区域经济贸易协定，参加区域经济组织"，以此对中国进一步参与区域经济合作提出了总体性要求。2005年10月，中共中央在国民经济和社会发展第十一个五年规划建议中，首次提出实施互利共赢的开放战略。2006年3月，中国第十届全国人民代表大会第四次会议批准了《中华人民共和国国民经济与社会发展第十一个五年规划纲要》，再次明确要"积极参与国际区域经济合作机制，加强对话与协商，发展与各国的双边、多边经贸合作"。2007年11月，中国共产党十七大报告首次明确提出要实施自由贸易区战略。

自由贸易区比多边贸易体制有着更高水平的开放，与在国内某个城市或区域划出一块土地，建立起的类似于经济开发区、出口加工区、保税区等实行优惠经贸政策的特定园区有着本质区别。① 自由贸易区是世贸组织

---

① 世界海关组织（前身为海关合作理事会）在1973年订立的《京都公约》的解释："自由区（Free Zone）系指缔约方境内的一部分，进入这一部分的任何货物，就进口税费而言，通常视为在关境之外，并免于实施通常的海关监管措施。有的国家还使用其他一些称谓，例如自由港、自由仓等。"中国的经济特区、保税区、出口加工区、保税港、经济技术开发区等特殊经济功能区都具有"自由贸易园区"（Free Trade Zone，简称FTZ）的某些特征。由于FTA和FTZ按其字面意思均可译为"自由贸易区"，故常常引起概念混淆。为了避免误解，国家商务部、海关总署在2008年5月专门发出《关于规范"自由贸易区"表述的函》，统一将FTA译为"自由贸易区"，而将FTZ译为"自由贸易园区"。

最惠国待遇的一种例外（WTO Plus），指一些国家和地区在多边承诺基础上，进一步相互开放市场，实现贸易和投资自由化，并以此将各参与方的利益紧密联系起来。正是因为其超越了经济范畴，并具有外交、政治方面的战略意义，它正成为大国开展战略合作与竞争的重要手段。自由贸易区仅要求其成员对其自贸区伙伴开放市场，且可以保留自身经贸政策的独立性，因此可以将自由贸易区战略的实施视为中国实施互利共赢国际区域经济合作战略的重要标志。

二 中国互利共赢国际区域经济合作的实施现状

根据一般的国际经验，作为一项制度性安排的国际区域经济合作协定，从初始商议到最终完成要经过政府首脑提出（Proposal）、学术界的可行性论证（Study）、官方相关部门的研究（Official Discussion）、区内成员间的讨价还价（Under Negotiation）、签署协议（Signed）等几个阶段。在此将中国参与国际区域经济一体化活动分为已经签署的、正在谈判的和正在研究的三类。截至2013年5月，中国正与五大洲的29个国家和地区建设16个自贸区。其中，已经签署并实施10个自贸协定，分别是中国与东盟、新加坡、巴基斯坦、新西兰、智利、秘鲁、哥斯达黎加自贸协定，中国内地与香港、澳门的更紧密经贸关系安排，以及与台湾的海峡两岸经济合作框架协议。正在商建的自贸区有6个，分别是中国与海湾合作委员会、澳大利亚、挪威、瑞士、冰岛、韩国自贸区。同时，中国已经完成了与印度的区域贸易安排联合研究、日韩自贸区官产学联合研究。此外，中国还加入了《亚太贸易协定》。①

（一）已签署协议的自由贸易协定

1. 内地与港澳更紧密经贸关系安排

2003年，内地与香港、澳门特区政府分别签署了内地与香港、澳门《关于建立更紧密经贸关系的安排》（以下简称CEPA），2004年、2005年、2006年又分别签署了《补充协议》、《补充协议二》和《补充协议三》。

①　根据中国自由贸易区服务网（fta. mofcom. gov. cn）资料整理。

CEPA 是内地与港澳经贸交流与合作的重要里程碑，是中国国家主体与香港、澳门单独关税区之间签署的自由贸易协议，也是内地第一个全面实施的自由贸易协议。CEPA 涵盖内地与港澳经贸交流的各个方面，包括货物贸易领域零关税货物的具体实施步骤、原产地规则的认定标准的制定和修正、服务贸易领域的市场准入和贸易投资便利化等。

2. 中国－东盟自由贸易区

中国－东盟自由贸易区是中国同其他国家商谈的第一个自由贸易区，也是目前建成的最大的自由贸易区。其成员包括中国和东盟十国，涵盖 18.5 亿人口和 1400 万平方公里。东盟是东南亚国家联盟（Association of Southeast Asian Nations，简称 ASEAN）的简称，有 10 个成员国：文莱、印度尼西亚、马来西亚、菲律宾、新加坡、泰国、柬埔寨、老挝、缅甸和越南，其中，前 6 个国家加入东盟的时间比较早，是东盟的老成员，经济相对发达；后 4 个国家是东盟新成员。20 世纪 90 年代以来，中国与东盟的经济联系日益紧密，双边贸易持续攀升。目前，东盟是中国在发展中国家中最大的贸易伙伴，中国是东盟的第四大贸易伙伴。

2000 年 11 月，时任中国总理的朱镕基提出建立中国－东盟自贸区的设想，得到了东盟各国领导人的积极响应。经过双方的共同努力，2002 年 11 月 4 日，中国与东盟签署了《中国－东盟全面经济合作框架协议》，决定在 2010 年建成中国－东盟自贸区，并正式启动了自贸区建设的进程。2004 年 1 月 1 日，自贸区的先期成果——"早期收获计划"顺利实施，当年早期收获产品贸易额增长 40%，超过全部产品进出口增长的平均水平。2004 年 11 月，双方签署自贸区《货物贸易协议》，并于 2005 年 7 月开始相互实施全面降税。2007 年 1 月，双方又签署了自贸区《服务贸易协议》，已于当年 7 月顺利实施。2009 年 9 月，双方签署了《投资协定》，并于 2010 年正式实施中国－东盟自由贸易区。

3. 中国－智利自由贸易区

2004 年 11 月 18 日，中国国家主席胡锦涛与智利时任总统拉戈斯共同宣布启动中智自贸区谈判。2005 年 11 月 18 日，双方签署《中智自贸协定》，其中纳入了与货物贸易有关的所有内容，包括市场准入、原产地规则、卫生与植物卫生措施、技术贸易壁垒、贸易救济、争端解决机制等，并且将经济、中小企业、文化、教育、科技、环保、劳动和社会保障、知识产权、投资促进、矿产和工业领域的合作涵盖在内。

2006年9月，中智自贸区服务贸易谈判启动，双方最终于2008年4月13日签署《中智自贸协定关于服务贸易的补充协定》（即中智自贸区服务贸易协定）。该协定共包括正文22项条款和两个附件：商务人员临时入境和双方具体承诺表。根据协定，中国的计算机、管理咨询、采矿、环境、体育、空运等23个部门和分部门，以及智利的法律、建筑设计、工程、计算机、研发、房地产、广告、管理咨询、采矿、制造业、租赁、分销、教育、环境、旅游、体育、空运等37个部门和分部门将在各自WTO承诺基础上向对方进一步开放。

4. 中国－新西兰自由贸易区

2008年4月7日，《中华人民共和国政府和新西兰政府自由贸易协定》正式签署。这是中国与发达国家签署的第一个自由贸易协定，也是中国与其他国家签署的第一个涵盖货物贸易、服务贸易、投资等多个领域的自由贸易协定。目前，中新双方均已完成各自国内法律程序，该协定已于2008年10月1日开始生效。

该协定是两国在WTO基础上，相互进一步开放市场、深化合作的重要法律文件，包含条款214条，分为18章，即初始条款、总定义、货物贸易、原产地规则及操作程序、海关程序与合作、贸易救济、卫生与植物卫生措施、技术性贸易壁垒、服务贸易、自然人移动、投资、知识产权、透明度、合作、管理与机制条款、争端解决、例外及最后条款。

5. 中国－新加坡自由贸易区

中国－新加坡自由贸易区谈判启动于2006年8月，经过8轮艰苦而坦诚的磋商，双方于2008年9月圆满结束谈判。2008年10月23日，两国签署了《中华人民共和国政府和新加坡共和国政府自由贸易协定》。该协定涵盖了货物贸易、服务贸易、人员流动、海关程序等诸多领域，是一份内容全面的自由贸易协定。双方在中国－东盟自贸区的基础上，进一步加快了贸易自由化进程，拓展了双边自由贸易关系与经贸合作的深度与广度。根据该协定，新加坡承诺将在2009年1月1日取消全部自华进口产品关税；中国承诺将在2010年1月1日前对97.1%的自新进口产品实现零关税。此外，双方还在医疗、教育、会计等服务贸易领域做出了高于 WTO 的承诺。

6. 中国－巴基斯坦自由贸易区

中国－巴基斯坦自由贸易区是双方积极努力的结果，在较短的时间内取得了较快进展。2003 年 11 月中巴双方签署优惠贸易安排；2004 年 10 月启动自贸区联合研究；2005 年 4 月签署自由贸易协定早期收获协议；2006 年 11 月签署自贸协定并于 2007 年 7 月正式实施，成效良好；2008 年 10 月签署自贸协定补充议定书，以促进投资合作；2008 年 12 月结束服务贸易协定谈判。

2009 年 2 月 21 日，中国与巴基斯坦签署了《中华人民共和国政府和巴基斯坦伊斯兰共和国政府自由贸易区服务贸易协定》。根据协定，在各自对世贸组织承诺的基础上，在全部 12 个主要服务部门中，巴方将在 11 个主要服务部门的 102 个分部门对中国服务提供者进一步开放，包括建筑、电信、金融、分销、环境、医疗、旅游、运输、快递、研发、计算机、教育、娱乐文化和体育等众多服务部门，其中包括分销、教育、环境、运输、娱乐文化和体育等主要服务部门在内的 56 个分部门为新开放部门。此外，巴方将根据具体情况，在外资股比方面给予中国服务提供者更加优惠的待遇，并在人员流动方面提供更加宽松和便利的条件。中国将在 6 个主要服务部门的 28 个分部门对巴基斯坦服务提供者进一步开放，具体包括采矿、研发、环保、医院、旅游、体育、交通、翻译、房地产、计算机、市场调研、管理咨询、印刷出版、建筑物清洁、人员提供和安排服务等。

7. 中国－秘鲁自由贸易区

2007 年 3 月 31 日，中国与秘鲁共同宣布启动中国－秘鲁自贸区联合可行性研究，并于 2007 年 8 月发布了联合可行性研究报告。2007 年 9 月 7 日，中国国家主席胡锦涛在出席于悉尼举行的 APEC 领导人非正式会议期间，与秘鲁总统加西亚共同宣布启动中国－秘鲁自贸区谈判。2009 年 4 月 28 日，中国与秘鲁签署了《中华人民共和国政府和秘鲁共和国政府自由贸易协定》。该协定是中国与拉美国家签署的第一个一揽子自贸协定，覆盖领域非常广。在货物贸易方面，双方协定将对各自 90% 以上的产品分阶段实施零关税。中国的轻工、电子、家电、机械、汽车、化工、蔬菜、水果等众多产品和秘鲁的鱼粉、矿产品、水果、鱼类等产品都将从降税安排中获益。在服务贸易方面，双方将在各自对世贸组织承诺的基础上，相互进一步开放服务部门。在投资方面，双方将相互给予对方投资者及其投资以准入后国民待遇、最惠国待遇和公平公正待遇，鼓励双边投资并为其提供便利等。与此同时，双方还在知识产权、贸易救济、原产地规则、海关程序、技术性贸易壁垒、卫生和植物卫生措施等众多领域达成了广泛共识。

8. 中国－哥斯达黎加自由贸易区

2007 年 6 月，中国和哥斯达黎加建立外交关系。这是中国在中美洲地区的第一个建交国家。中哥建交为两国经贸关系的顺利发展创造了有利的政治条件和外部环境，为推动双边经贸关系进一步广泛、深入发展注入了强劲活力。中国已经成为哥斯达黎加第二大贸易伙伴，哥斯达黎加也是中国在中美洲的重要合作伙伴。

中哥双方在建交之初即提出建立双边自由贸易区。2008 年 1 月，中国－哥斯达黎加自由贸易协定可行性研究联合工作组第一次会议在哥斯达黎加首都圣何塞举行，双方就联合研究的框架和模式达成一致。2010 年 4 月 8 日，中国商务部部长陈德铭与哥斯达黎加外贸部部长鲁伊斯在北京共同签署了《中国－哥斯达黎加自由贸易协定》，该协定涵盖领域广，开放水平高，是中国与中美洲国家签署的第一个一揽子自贸协定。

9. 亚太贸易协定

《亚太贸易协定》前身为《曼谷协定》。《曼谷协定》签订于 1975 年，全称为《亚太经济社会发展中成员国贸易谈判第一协定》，是在联合国亚太经济社会委员会主持下，在发展中国家之间达成的一项优惠贸易安排，其核心内容和目标是通过相互提供优惠关税和逐步取消非关税壁垒，扩大成员相互间的贸易，促进经济发展与社会繁荣。1994 年 4 月，在联合国亚太经社理事会第 50 届年会上，中国正式申请加入该协定。经过 7 年的谈判，自 2001 年 5 月 23 日起中国正式成为曼谷协定成员国，并于 2002 年 1 月 1 日开始实施。其成员包括中国、孟加拉、印度、老挝、韩国和斯里兰卡。2005 年 11 月 2 日，在北京举行的《曼谷协定》第一届部长级理事会上，各成员国代表通过新协定文本，决定将《曼谷协定》更名为《亚太贸易协定》，并在各成员国完成国内法律审批程序后，实施第三轮关税减让谈判结果。

《亚太贸易协定》是中国加入的第一个实质性优惠安排的国际区域经济合作组织。通过提供贸易互惠待遇，中国与孟加拉国等其他成员的贸易关系得到进一步强化。目前它已经成为中国与南亚国家进行区域合作的重要渠道。经过第三轮关税减让之后，自 2006 年 9 月 1 日起，中国已向其他成员国的 1717 项 8 位税目产品提供优惠关税，平均减让幅度 27%；另外，中国还向最不发达成员国孟加拉和老挝的 162 项 8 位税目产品提供特别优惠，平均减让幅度 77%。同时，根据 2005 年税则计算，中国可享受印度 570 项 6 位税目、韩国 1367 项 10 位税目、斯里兰卡 427 项 6 位税目和孟加拉 209 项 8 位税目产品的优惠关税。

10. 中国－冰岛自由贸易区

2013 年 4 月 15 日，在中国总理李克强和冰岛总理西于尔扎多蒂共同见证下，中国商务部部长高虎城与冰岛外交外贸部长斯卡费丁松代表各自政府在北京人民大会堂签署了《中华人民共和国政府和冰岛政府自由贸易协定》。该协定是我国与欧洲国家签署的第一个自由贸易协定，涵盖货物贸易、服务贸易、投资等诸多领域。

根据自贸区协定规定，冰岛自协定生效之日起，对从中国进口的所有工业品和水产品实施零关税，这些产品占中国向冰岛出口总额的 99.77%；与此同时，中国对从冰岛进口的 7830 个税号产品实施零关税，这些产品占中方自冰岛进口总额的 81.56%，其中包括冰岛盛产的水产品。中冰自贸区建成后，双方最终实现零关税的产品，按税目数衡量均接近 96%，按贸易量衡量均接近 100%。此外，双方还就服务贸易做出了高于 WTO 的承诺，并对投资、自然人移动、卫生与植物卫生措施、技术性贸易壁垒、原产地规则、海关程序、竞争政策、知识产权等问题做出了具体规定。

中国－冰岛自贸区谈判于 2006 年 12 月启动并进行了 4 轮谈判，2009 年，因冰岛提出加入欧盟申请，双方谈判中止。2012 年 4 月，中冰两国领导人商定重启中冰自贸区谈判。后经 2 轮谈判，双方于 2013 年 1 月结束实质性谈判，就协定内容达成一致。

（二）正在谈判的自由贸易协定

2009 年 3 月，中国国务院总理温家宝在第十一届全国人大第二次会议上的政府报告中肯定了中国在自贸区建设方面取得的进展，并提出要进一步加快实施自由贸易区战略。可以预见未来中国还将在更大的广度和深度上参与国际区域经济合作进程。目前，中国正在开展以下自由贸易协定谈判。

1. 中国－海合会自由贸易区

海湾合作委员会（简称海合会，Gulf Cooperation Council，GCC）包括沙特阿拉伯、阿联酋、阿曼、科威特、卡塔尔、巴林6国，地处亚、欧、非三大洲交界处和伊斯兰文化圈中心地带，是世界主要能源生产和出口基地之一，已探明的石油、天然气储量分别占全球的45%和23%。2004年7月，时任中国商务部部长薄熙来与来访的海合会秘书长和6个成员国的财经大臣签署了《中国－海合会经济、贸易投资和技术合作框架协议》，并共同宣布启动中国－海合会自贸区谈判。

2. 中国－南部非洲关税同盟自由贸易区

南部非洲关税同盟（英文简称SACU）包括南非、博茨瓦纳、纳米比亚、莱索托和斯威士兰5国。南部非洲关税同盟成立于1969年。在五个成员国当中，南非国内生产总值和进出口贸易额占整个SACU的90%以上，在SACU中扮演极其重要的角色。在南非主导下，SACU在非洲经济一体化过程中发挥着越来越重要的作用。中国－南部非洲关税同盟自由贸易区系由最初的中国－南非自由贸易区延伸而来的。2004年6月28日，时任中国商务部部长薄熙来与南非贸工部部长姆帕尔瓦共同宣布启动中国－南部非洲关税同盟自贸区谈判，同时南非承认中国市场经济地位。目前，双方正努力推动谈判尽快进入实质性阶段。

3. 中国－澳大利亚自由贸易区

2006年4月，中国温家宝总理访问澳大利亚，双方总理就中国与澳大利亚自贸区谈判达成四点共识，为谈判提供了积极的政治推动。当年12月启动了货物和服务的市场准入谈判，并继续就如何取消双方在投资领域的现存限制进行了讨论。由于经济结构和发展水平的不同，双方都有各自敏感的领域，在技术性谈判中存在一些困难和问题，主要是如何平衡双方的利益和兼顾各自的困难，使各自的比较优势在自贸区中得到最大限度的发挥，同时又不使双方产业承受大的冲击，最终达成一个平衡的、符合双方利益的自贸区协议。

4. 中国 – 挪威自由贸易区

2007 年 6 月，中国与挪威启动了双边自贸区联合可行性研究，到目前为止举行了多次可行性研究会议，就可行性研究报告初稿进行了审议，并就报告涉及的货物贸易、服务贸易、投资自由化的影响及经济合作等内容深入交换了意见。

5. 中国 – 瑞士自由贸易区

2007 年 7 月 8 日，中国与瑞士在北京签署了《中国商务部与瑞士经济部联合声明》，瑞士宣布承认中国完全市场经济地位，双方表示将积极推动中瑞自由贸易区的评估和研究。

近年来双边贸易仍快速增长。2011 年，中瑞双边贸易总额为 309 亿美元，同比增长 54%。其中，中国自瑞士进口 272 亿美元，同比增长 60%，主要大宗进口商品为高新技术产品、金属加工机床、医药品、手表等；出口 37 亿美元，同比增长 22%，主要大宗出口商品为机电产品、服装、鞋类等。2011 年 1 月，中国商务部部长陈德铭出席达沃斯世界经济论坛期间，与瑞士经济部部长施奈德 – 阿曼共同宣布启动双边自贸区谈判。双方随后举行了三轮谈判。2 月 14 ~ 16 日，中国 – 瑞士自贸区第四轮谈判在北京举行。中瑞双方就自贸区货物贸易降税模式、服务贸易、原产地规则、卫生与植物卫生措施/技术性贸易壁垒、知识产权、竞争政策、贸易救济、经济技术合作等有关内容交换了意见，并取得一系列共识，谈判取得了积极进展。

（三）正在研究的自由贸易区

目前，中国正在与韩国、印度等国家开展自由贸易区的联合可行性研究。

1. 中国 – 韩国自由贸易区

2004 年 11 月，中国国家主席胡锦涛和时任韩国总统卢武铉共同宣布中韩自贸区民间研究顺利结束。2006 年 11 月 17 日，时任中国商务部部长薄熙来与韩国外交通商部部长金铉宗举行会谈，双方同意于 2007 年初启动中韩自贸区官产学联合可行性研究。官产学可行性联合研究是民间研究的继续，研究将涉及建立中韩自贸区的宏观经济影响、自贸协定的涵盖领域、贸易投资自由化对产业的影响以及敏感产品和敏感领域的处理方式等问题。可行性研究结束后，双方将向各自政府提交研究报告。中韩自贸区官产学联合研究第一次会议于 2007 年 3 月 22 日至 23 日在北京举行。至 2009 年 8 月，双方已经举行了多次官产学联合研究会议，就工业部门以及原产地规则和贸易救济措施等问题进行了深入探讨，为下阶段的自贸区谈判奠定了基础。

2010 年 5 月 28 日，中国政府总理温家宝与韩国总统李明博举行会谈。双方宣布结束中韩自贸区官产学联合研究，并由双方经贸部部长签署谅解备忘录。联合研究加深了双方的相互了解，在两国自贸区进程中迈出了重要一步，为进一步推进中韩自贸区建设奠定了良好基础。2012 年 5 月 2 日，中国商务部部长陈德铭与韩国外交通商部通商交涉本部长朴泰镐在北京举行中韩经贸部长会议。双方就中韩经贸关系发展深入交换了意见，并发表了《部长联合声明》，宣布正式启动中韩自由贸易协定谈判。

2. 中国 - 印度自由贸易区

2005 年 4 月，中国国务院总理温家宝在访问印度期间，与印度总理宣布启动中印区域贸易安排联合可行性研究。2006 年 3 月，由中国商务部与印度商工部牵头的联合研究小组在印度首都新德里举行第一次工作组会议。2006 年 11 月，中国国家主席胡锦涛访问印度，中印双方在共同发表的联合宣言中指出："研究中印区域贸易安排可行性和收益的联合研究小组将于 2007 年 10 月之前完成有关工作。"经过共同努力，中印双方就货物贸易、服务贸易、投资、贸易便利化、经济合作以及结论和建议等全部章节达成共识，如期完成了联合研究报告。2007 年 10 月 21 ~ 22 日，中国 - 印度区域贸易安排联合可行性研究第六次工作组会议于印度首都新德里举行。联合研究报告指出，中印应通过建立 RTA，相互减少和消除贸易壁垒，推动贸易自由化，改善投资环境，加强经济合作，实现互利共赢，促进亚洲经济一体化。

3. 中日韩自由贸易区

作为东亚地区最重要的经济体，中国、日本和韩国三国不仅是东亚的近邻，语言文化相近，经济上还有很强的互补性。日本是发达国家，拥有资金、技术等优势，韩国是新兴工业化国家，也具有一定的资金及技术优势，而中国与日韩相比是一个资源大国，拥有劳动力和市场的巨大优势。这种经济结构使三国之间存在着很强的依赖关系。据统计，2009 年中日双边贸易额为 2320.9 亿美元，中国为日本第一大贸易伙伴、第一大出口目的地和最大的进口来源地；2009 年中韩双边贸易额为 1409.5 亿美元，中国为韩国第一大贸易伙伴、第一大出口目的地和最大的进口来源地。因此，通过一体化协定深化彼此之间的经贸关系成为三国的共同诉求。2010 年 5 月，第三次中日韩领导人会议就加强三国在各领域的合作达成广泛共识，三国领导人表示将努力在 2012 年前完成中日韩自贸区联合研究，体现出三国在组建自贸区问题上坚决的政治态度。三国产业之间的竞争性以及经济发展水平的差异性，都将是中日韩自贸区谈判和组建不能逾越的障碍。

随着中日钓鱼岛和日韩竹岛（独岛）领土争端的升级，中日韩自由贸易区的研究和谈判工作几乎陷于瘫痪，政治因素再次成为主导中日韩更紧密经贸关系发展的绊脚石。

三　实施互利共赢国际区域经济合作新战略面临的主要挑战

尽管中国已经全面参与国际区域经济合作，并取得了一定成果，但是仍存在一些劣势，使得中国互利共赢国际区域经济合作战略的实施面临挑战。

（一）战略规划与管理劣势

FTA 具有谈判难度小、内容丰富以及合作方式灵活等特征，它日益成为服务国家安全和整体贸易战略的工具。例如美国，尽管它参与国际区域经济合作进程只有 20 多年的时间，但是它的 FTA 战略规划和管理方式非常值得借鉴。美国谈判自由贸易区目标很明确，并不是为了谈判而谈判，FTA 只是其实现目标的工具。因此美国在制定贸易谈判战略时，始终有一个清晰的目标，每一个协定的谈判都不是孤立的。然后通过一系列的贸易议题和谈判计划，创造一个有利于美国商品和企业的"竞争性自由化"环境，给自由贸易注入新的政治动机，使其成为一种攻势，为美国实现全球和地区的经济、政治以及安全利益服务。虽然中国已经提出实施 FTA 战略，但是仍处在实践的初始阶段，缺乏一整套主旨明确、安排有序、措施具体的国家 FTA 战略规划。这种战略规划上的劣势不利于中国及时适应世界经济形势，最大限度地获取战略利益。

此外，在当前 FTA 网络化日益发展的背景下，各国纷纷设立专门机构对 FTA 谈判进行综合管理，协调自身在全球 FTA 网络中的利益。美国贸易代表办公室设有专门的双边谈判机构和多边谈判机构，日本外务省也于2002 年 11 月 12 日成立了自由贸易区及经济伙伴关系协定总部，并在经济司内增设自贸区及经济伙伴关系处，具体负责双边 FTA 或 EPA 的谈判和规划。目前中国 FTA 谈判涉及外交、商务、金融、农业等众多部门，但是没有专门的机构具体负责实施 FTA 战略，在管理方面处于劣势，将会对中国进一步参与国际区域经济合作产生消极影响。

（二）谈判劣势

规划和管理是实施自由贸易区战略的前提和基础，但是谈判才是其中心环节。一国政府要对外开展自由贸易区谈判，需要明确的谈判授权和高效的谈判队伍。

美国近年来之所以在双边及区域贸易谈判方面取得令人瞩目的进展，一个重要原因是贸易促进授权程序授予美国总统快速立法权，以应对快速变迁的国际经贸大环境。该程序包括：总统谈判一般权限、与国会协商、及时签署协定、提交国会批准及向国会报告等贸易谈判决策程序。在 FTA 谈判过程中行政部门必须加强与国会的联系及报告，避免政府、国会不一致而影响谈判效率和结果。美国谈判代表在谈判桌上所提出的议案是行政部门与国会协商的共识，在这一阶段，其他国家较难针对行政部门或国会分别游说，改变美国谈判立场。国会对已签署的贸易协定或实施法案不得提出修正案，且应不经辩论而表决是否同意或拒绝，经表决后不得提议重新考虑。贸易促进授权为美国政府快速谈判贸易协定奠定了国内法律基础。如果美国国会及行政部门不能对美国贸易政策目标及贸易谈判授权达成一致，贸易谈判是不可能完成的。因此，贸易官员必须有一个强大的国内支持基础，只有清晰而一致的目标及足够的灵活性，才能保证谈判有效进行。而一定的监督机制又能保证贸易谈判的质量及目标，减少随意性和资源浪费，降低谈判成本。反观中国商务部的自由贸易区谈判，其缺乏相应的授权支持。因此在没有更高一级部门进行协调的情况下，谈判的效率和效果就会受到影响。

除此之外，与美国的高效相比，中国实施自由贸易区战略还存在谈判能力不足的问题。中国参与国际经济谈判的历史不长，缺乏一支精通国际规则、熟悉国内外现状、谈判能力强的队伍。在大规模参与国际区域经济合作的情况下，中国在谈判队伍的建设方面仍有许多可以提高的地方。

（三）后发劣势

后发劣势源于美国经济学家沃森提出的概念"curse to the late comer"，意为"对后来者的诅咒"。[①] 事实上，在实施自由贸易区战略方面也存在后发劣势。

20 世纪 90 年代以来，多边进程受阻的现实、FTA 的激增及其在各国贸易政策中的重要性迫使中国重视区域主义的贸易自由化形式，开始通过建立国际区域经济合作组织来维护自己的利益。一方面，中国需要在 FTA 的竞争性自由化格局中占据一定地位；另一方面，FTA 也将发挥独特的作用拓展利益渠道，这在一定程度上可以确保中国的区域利益。在最新一轮国际区域经济合作浪潮中，中国是一个名副其实的"后来者"。中国自 1986 年开始"复关"谈判，1991 年加入第一个论坛性区域经济合作组织，直至 2001 年才正式加入国际区域经济合作组织。相比之下，中国的主要贸易伙伴大多是多个 FTA 的组建者或参与者。其中，欧洲地区已经形成了 FTA 的区域网络，其轴心是欧盟。2005 年，以欧盟为中心的 FTA 网络已进一步扩展到洲际范围，美国贸易政策制定者的注意力也逐步从多边协定转移到区域协定上来。除欧盟、美国以外，加拿大、澳大利亚、东盟、韩国

---

① 后发劣势与后发优势相对应。美国经济史学家亚历山大·格申克龙在总结德国、意大利等国经济追赶成功经验的基础上，于 1962 年创立了"后发优势理论"。所谓"后发优势"，也常被称作"落后得益""落后的优势""落后的有利性"等。林毅夫等人认为中国的经济发展存在后发优势，即中国可以利用与发达国家之间存在的技术差距，通过引进技术的方式，来加速技术变迁，从而实现经济腾飞。但是杨小凯却认为中国的发展存在后发劣势，即中国倾向于模仿发达国家的技术和管理而不去模仿发达国家的制度，这种做法尽管可能在短期内获得经济的快速增长，但会强化制度模仿的惰性，从而给经济增长留下隐患，致使长期发展变为不可能。

等的贸易政策也越来越多地融入了区域主义的成分，即使是一贯积极支持多边主义的日本，自 2001 年以后立场也发生了显著改变。2001 年，在《国际贸易白皮书》中，日本首次从官方角度阐明了多边贸易体制的不足以及建立 FTA 的必要性，提出了区域贸易安排的五个政策目标。2002 年 1 月，日本－新加坡自由贸易区正式生效，此后，与东盟、韩国、智利等组建 FTA 的设想也开始付诸实施。与主要贸易伙伴相比，中国组建或者参与的一体化组织，不仅数量有限，而且经济规模也较小。

在全球 FTA 网络大发展的背景下，中国这个"后来者"实施自由贸易区战略也存在后发劣势。具体表现为：第一，在市场进入方面的后发劣势。如果贸易伙伴与竞争对手组建自由贸易区，意味着竞争对手的商品和企业可以获得竞争优势，从而占领贸易伙伴市场，对中国形成贸易转移和投资转移。即使中国再与贸易伙伴组建自由贸易区，在商品和投资领域失去的市场也难以恢复。第二，在制定标准方面的后发劣势。为了便于自由贸易区中的商品、资本等生产要素的流通，签署自由贸易协定的各方也会就一些生产标准进行协调。如果中国的贸易伙伴与他国组建自由贸易区，它们会根据自身现行需要制定相应的标准。不管中国是加入该自由贸易区，还是跟其中的国家组建新的自由贸易区，都要根据已存在的标准进行调整，这意味着中国在此标准制定过程中失去了先机。第三，在成为轮轴方面的后发劣势。在全球 FTA 网络中，各国 FTA 进程也将不会同步。尤其在"轮轴－辐条"模式盛行的背景下，一些国家会因为率先组建 FTA 而成为轮轴，从而获得更多的福利效应。中国 FTA 进程起步晚，在未形成大规模的以自身为中心的 FTA 网络之前，如果盲目模仿贸易伙伴的 FTA 战略，很有可能会成为辐条。因此中国作为国际区域经济合作的"后来者"，某种程度上已经失去了成为轮轴的先机。

第四节　进一步实施互利共赢国际区域经济合作的战略选择

从中国实施互利共赢国际区域经济合作战略的现实条件来看，中国实施 FTA 战略具备一定的优势，但是劣势也不容忽视。从优势和机遇来看，中国在实施 FTA 战略的策略上应该更加积极，以全方位、多层次的方式构建自身的 FTA 网络。但是从其劣势和挑战来看，中国实施 FTA 战略也需要合理控制、循序渐进，采取先易后难的方式逐步推进。如果要规避 FTA 带来的挑战，并抓住其带来的机遇，中国仍需要做一些政策安排。①

一　互利共赢国际区域经济合作战略实施的目标

在经历 30 多年的扩大型对外开放后，中国经济发展取得了世人瞩目的成就。经济的快速发展不仅归因于中国对自身资源禀赋和比较优势的清醒认识，也源于中国对经济发展机遇的及时把握。某种程度上讲，中国与时俱进的调整对外开放战略是取得巨大发展成就的主要原因。针对经济发展面临的经贸摩擦加剧、环境与贸易冲突日益明显等问题，中国对其对外开放战略进行了相应调整。结合中国的对外开放战略，从战略角度进行分析，可以将中国进一步参与国际区域经济合作的总体目标定位为"构建以中国为中心的 FTA 网络，以此落实互利共赢的对外开放战略，营造良好的国际经贸环境，为中国外经贸发展创造条件"。具体战略目标可以分解为：保障出口；改善贸易条件；提升利用外资质量；推动中国企业"走出去"；保障重要资源与能源供应；推动多边贸易自由化。

二　互利共赢国际区域经济合作新战略实施的重点

以互利共赢的对外开放战略为基础，中国可以遵循互利共赢机制，依照以下重点实施互利共赢的国际区域经济合作新战略。

（一）加强中国参与国际区域经济合作的规划与制度建设

现阶段，很多国家都制定了国际区域经济合作战略，例如美国的"竞争性自由化战略"、日本的"全球化战略"、墨西哥的"全方位自由贸易战略"、智利的"叠加式国际区域经济合作战略"、新加坡的"扩大腹地战略"等。这些战略对选择国际区域经济合作伙伴的原则、目标、标准、步骤都做出了详细的规定。虽然中国已经提出实施 FTA 战略，但是至今尚未

---

① 余振：《中国互利共赢的国际区域经济合作战略》，《武汉大学学报》（哲学社会科学版）2009 年第 5 期。

建立起一整套主旨明确、安排有序、措施具体的国家 FTA 战略规划，这种局面不利于中国及时适应世界经济形势，最大限度地获取战略利益。周边的竞争对手韩国、日本、美国、欧盟等都有专门机构负责规划并对潜在对手国进行研究和评估。为了更主动有效地参与地区经济事务，在这些事务中争得更多的发言权，提升中国参与地区和国际合作的地位，必须从促进对外开放、缓解贸易摩擦、实现优势互补和追求政治利益等多个角度出发制定出一整套的战略规划。在合作内容上，应针对不同的合作区域和不同的合作目的，统筹提出贸易、投资、金融等政策措施，必要时多管齐下。在步骤安排上，应按照周边优先、经济互补优先、重要贸易伙伴优先的原则展开。在国内体制协调上，应对投资、贸易、金融、服务等各种资源进行综合统筹。

实施 FTA 战略，有效参与国际区域经济合作，不仅需要统筹国际关系、外交政策、贸易投资政策等许多体制与政策层面的问题，还需要系统了解选择不同合作伙伴及其合作方式对于国内、国际经济形势和地区地缘政治形势可能带来的影响。因此在实施 FTA 战略过程中，外交部门、涉外经济部门和国内各产业政策部门之间的共同参与和统一协调显得尤为必要。美国贸易代表办公室设有专门的双边谈判机构和多边谈判机构，日本外务省也于 2002 年 11 月 12 日成立了自由贸易区及经济伙伴关系协定总部，并在经济司内增设自贸区及经济伙伴关系处，具体负责双边 FTA 或 EPA 的谈判和规划。在正式确立 FTA 战略后，中国应该设立一个能够起主导和协调作用的专门机构，统一管理与 FTA 战略实施有关的所有工作，包括主持开展 FTA 专项课题研究、制定谈判策略、与国内有关部门进行沟通和协调等。

（二）推动中国与合作伙伴进行产业对接和产业内贸易合作

尽管中国的经济实力已经得到较大提升，部分产品的竞争力稳步增强，但是在参与国际区域经济合作过程中，中国部分商品将面临更大的竞争压力。相比较而言，产业内分工的协调成本要低于产业间分工的协调成本，积极与国际区域经济合作伙伴开展产业内分工，有利于中国与东亚经济体的产业对接与产业分工。

1. 发挥政府作用

对于政府而言，一方面，国家应该使用各种措施打破地区封锁，保证产品在全国范围内的自由流动，推动各地区企业间的吸收与兼并，推动联合以达到基本规模，使得中国的大市场优势能够真正发挥出来；另一方面，要选择适当的产业加以保护，使得中国自己的大市场真正为己所用。

2. 发挥企业作用

对于企业而言，应当重视和加强产品差异化的创造，并力争建立自己的品牌。在国际竞争中，差异化是增加产品附加值的重要手段，它不仅有质量、技术登记上的垂直差异，还体现在商品品牌、营销渠道和售后服务等方面的水平差异上。事实上，中国目前的许多产品在垂直差异上已经不逊于其他国家，但由于缺乏著名的品牌和可靠的销售渠道而不能在国际市场上获得应有的价格，也就失去了产业内贸易的意义。因此，中国的企业应该在包装、广告、销售和售后服务上形成一套统一、完善的机制，强化产品的差异性，从而创造出自己的国际名牌，使已有的产业尽快加入产业内贸易中以获取应有的利益。

3. 创新科研机制

形成更为灵活、更有效率的科研机制也非常必要。技术上的微小差别就是产业内贸易的重要原因，未来进入产业内贸易的产品中高技术含量的产品会日益增多，技术的不断提高与发展是参与产业内贸易的必要条件。目前，中国的科研一直以国家科研机构和高等学校为主，市场导向不强，每年至少有 2/3 的科技成果被保留在实验室中无人问津，而许多企业却找不到合适的技术来进一步发展。因此，一方面中国企业应该加大研究和开发投资的力度，另一方面，科研人员应该以市场为导向进行有目的的创新，从而形成更为灵活、更有效率的科研机制。

（三）积极开展非贸易领域的合作

中国比较优势指数显示，中国部分商品已经具有一定比较优势，参与国际区域经济合作，有助于中国这部分具有比较优势的产品扩大市场范围。但不容忽视的是，仍有部分商品具有比较劣势，可能在中国参与和推动国际区域经济合作进程中遭受冲击。这部分产品的生产者可能会面临生产调整的问题。因此，中国在参与国际区域经济合作的进程中也需要扩宽合作范围，不要将一体化内容局限于贸易自由化，要将一体化内容扩展到经济技术合作等非贸易合作领域。通过非贸易领域的合作，开展各种能力建设，增强中国企业或产业面临进口竞争的能力，提升它们生产转型的灵活度。

1. 开展人力资源开发领域的合作

人力资源是支撑经济增长的最重要的因素之一。在贸易自由化进程中，进口竞争部门的经济结构调整的具体成本大部分都会由该部门从业者承担。因此帮助这部分人应对贸易自由化之后新的经济和生产结构将成为合作中的重中之重。具体而言，可以由教育和劳动人事部门牵头，联合培养高级企业管理人员、科技人员和教师，注重应用科技方面的人才培养；开办和参加标准化、一致化及知识产权方面的培训课程，通过支持贸易和投资自由化的经济技术合作提高中国海关、法律、信息等部门的工作能力和效率；开展工商志愿者计划，结合国有企业改革提高大中型企业经理和管理人员的经营水平；制订终身学习计划，开展对中国劳动力的再培训工程，提高劳动力素质和劳动技能，使之能够适应不断变化的劳动力市场需求。

2. 加强基础设施领域的合作

贸易自由化不仅会引起生产结构和贸易结构的变化，也会对生产力的地区配置产生影响。而生产要素的流动和生产力跨区域的优化配置也会受到基础设施的制约。因此在推动和参与国际区域经济合作的过程中，也需要加强在经济基础设施领域的合作。对于中国而言，中西部地区与发达国家存在巨大的差距。随着中国经济的高速发展，能源、交通和电信信息技术等行业的发展滞后日益成为中国经济发展的瓶颈。利用推动和参与国际区域经济合作的机会，深化与东亚国家在基础设施领域的合作，将为中国消除这些瓶颈提供难得的机遇。例如，在交通和运输方面，合作应集中在农用车辆、非石油能源、码头设备和运输管理；在电信信息领域，应尽快跟上电子信息技术不断革新的形势，加快与东亚成员的信息一体化建设；中国还应积极倡导在东亚建立安全、高效、一体化的交通运输体系的构想，减少贸易运输成本。

3. 深化中小企业发展领域的合作

中小企业在国民经济中发挥着重要的作用。但是中小企业在贸易自由化进程中最容易受到冲击。中国可以通过与东亚其他国家的合作，譬如参加或举办培训项目、研讨班、讨论会等，吸收发达成员或其他发展中成员的先进经验，创造良好的商业环境满足中小企业要求，提高中小企业的人力资源和内部管理水平，帮助中小企业有效利用市场、技术、人力资源、金融和信息，增强中小企业活力。

4. 积极开展科学技术领域的合作

国际区域经济合作的不断发展，意味着东亚地区的经济竞争将更加激烈。如要在激烈的竞争中保持领先地位，则需要提升产品的技术含量、增强国际竞争力。中国要在东亚国际区域经济合作进程中获得竞争优势，就必须加速科技进步，提高劳动者素质，发展高新技术产业，强化应用技术的开发和推广，增进自主创新能力，促进科研成果向生产力快速转换。推动与东亚成员的科技合作，有助于中国科技进步。中国应该着眼于提高技术以及技术信息的流动性，具体形式可以包括：参加或举办研究人员和工程技术人员的交流和培训会；举办东亚技术市场、技术博览会和技术研讨会；敦促发达成员减少对发展中成员技术转让的限制；联合建设科技信息网络和实验室网络；提出或发起一些共同开发的研究项目；通过东亚成员之间的产业技术转让或交流推进企业改组和产业结构的调整。

（四）加大中国互利共赢国际区域经济合作的宣传力度

加大对国际区域经济合作尤其是 FTA 战略的宣传力度，突出企业在其中的主体地位。为了更好地实施 FTA 战略以参与国际区域经济合作，中国还需要加强自身建设，促进国内产业升级的同时，大力宣传、普及 FTA 和国际区域经济合作的相关知识。尤其是突出企业的微观主体地位，帮助企业了解 FTA 和国际区域经济合作，熟悉原产地规则、投资条款等合作内容，更好更快地开展"卖出去、买进来和走出去"，获取参与国际区域经济合作的动态效应与长远利益。

三 互利共赢国际区域经济合作新战略实施的策略

根据上述目标和重点，中国参与国际区域经济合作的总体布局应该是"依托周边，拓展亚太，迈向全球"。但是国际区域经济合作的具体实施还需要采取以下策略。

（一）积极参与，合理控制

按照前面的分析，中国在参与国际区域经济合作方面具备开放优势、市场优势、竞争优势和大国综合优势，并且还可以通过参与国际区域经济合作获得贸易收益、增长收益以及其他收益。这意味着中国只有通过积极参与国际区域经济合作，充分利用自身在国际区域经济合作实践中的各种优势，才可能获得相应的收益。此外，国际区域经济合作内涵丰富，FTA仅是其最流行的组织形式。从国际区域经济合作的共赢机制来看，仅从自由贸易角度来推行国际区域经济合作是远远不够的，需要将中国参与国际区域经济合作提升至战略高度，即将FTA战略扩展为国际区域经济合作战略，并全方位和多层次进行参与。

所谓全方位，指的是不仅从贸易投资自由化的角度开展国际区域经济合作，而且还要加强成员之间的经济技术合作，具体包括人力资源开发合作、能源合作、金融合作、应对突发事件合作等。例如依托培训、研讨会等方式实施的人力资源开发合作，帮助进口竞争部门的劳动力向出口部门转移，减少贸易自由化进程带来的调整成本。金融合作与应对突发事件合作则可以更深层次地推动区域经济合作，为实现区域共同利益奠定基础。

多层次意味着要同时从双边与多边参与论坛性和机制性的国际区域经济合作。机制性的国际区域经济合作具有更强的制度保障，中国可以优先通过多边和双边的FTA，构建自己的FTA网络，并辅之论坛性的国际区域经济合作，充实国际区域经济合作战略体系。如图6-4所示，双边和多边FTA协议构成FTA网络，通过推行FTA协议标准（Best Practice）以及协调原产地规则，将FTA网络的节点扁平化，减少"巴格瓦蒂面碗"效应带来的负面影响，增加FTA网络的运行效率。但是由于FTA受制于WTO相关条款的限制，且各个协定内容不尽相同，FTA网络中会出现一些协议未涉及的"网眼"（既包括协议和制度在层次和产业上的不全面性，也包括地域上的非完整性）。尽管论坛性的国际区域经济合作缺乏制度支撑，但是其灵活的合作方式和丰富的合作内容，可以对FTA网络的空白区给予补充，这些因素共同构成了中国国际区域经济合作战略体系。

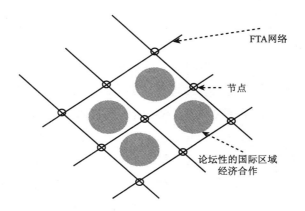

图 6 - 4　国际区域经济合作战略体系

与此同时，中国在参与国际区域经济合作中还有一些不能忽视的劣势。例如战略规划和管理劣势、服务业劣势、后发劣势等，如果控制不适当，则可能遭受更大的调整成本和协调成本。尤其是要保证每个国际区域经济合作协议的执行效果，每个协议都需要制定相应的监督机制。随着中国参加协定数量的增加，面对着为不同协定而设定的标准，协调成本势必增加。而且这一成本无疑又会增加交易成本，并与加入协定的数量成正比，从而形成恶性循环。所以中国应在积极参与的基础上合理控制国际区域经济合作协议的数量。

（二）循序渐进，先易后难

中国参与国际区域经济合作可以获得贸易收益、增长收益等，但是也面临着贸易自由化带来的调整成本。为了确保国内产业的发展和对外开放处于平稳状态，中国应积极探讨参与每一个国际区域经济合作协议的必要性和可行性，深入研究由此带来的影响，权衡利弊，有步骤、有层次、由低到高地逐步参与国际区域经济合作，尽可能降低调整成本，在互利共赢的基础上与其他国家或地区建立更为紧密的经贸关系。具体而言，中国在选择国际区域经济合作伙伴时应遵循以下基本原则：第一，先选择地理相近、经贸关系紧密、政治关系和睦的经济体；第二，先选择具有相对竞争性的经济体和规模较小的发达经济体；第三，先选择双边 FTA 战略较为成熟的国家和地区，再发展其周边区域。

（三）重点突出，协调推进

根据国际区域经济合作发展的实践经验以及中国的自身国情，中国在参与国际区域经济合作进程中尤其要突出重点。首先，应推动已组建的国际区域经济合作向更深层次发展。例如中国－东盟自由贸易区已经签署了货物贸易和服务贸易自由化协定，可以继续向货币和金融合作方向发展。其次，加速与韩国、日本和印度等国家的自由贸易谈判，为今后在更大范围内参与国际区域经济合作铺路。最后，努力推动现已启动的中国与澳大利亚、海合会、冰岛等国家和地区经济组织的 FTA 谈判，为在全球范围内构建以中国为中心的 FTA 网络奠定基础。

（四）不同对象，差异对待

与不同对象开展国际区域经济合作，内容与方式不尽相同。因此中国在参与国际区域经济合作中也应该采取差异化的策略。

第一，实行国别差异化政策。中国在参与国际区域经济合作中有必要根据国家实力和制度等因素，对不同类别的国家实施差别对待政策，施行有针对性的差异化策略。针对政治经济强国，中国可以依靠 WTO 等国际性组织，在 WTO 框架内与其进行合作。同时采用联弱增强策略，先联合周边弱国组建 FTA，然后通过 FTA 组织身份，凭借集团经济实力加强自身 FTA 谈判的能力，提高中国与强国间 FTA 规则的制定和利益分配的影响力。

第二，实行地域差异化政策。国际区域经济合作是一个渐进的过程，其渐进性既表现在时间上，也体现在空间上。从地域角度考虑，中国参与国际区域经济合作应该采取由近及远的思路，实行远交近攻的策略。尽管近年来跨地区、远距离的经济体之间开展合作甚至签署 FTA 成为一种新现象，但是对于中国而言，周边地区仍应该是合作的重点。

第三，实行贸易结构差异化政策。对于与中国贸易结构不同的国家，则以市场换市场的策略，消除贸易壁垒，获得市场准入，通过产业间分工进一步发挥彼此优势，获取国际区域经济合作的贸易创造利益。对于与中国贸易结构趋同的伙伴，强化彼此之间的产业内分工，通过外部竞争内部化的策略，化解外部竞争，以规模经济获得国际区域经济合作的动态利益。对于那些贸易结构层次处于中国下游的国家，中国完全处于技术领先优势地位，双方竞争并不处于同一层次。中国可以利用 FTA 吸引这些国家，为其提供便利的市场准入资格，输入这些国家廉价的商品可以提高贸易福利收益；同时发挥中国在技术、研发等领域的比较优势，鼓励中国企业对其进行直接投资。因此，开展国际区域经济合作，在宏观层面有利于增强中国对这些国家的影响力，提升中国的国际形象和地位，企业微观层面有利于中国企业国际性经营发展，优化中国企业资源配置。

第五节　实施互利共赢国际区域经济合作新战略的案例分析

——以亚太地区为例的实证分析

早在 20 世纪 60 年代初，一些亚太地区的工商界人士和学者受到欧洲经济一体化的启发，提出了太平洋经济合作的构想。与其他地区相比，亚太地区的区域经济一体化进程发展相对迟缓，直至 1989 年才成立了论坛性质的区域经济合作组织 APEC。进入 21 世纪之后，全球区域经济一体化迅猛发展，亚太地区 RTAs 和 FTAs 大量出现，体现出亚太经济体对于机制型一体化的强烈需求。中国从 20 世纪 90 年代初就开始参与 APEC 经济与技术合作，与亚太经济体建立了密切的经贸关系。以下将以东盟、澳大利亚、加拿大、智利、日本、墨西哥、新西兰、秘鲁、韩国、俄罗斯和美国 11 个 APEC 成员为研究对象，选用贸易份额指数、贸易密集度指数和 HM 指数，利用联合国的商品贸易统计数据库（UN COMTRADE）的贸易数据，对中国与亚太经济体之间的贸易依赖关系进行实证研究。其中，东盟 10 国已经组建了自由贸易区，并且以整体形式与中国签署了自贸区协定，故在实证分析中将其当作一个整体看待。

一　中国与亚太经济体的绝对贸易依赖测度

在衡量绝对贸易依赖程度时，贸易份额指数（Trade Share Index）是一个比较常用的指标，具体包括简单贸易份额指数和综合贸易份额指数。前者主要通过对某经济体的出口占其总出口的比重，反映其出口对该经济体的依赖程度。它的计算公式为 $s_{ij} = x_{ij}/x_{i.}$，其中 x_{ij} 表示 i 国对 j 国的出口额，$x_{i.}$ 表示 i 国的总出口额。虽然这个指数容易计算，但是它存在两点缺陷：其一，仅考虑出口，忽略了进口；其二，只能单方向反映 j 国市场在 i 国出口中的地位，而不能反映出 i 国市场在 j 国出口中的地位，使得衡量的贸易依存关系不够全面。而综合贸易份额指数通过两国之间的进出口额之和占两国总的进口额和出口额之和的比重，可以比较全面地反映两国的贸易依赖程度，其计算公式为：

$$S_{ij} = (x_{ij} + x_{ji} + m_{ij} + m_{ji}) \times 100\% / (x_{i.} + x_{j.} + m_{.i} + m_{.j})$$

其中，x_{ij}、x_{ji}、m_{ij} 和 m_{ji} 分别表示 i、j 两国对彼此的出口额以及来自对方的进口额，$x_{i.}$、$x_{j.}$、$m_{.j}$ 和 $m_{.i}$。S_{ij} 的取值范围在 0 至 100 之间，数值越大，说明两国之间的贸易依赖程度越高。

表 6 - 3 测度了中国与亚太经济体之间的绝对贸易依赖程度。2000 ~ 2008 年，除新西兰之外，中国与绝大多数亚太经济体之间的贸易份额指数的年均变化率均大于 0，说明中国与亚太经济体之间的贸易依存关系不断加深。其中，与中国贸易依存关系提升最快的 6 个亚太经济体依次为墨西哥、秘鲁、智利、东盟、美国和俄罗斯。从贸易份额指数的均值来看，与中国贸易份额指数最高的 6 个经济体则依次是日本、美国、韩国、东盟、澳大利亚和俄罗斯。其中，日本、韩国与东盟均为东亚经济体，说明中国与地理位置毗邻的东亚经济体之间的贸易依存关系比较明显。总的来看，中国与亚太经济体之间的绝对贸易依存度呈现出不断加深的态势。

表 6 - 3　中国与亚太经济体的贸易份额指数

单位：%

年份	东盟	澳大利亚	加拿大	智利	日本	墨西哥	新西兰	秘鲁	韩国	俄罗斯	美国
2000	5.86	2.87	1.71	0.78	12.65	0.61	0.47	0.29	8.15	2.32	7.90
2001	6.33	2.88	1.85	0.77	13.99	0.83	0.50	0.28	8.41	2.75	8.64
2002	7.45	2.91	1.90	0.75	14.80	1.15	0.50	0.32	9.11	2.74	10.05
2003	8.25	2.86	1.96	0.75	15.61	1.29	0.48	0.28	9.83	2.62	11.05
2004	8.73	3.10	2.25	0.86	15.45	1.43	0.49	0.34	10.37	2.56	11.87
2005	9.18	3.39	2.36	0.94	14.73	1.43	0.45	0.40	10.80	2.80	12.65

年份	东盟	澳大利亚	加拿大	智利	日本	墨西哥	新西兰	秘鲁	韩国	俄罗斯	美国
2006	9.50	3.35	2.42	0.93	14.02	1.66	0.41	0.43	10.53	2.82	13.23
2007	9.95	3.54	2.52	1.29	13.47	1.71	0.41	0.43	10.51	3.22	13.22
2008	9.48	3.97	2.55	1.27	13.02	1.72	0.41	0.52	10.36	3.42	12.64
均值	8.30	3.21	2.17	0.93	14.19	1.31	0.46	0.37	9.79	2.81	11.25
年均变化率	6.37	4.26	5.20	7.02	0.51	14.67	-1.57	8.23	3.12	5.25	6.22

资料来源：根据联合国商品贸易统计数据库（UN Comtrade Database）数据计算得来。

二　中国与亚太经济体的相对贸易依赖测度

尽管贸易份额指数可以从时间纵向上说明两国之间的贸易依赖程度的变化，但是无法从横向进行比较，即难以说明一国对另一国的贸易依赖要强于对其他国家的依赖。为此，Brown（1949）、Kojima（1964）、Drysdale 和 Garnaut（1982）、Anderson（1983）、Frankel（1997）等创立并发展了贸易密集指数（Trade Intensity Index），对相对贸易依存度进行测度。贸易密集指数最普遍的表示形式为 $i_{ij} = (x_{ij}/x_{i.})/(x_{i.}/x_w)$，其中和分别表示 i 国对 j 国的出口及 i 国的总出口，则表示全球的出口总额。该指数将 i 国对 j 国的出口占 i 国总出口的比例与 i 国总出口占全球总出口的比例相比较，分析 j 国市场对 i 国出口的重要程度。这个形式的贸易密集指数虽然可以度量 i 国出口对 j 国市场的依赖程度，但同样忽略了进口在贸易依赖分析中的作用。为此，本文借鉴综合贸易份额指数的思路，将普通形式的贸易密集指数拓展为：

$$I_{ij} = \frac{[(x_{ij} + x_{ji} + m_{ij} + m_{ji})/(x_{i.} + x_{j.} + m_{.i} + m_{.j})]}{[(x_{i.} + x_{j.} + m_{.i} + m_{.j})/(2x_w + 2m_w)]}$$

其中，x_{ij}、x_{ji}、m_{ij}、m_{ji}、$x_{i.}$、$x_{j.}$、$m_{.j}$、$m_{.i}$ 和表示的含义与前面相同，而则表示全球进口总额。如果大于 1，说明 i 国和 j 国彼此之间的依赖关系超过了它们对全球市场整体的依赖。

从表 6-4 测度的中国与亚太经济体之间的贸易密集指数来看，中国与东盟、日本、韩国以及美国之间的贸易依赖超过了它们与全球市场之间的依赖程度。其中，中国与东盟、美国的贸易密集指数分别从 2000 年的 1.16 和 0.78 增加至 2008 年的 1.33 和 1.27，年均增长 1.84% 和 6.47%，反映出中国与东盟、美国之间的贸易依赖程度较中国与其他亚太经济体获得更快提升。而澳大利亚、加拿大等其余 7 个亚太经济体与中国的贸易密集指数均小于 1，说明它们之间的贸易依赖关系不及它们与全球市场的贸易依赖关系。这些都反映出中国与亚太经济体之间的相对贸易依赖程度的分化，即在中国与亚太经济体相互依赖普遍加深的背景下，中国与日本、韩国、东盟和美国之间的贸易依赖关系获得了更大程度的深化。

表 6 - 4   中国与亚太经济体的贸易密集指数

年份	东盟	澳大利亚	加拿大	智利	日本	墨西哥	新西兰	秘鲁	韩国	俄罗斯	美国
2000	1.16	1.18	0.43	0.38	2.37	0.19	0.23	0.15	2.52	0.95	0.78
2001	1.24	1.10	0.45	0.34	2.68	0.24	0.22	0.13	2.54	1.02	0.86
2002	1.37	0.98	0.44	0.29	2.72	0.31	0.20	0.13	2.47	0.89	1.01
2003	1.42	0.84	0.42	0.25	2.70	0.32	0.16	0.09	2.37	0.74	1.13
2004	1.41	0.82	0.46	0.26	2.54	0.33	0.15	0.10	2.27	0.65	1.21
2005	1.41	0.83	0.46	0.26	2.35	0.33	0.12	0.11	2.22	0.64	1.26
2006	1.40	0.78	0.46	0.24	2.21	0.34	0.11	0.11	2.07	0.60	1.32
2007	1.42	0.77	0.45	0.30	2.06	0.33	0.10	0.10	1.94	0.63	1.32
2008	1.33	0.82	0.45	0.29	1.91	0.33	0.09	0.12	1.83	0.63	1.27
均值	1.35	0.90	0.45	0.29	2.39	0.30	0.15	0.12	2.25	0.75	1.13
年均变化率	1.84%	-4.24%	0.65%	-2.63%	-2.45%	7.81%	-10.89%	-1.51%	-3.89%	-4.65%	6.47%

资料来源：根据联合国商品贸易统计数据库（UN Comtrade Database）数据计算得来。

三　中国与亚太经济体之间贸易依赖对称性的测度

针对目前区域经济一体化中的"轴心 - 辐条"格局，Baldwin（2003）构造了 HM 指数（Hubness Measurement Index）来测算 FTA 网络中的潜在轴心国。该指数的计算公式为：$HM_j = \dfrac{x_{ij}}{x_{i.}} \times \left(1 - \dfrac{m_{ij}}{m_{.j}}\right) \times 100\%$。其中，$x_{ij}$、$m_{ij}$、$x_{i.}$ 和 $m_{.j}$ 表示的含义与前面相同。它主要衡量 i 国出口对 j 国市场的依

赖程度，其取值范围为 [0, 1]，越靠近 1，表明 i 国出口对 j 国市场的依赖程度越大。在 FTA 网络中，如果所有的国家的出口对某一个或几个国家形成强烈依赖，那么这一个或几个国家将成为轴心。因为"轴心 - 辐条"格局本身反映出经济体之间依赖的非对称性，所以本文依据 HM 测度中国与亚太经济体之间贸易依赖的非对称程度。

表 6 - 5 和表 6 - 6 利用联合国商品贸易统计数据库的数据，分别测算了 2000 ~ 2008 年中国出口对美国、日本、韩国等 11 个 APEC 经济体的 HM 指数，以及这 11 个 APEC 经济体出口对中国市场的 HM 指数。从计算的结果来看，中国出口最为依赖的亚太经济体前 6 位分别是美国、日本、东盟、韩国、俄罗斯和加拿大；而对中国市场最为依赖的亚太经济体，前 6 位分别是韩国、日本、澳大利亚、智利、秘鲁和东盟。由此可见，中国与亚太经济体相互之间的贸易依存呈现出明显的非对称性，即澳大利亚、智利和秘鲁对中国市场形成明显单方面依赖；而中国却对美国、俄罗斯和加拿大形成明显的单方面依赖，中国只与日本、韩国和东盟形成比较明显的对称性依赖关系。

表 6 - 5 中国出口对亚太经济体的 HM 指数

单位：%

年份	东盟	澳大利亚	加拿大	智利	日本	墨西哥	新西兰	秘鲁	韩国	俄罗斯	美国
2000	6.61	1.27	1.23	0.3	14.29	0.53	0.16	0.06	4.17	0.87	19.14
2001	6.5	1.22	1.21	0.29	14.09	0.66	0.15	0.06	4.26	0.98	18.53
2002	6.71	1.27	1.26	0.28	12.15	0.85	0.17	0.07	4.23	1.03	19.13
2003	6.48	1.27	1.21	0.27	10.89	0.7	0.17	0.07	4.02	1.3	18.49
2004	6.56	1.3	1.28	0.26	9.82	0.78	0.16	0.07	4.07	1.44	18.18
2005	6.51	1.25	1.41	0.26	8.7	0.67	0.16	0.07	3.93	1.61	18.2
2006	6.53	1.2	1.46	0.29	7.52	0.82	0.15	0.09	3.87	1.48	17.68
2007	6.8	1.25	1.44	0.32	6.65	0.86	0.15	0.13	3.81	2.05	15.89
2008	7.1	1.31	1.37	0.38	6.59	0.86	0.15	—	4.25	2.01	14.76
均值	6.64	1.26	1.32	0.29	10.08	0.75	0.16	0.08	4.07	1.42	17.78
年均变化率	0.93	0.46	1.47	3.32	-9.10	7.53	-0.63	-1.29	0.35	11.88	-3.12

资料来源：根据联合国商品贸易统计数据库（UN Comtrade Database）数据计算得来。

表 6 - 6   亚太经济体出口对中国的 HM 指数

单位：%

年份	东盟	澳大利亚	加拿大	智利	日本	墨西哥	新西兰	秘鲁	韩国	俄罗斯	美国
2000	3.47	5.33	0.89	4.92	5.17	0.19	3.08	6.43	9.61	4.96	1.88
2001	3.92	6.05	1.04	5.65	6.33	0.24	4.12	6.23	10.93	5.42	2.35
2002	4.83	6.87	1.03	6.99	7.83	0.41	4.6	7.95	13.21	6.23	2.89
2003	5.8	8.27	1.25	9	9.98	0.59	4.83	7.7	16.22	6.03	3.6
2004	6.5	9.13	1.62	10.33	10.87	0.66	5.67	9.91	17.43	5.44	3.91
2005	7.22	11.28	1.63	11.29	11.41	0.53	5.07	10.84	19.24	5.27	4.28
2006	7.75	12.18	1.76	8.78	12.25	0.67	5.41	9.51	18.92	5.11	4.93
2007	8.24	13.67	2.09	15.02	13.15	0.69	5.34	10.87	19.68	4.22	5.2
2008	8.29	14.09	2.37	14.12	13.86	0.7	5.9	11.95	19.51	4.42	5.1
均值	6.22	9.65	1.52	9.57	10.09	0.47	4.89	9.04	16.08	5.23	3.79
年均变化率	11.71	13.08	13.45	16.78	13.45	28.28	9.14	8.93	9.59	-0.95	13.67

资料来源：根据联合国商品贸易统计数据库（UN Comtrade Database）数据计算得来。

四　中国实施亚太区域经济合作新战略的路径选择

根据以上实证结论可以看出，中国与亚太经济体的绝对贸易依赖程度不断增加，说明它们之间的整体贸易关系日益密切，凸显了中国进一步参与亚太区域经济一体化的必要性和紧迫性。但是中国与亚太经济体之间的相对贸易依存却出现分化，说明中国与部分亚太经济体之间的贸易关系出现了相对弱化，意味着中国不适合选择一蹴而就的方式参与亚太区域经济一体化。而 HM 指数的实证结果说明中国与亚太经济体相互之间的贸易依存呈现出明显的非对称性，更是表明中国需要以渐进式模式推动亚太区域经济一体化进程。具体而言，中国可以依照"积极参与、优先推动、稳步落实、密切关注"的战略框架逐步参与亚太区域经济一体化。

第一，积极参与并制定具体的亚太经济一体化战略。从 2007 年开始，中国正式实施自由贸易区战略。在 18 个中国已经或即将签署的自贸区协议中，共有 11 个自贸区包括 APEC 成员。其中在 10 个已经签署协议的自贸区中，有 8 个自贸区伙伴为 APEC 成员。但是迄今为止，中国尚未制定完整的自由贸易区战略。中国可以借用推动和参与亚太区域经济一体化的机会，探索参与亚太区域经济一体化的原则、目标、标准和步骤，为全面规划和制定 FTA 战略提供参考。

第二，优先推动和参与东亚经济一体化。实证结果显示，中国与日本、韩国以及东盟等东亚经济体的相对贸易依赖关系不断加深，并且依赖关系呈现出明显的对称性，表明它们均可以在东亚经济一体化进程中获得更大的贸易创造收益，以及最大可能避免贸易转移的冲击。目前，中国与东盟签署的自由贸易协定已经生效，可以进一步选择在货币领域加强合作，与东盟国家推动更深层次的经济一体化。另外，中国可以利用现有的"10＋1"和"10＋3"机制，积极推动东亚区域经济一体化，通过东亚整体自由贸易区等战略目标的实现，提升自身在亚太区域经济一体化进程中的话语权。

第三，稳步落实与澳大利亚、智利以及秘鲁的双边 FTA 建设工作。目前，中国已经跟智利和秘鲁签署了 FTA 协议，正在与澳大利亚进行 FTA 谈判。前面的实证结果表明，澳大利亚、智利以及秘鲁已经对中国市场形成了明显的单方面依赖，它们对于与中国组建双边 FTA 存在需求。对于中国而言，推动类似的自贸区建设相对比较容易，自身也无须做出更多的让步。这些双边 FTA 也可以为中国参与亚太全面区域经济一体化积蓄能量。

第四，密切关注美国等亚太发达经济体的贸易政策动向。由于中国出口对美国、俄罗斯及加拿大等市场存在明显依赖，它们的贸易政策将对会中国的出口产生重要影响。因此，中国需要密切注意它们的贸易政策动向，尤其是对它们在亚太以及东亚地区的贸易战略动向需要格外关注。对于其中的俄罗斯，中国可以通过上海经济合作组织强化与其的贸易关系，协调彼此在亚太区域经济一体化方面的立场，增强双方在亚太区域经济一体化中的谈判地位。

第七章

实施互利共赢对外开放战略的政策建议

"十二五"规划建议中的"实施互利共赢的对外开放战略"是针对新时期的新情况提出的，是未来若干年中国对外开放的总战略，互利共赢的对外开放战略的实施包括以下八个方面的内容。

第一节　推进经济增长方式转变的政策建议

一　科技创新和体制创新：促进经济增长方式转变的内在动力

从要素配置的角度出发，经济增长可以划分为两种不同的方式，一是以增加投入要素和扩大规模为特点、强调增长速度的粗放型经济增长方式；二是以提高效率为基础、强调增长质量的集约型经济增长方式。现阶段中国的"高消耗、高能耗、高污染和低效率"的粗放型经济增长方式，已经导致了诸如自然资源急剧减少、环境日益恶化、低水平重复建设，以及区域、行业差距扩大等不利于社会和谐的问题。因此，在新的发展阶段，中国实现经济可持续增长的根本出路，是要在科学发展观的指导下，在提高效率的同时加快结构调整，逐步实现向集约型经济增长方式的转变。

必须以科学发展观为指导，统领经济社会发展全局。以科学发展观为指导，依靠科技进步、提高劳动者素质、创新体制机制来实现经济发展；必然要求淘汰高投入、高耗能、高污染、低效率的粗放型增长方式，实现低投入、低消耗、少排放、高产出、高效益、能循环、可持续的集约型经济增长方式。

（一）构建科技创新机制，推动经济增长向集约型转变

纵观世界经济增长史，各发达工业化国家在历史上都经历了从粗放型增长到集约型增长方式的转变，而这种转变主要是依靠科技创新和技术进步来实现的。科技创新提高经济效率的主要途径包括：一是改善生产要素的质量、开发资源新用途，提高资源利用效率，降低物耗和能耗；二是提高劳动者的科技技能和技术熟练度；三是通过正外部性，提升社会整体技术水平，提高劳动效率；四是优化生产要素在生产过程中的组合比例和结合方式，促进生产要素流动，实现经济资源的优化配置，从而提高经济效率。[①] 此外，通过科技创新可以发展清洁生产和循环经济，缓解资源和环境对经济增长的瓶颈作用，实现经济的可持续增长。

要实现以科技创新来促进经济增长方式的转变，必须组建"官、学、民、产、研、用"相结合的科技创新机制。重视教育和科学技术的作用，提高对公共教育和研发的支出。根据内生增长理论，一国的经济增长取决于技术进步和人力资本的积累。如果要提高技术进步率（全要素生产率），则需要利用相关政策如财政政策等增加对人力资本、基础设施以及研究与开发三个领域的公共投资。中国的人均教育经费支出以及研究与开发经费支出，不仅远远低于发达国家，甚至低于一部分发展中国家。当前迫切需要利用财政政策增加对上述三个领域的公共投资，为科技创新提供保障。同时，要建立以企业为主体、市场为导向、"官、学、民、产、研、用"相结合的技术创新体系，使企业真正成为研究开发投入、技术创新活动和创新成果应用的主体。

（二）完善体制创新路径，确保经济增长的可持续性

制度经济学的研究认为，制度是影响经济增长的一个重要因素，因此，中国经济要实现向集约型经济增长方式的转变，也必须要有相应的体制和制度创新来推动。中国经济运行中长期出现过度投资、低水平重复建

---

① 卫兴华、侯为民：《中国经济增长方式的选择与转换途径》，《经济研究》2007 年第 7 期。

设等现象，这在很大程度上是由于体制和制度不完善造成的。因此，制度创新对转变经济增长方式具有重要意义。

1. 培育集约型增长方式的微观主体

体制创新的一个重要基础，是要塑造集约型增长方式的微观主体。企业是微观经济主体，也是经济增长方式的微观载体。转变经济增长方式，最终要落实到转变企业经营机制和经营方式上。要通过完善企业的治理结构，改进企业的内部管理制度，使企业成为追求集约经营和提高效率的微观经济主体。

2. 构建效率主导型的投融资机制

体制创新必须塑造效率主导型的投融资机制。目前，中国的投资在很大程度上是政府主导型的投资，如应对金融危机时国家财政投资 4 万亿元。领导政绩和地方 GDP 崇拜等诸多因素干扰了投资的立项和投向，一方面，国企等的预算软约束和信贷投放的偏向性，导致投资项目低收益。盲目投资成为地方追求 GDP 和增长速度的保障；大量的经营机制灵活、投资收益率高的民营企业和中小企业，却得不到银行信贷，造成资源配置失当。另一方面，一些行业重复建设和生产、生产能力严重过剩现象较为普遍，造成大量资源、设备闲置和浪费。通过金融创新改革现有投融资机制，才能提高资产配置效率，提高经济增长的质量和效益。

3. 转变政府职能

目前，政府还直接或间接地控制着大量的经济资源和生产要素，对经济运行中的市场和企业存在直接的行政干预。同时，由于行政垄断、价格管制和市场准入方面的壁垒，市场配置资源功能存在着一定程度上的扭曲，在这个过程中，寻租、贪腐和资源浪费等现象随之产生。在市场经济条件下，政府的经济职能应体现在弥补市场主体"外部性"效应、制定法律法规和充当"裁判员"的角色等方面。只有转变政府职能，政府主导的经济增长模式才能转换为政府调控、市场主导、企业创造的经济增长模式。

4. 制定实施集约型经济增长的配套政策

体制创新需要制定与实施一系列有利于增长方式转变的政策。如在税收政策上，需要加大研发投入，给企业的研发活动以补贴，通过税收政策来鼓励企业开发资源节约、环境友好型的生产技术。在财政支出上，增加对公共教育支出的比例，大力发展各级职业技能培训教育。在对地方官员的政绩考核上，必须综合考虑 GDP、环境和资源成本等，将社会进步、可持续发展、社会和谐等内容引入干部考核衡量体系。在市场准入政策上，尽量减少各种进入壁垒，绝大多数行业实现自由进出。同时，政府仍然需要制定相关必要的市场准入政策和相应的法规，包括各个行业的先进技术经济指标和环境保护指标等，以确保行业整体的技术效率等。

二　统筹国内发展与对外开放：促进经济增长方式转变的基础

在经济全球化时代，一国经济发展的内需与外需是相互依存、相互补充的，具体表现在两方面。

首先，国内经济和国内需求可以为出口提供重要支撑和动力。具体表现在：第一，较大的国内市场可以发挥规模经济效应，降低生产和采购等交易成本，增强产业竞争力，为出口奠定坚实的产业基础；第二，消费结构的升级可以诱导新兴产业的发展，进而带动出口产品结构的升级；第三，国内研发和技术设备投资的增加，可以带动出口产品技术含量和附加值的提高，进而能够提升出口产品的竞争力，特别是推动高新技术产品出口；第四，国内市场和产业技术优势还可以促进跨境投资，促进对外贸易的迅速发展；第五，国内服务业的发展与升级，可以有力推动产品开发设计、市场营销、物流供应链等产业链高端环节的加快升级，延长国内价值链。

其次，国际市场和外需对内需也有同样巨大的拉动作用。具体表现在：第一，作为一种最终需求，国际市场和外需对国内即期投资与消费需求有很大带动作用，通过上下游产业产生乘数效应，拉动国内第一、第二、第三产业需求的扩大和升级，促进经济增长。第二，对发展中国家拉动内需和消费结构升级有特殊效应，通常发展中国家新兴和高端产业发展都会遭遇高成本、高价格瓶颈的制约，本地需求不足，而打破这种制约需要充分利用国际市场。中国信息通信技术和消费类电子产业就是在庞大外需支撑下迅速实现了规模经济和产业集聚，大幅降低了成本和价格，激活了国内居民的消费需求，中国也因此迅速跃居世界互联网用户和电话用户世界第一。第三，在规模经济、竞争效应、消费引导等综合性效应作用下，中国城乡消费品市场得以迅速成长。

要保持中国经济协调可持续发展，必须统筹国内发展与对外开放，推动经济增长方式由粗放型向集约型转变。要实现这种转变：第一，宏观调控的立足点是要扩大内需，形成消费、出口和投资协调增长的局面，为转变经济增长方式奠定坚实的基础。第二，调整出口产业结构，延长出口产业的价值链，增加产品附加值。第三，正确处理外贸和外资数量与质量、规模与结构的关系。短期内的主要任务应该是保规模、保市场和保产业，这是当前应对危机的特殊需要，也是保稳定、保就业、保民生的源头；同时，也要密切关注结构和质量问题，特别是在中长期内一定要把优化进出口商品结构、提升产品质量和优化外资产业结构、提高外经贸发展质量和效益放在突出位置，进一步提高对外开放水平，促进经济增长方式转变。

第二节　实现消费、投资与出口协调发展的政策建议

消费、投资、储蓄、出口不平衡是目前中国面临的最大结构性问题，也是造成经常项目大量顺差、国内流动性过剩、通胀压力不断扩大的主要根源。因此，我们必须通过不断扩大对外开放、增加进口、鼓励投资等多种方式刺激国内消费需求，降低国民储蓄率，协调储蓄和投资、消费和出口关系，从而调整和优化经济结构。

一　培育国内需求，确保消费、投资与出口的协调发展

扩大型对外开放以来，中国经济增长主要依赖投资和出口拉动来实现，而消费需求增长相对滞后，不利于国民经济的健康平稳快速发展。当前国际金融危机影响持续加深，世界经济增长明显放缓，中国的外部需求大幅下滑，国内经济长期粗放型增长所积累的矛盾日益严重，中国经济面临巨大的挑战和考验。面对当前复杂严峻的国内外经济形势，扩大内需成为保持国民经济长期平稳较快发展的必然选择，根本途径是要优化需求结构，在确保投资适度增长和出口平稳增长的同时，努力培育和扩大国内消费需求，努力形成消费、投资、出口协调拉动经济增长的新格局。

（一）调整消费与投资的关系，防止经济增长对投资的过度依赖

国际金融危机和中国的外部需求急剧减少在客观上要求我们要扩大内需。扩大内需，才能使得消费、投资、进出口协调增长。经济增长要立足于扩大国内需求，最重要的是要准确把握好投资与消费的关系。其中的关键，是要在保持适当投资规模的基础上，调整投资结构，提高投资质量，并且把重点放在进一步促进消费特别是扩大居民消费方面。为了防止经济下滑，可以通过扩大基础设施投资，弥补危机期间的外需不足；在将来，这些基础设施将为扩大消费创造条件，对消费有拉动作用，最终以消费促进经济增长。但必须防止走片面依赖投资拉动经济增长的老路，避免加剧经济结构失衡。因此，必须要积极调整投资与消费的关系，既注重有效扩大投资，又积极拉动消费，充分发挥两者在经济增长中的作用。

（二）提高居民消费能力，推动消费结构优化升级

1. 调整国民收入分配结构，提高居民可支配收入水平

要调整国民收入分配结构、提高居民收入，必须做到以下两点。一是完善国民收入分配方案，提高居民收入比例；初次和再次分配都要注重效率和公平。一方面，提高最低工资收入水平，提高最低生活保障的补贴水平，保障低收入者的收入水平；通过提高企事业单位职工工资、企业退休人员养老金水平以及进一步提高个人所得税起征点等手段提高城镇居民可支配收入。另一方面，通过进一步提高最低粮食收购价，增加化肥和种子补贴，扶持乡镇企业发展，加快农村剩余劳动力转移等手段，提高农民收入。二是要缩小居民收入差距，消除垄断行业的高收入，缩小行业间收入差距，千方百计增加居民的各种财产性收入，维护社会和谐。

2. 改革完善社会保障体制，为扩大内需提供制度保障

覆盖面更广、保障功能更强的社会保障体系的尽快建立，不仅需要保障城市的低收入者和下岗工人，也需要将农村居民纳入社会保障体系，最大限度地降低居民对未来风险的预期，促进即期消费。只有当居民未来预期风险变小时，预防性储蓄才会减少，内需的扩大才会真正实现。同时要大力增加教育、医疗等居民最关心的基本保障方面的投入。

3. 努力开拓农村市场，提高农村居民的消费潜力

中国有 8 亿多人口在农村，把农村巨大的潜在消费转变成现实购买力是增加内需的切实保证。推动农民消费结构升级，培育和转变农民的消费观念，做大和做实家电和汽车下乡活动，会是一个长期的稳步增长的消费需求，会成为经济增长的强大推动力。其一，消除种种歧视农民工的就业政策，扩大农民工就业，保障农民工的多渠道就业，促进农民增收。其二，以新农村建设为契机，落实"工业反哺农业，城市支持农村"的方针，建立财政资金向农村倾斜并不断稳定增长的长效机制。其三，改善农村消费环境，使农民放心消费，调整商品供给结构，适应农村市场需求。

4. 改善居民消费环境，促进消费结构的调整与升级

加大产品质量监督检查力度，促进产品质量的提高，特别是要下大气力保证食品安全，尤其是在"三鹿奶粉"事件发生后，食品安全一度成为老百姓最关注的问题之一；切实维护好消费者权益，为广大消费者营造放心的消费环境，降低居民消费维权成本，增强居民消费意愿；顺应消费结构升级的趋势，积极培育新的消费热点，将现有的鼓励消费政策长期化，并根据居民需求的变化做出适应性调整。

（三）坚持贸易收支平衡战略，促进对外贸易平稳增长

扩大外需对经济增长具有重要作用，包括增加就业、诱导消费结构升级和提高产业竞争力，进而拉动国内消费；也为调整经济结构、转变经济增长方式创造有利条件。必须坚持扩大内需和稳定外需相结合，坚持贸易收支基本平衡战略，调整出口产品结构和产业结构，增加出口产品的附加值，促进外贸有质量地平稳增长。

二 抑制过高的储蓄水平，确保消费与储蓄的合理比例

"内需不足、高投资、高顺差"是中国经济近二十年来的主要特征，高储蓄倾向则是造成当前中国经济这种局面的直接原因。"完善的市场制度产生的恰当激励和理性的经济人反应，构成产生合意的均衡储蓄水平决策的充分必要条件。居民部门和企业部门占总收入的份额大约为 60% 和 20%，虽然大部分决策是由家庭、企业分散做出的，但是分散理性决策是

产生均衡水平的必要条件，而不是充分条件。"① 因此，目前中国存在缺陷的制度环境造成了偏离合意均衡水平的高储蓄率。基于这一点，解决消费–储蓄失衡的根本着力点在于通过深化改革，加强社会主义市场经济制度建设与完善，努力形成能够产生恰当激励的市场制度环境，以能早日实现分散理性决策产生均衡水平的充分条件。

（一）深化市场化改革，理顺资源产品价格关系

中国国内储蓄大幅增长的一个重要原因是包括能源、公用事业、土地价格、污染控制在内的投入成本低而造成的投资回报率高。可见，资源价格改革滞后，负外部性成本没有内部化为企业成本等，都扩大了国内企业的赢利空间，也刺激了企业储蓄。同时，市场价格没有成为引导资源配置的正确信号，企业红利分配减少，从而向居民部门转移的可支配收入减少，提高了全社会的储蓄率。坚持市场化改革方向，逐步建立以市场定价为主的资源价格形成机制，进一步减少政府对资源配置和价格形成的干预，理顺资源产品价格关系使其能够真实反映资源产品的价值和市场的供求状况，以使价格能够反映资源的稀缺性。用税收等经济杠杆收回环境成本，要求企业建立污水处理系统，对排污物进行征税。

（二）完善社会保障制度，降低居民"预防性储蓄"预期

坚持广覆盖、保基本、多层次、可持续方针，加快推进覆盖城乡居民的社会保障体系建设。加快社会保障制度的改革进程，完善社会保障制度，有利于稳定社会居民收入预期，减少"预防性储蓄"。实现新型农村社会养老保险制度全覆盖，完善实施城镇职工和居民养老保险制度，实现基础养老金全国统筹，同时，通过加大国家财政的支出力度和国有企业红利来充实社保基金等手段，逐步降低社保基金中个人缴纳的比例和水平。推动机关事业单位养老保险制度改革。进一步做实养老保险个人账户，实现跨省可接续。扩大社会保障覆盖范围，逐步提高保障标准。完善的社会保障制度将为激活内需奠定坚实的基础。

---

① 国家发改委投资研究所课题组：《高储蓄是中国经济失衡主因》，《中国投资》2008年第8期。

（三）调整收入分配关系，提高劳动报酬在初次分配中的比重

在政府和企业收入分配关系方面，政府应为企业持续发展提供宽松环境，同时，要尽快建立和完善国有企业向政府支付红利的制度，而政府的红利收入应该主要用于社会保障体系建设，充实社保基金。在调整国家和个人收入分配关系方面，应对个人所得税的征收政策进行调整，提高所得税起征点，提高高收入阶层的累进税税率。加快政府转型，加大社保和教育等支出，降低个人在教育、医疗、社会保障、社会福利方面分担的比例。

资源的初始配置导致的初次分配的不公平，很难在再次分配中得到根本的扭转，因此初次分配和再分配都要处理好效率和公平的关系，再分配更加注重公平。努力提高居民收入在国民收入分配中的比重，提高劳动报酬在初次分配中的比重。只有提高居民收入水平，才能启动内需。

（四）完善金融资本市场，促进居民消费的合理增长

发展金融资本市场将会通过两个途径来促进消费：一是通过财富的积累产生"财富效应"；二是通过消费信贷市场的发展，促进消费的增加。在发达国家，资本市场的发展支持了超前消费，但是，这需要建立完善的个人信用制度，如个人信用登记、个人信用监控制度等。在资本市场领域，要重点推动债券市场的发展，包括资产证券化。有储蓄的居民通过投资以消费支持的证券，不仅可以得到较高的利息收益，而且能够有效降低储蓄率，使消费储蓄平衡增长。加强股市监督，实行积极稳健的股市政策，使投资者对收益有一个合理和稳定的预期。

三　深化投资管理体制改革，优化投资结构

中国长期以来是依靠投资拉动来带动经济增长，并且中国国内的投资以政府主导型的投资为主。领导政绩和地方 GDP 崇拜等诸多因素干扰了投资的立项和投向，因此，有必要完善投资管理和优化投资结构。

（一）改善投资管理与调控，健全投资服务体系

改进和加强投资管理与调控要做到：完善投资项目审批核准备案制

度，对违反基本建设程序、违规占用土地、不符合环保标准的项目不予批准，对在建项目要解决叫停，并且要制定更加严格和可操作的处罚措施；防止盲目重复建设和产能过剩行业过度扩张；建立健全投资项目后评价、重大项目公示和责任追究制度。

建立投资信息发布制度，引导民间投资。政府相关部门应及时向社会公开发布发展规划、产业政策、市场准入标准、行业动态等信息，让民间资本了解政府的政策意图，从而引导资本的正确流向。支持行业协会、商会发展，定期组织有关的投资推介会，积极服务会员企业。积极培育各类为企业投资服务的专业化中介机构，加强对企业投资的引导和服务。

（二）优化投资结构，提高投资效益

投资结构决定供给结构，供给结构对促进国民经济长远持续发展具有至关重要的作用。优化投资结构从以下三个方面进行。一是继续深化投资体制改革，健全企业投资的核准和备案制度，建立健全投资项目后评价制度，逐步放开不涉及国计民生行业的管制，落实民间投资自主权，使企业能够自由进入和退出，在自由市场经济中使企业成为自主投资、自主决策、自我约束、自担风险的微观经济主体。二是优化政府投资结构，完善中央政府投资体制，控制政府投资总量，优化政府投资结构。控制地方政府债务的增长，规范地方政府的融资方式，完善地方政府政绩考核体制，建立不同政绩考核标准，建立动态的监管和调控指标体系，将环境、民生等纳入政绩考察标准之中。三是完善资本市场功能，鼓励企业利用市场机制进行兼并重组，为企业的并购提供金融支持。

四　推动产业结构优化升级，提高企业的自主创新能力

促进产业结构优化升级，要处理好发挥比较优势与提升国际分工地位的关系，既要充分发挥中国人力资源丰富的优势，大力发展劳动密集型产业，解决失业问题，同时也要避免被锁定在价值链低端，通过调整和优化产业结构，保持中国经济的可持续发展。加快建立有利于高技术产业、创新型企业的投融资机制和环境条件，孵育高技术企业创业基地。政府加大对研究与开发及其产业化的政策支持，如增加对研究开发的补贴，建立专

门的担保体系帮助高技术企业融资；同时，可以增加对高技术企业及研究开发活动的税收支持，如加速折旧等。把自主创新、技术引进和消化吸收再创新结合起来，使自主创新与消化吸收、集成创新相结合，在互动中提升自主创新能力的良性局面。关注技术升级方向性问题，建立"官、学、民、产、研、用"合作的研究机制，增强将理论成果转化成最终产品的能力。

第三节　转变外贸增长方式的政策建议

目前国内拥有自主知识产权核心技术的企业相对较少，对外技术依存度高。大多数外贸公司缺乏自主品牌、自主知识产权和自主营销渠道，对外贸易主要依靠低劳动力成本优势。[①] 而这种主要依靠劳动力、资源和环境成本来维持的出口高增长是不可持续的，同时也会带来一系列不利影响。因此，转变外贸增长方式是实现可持续发展的必要选择。

一　强化自主创新能力，扩大自主品牌出口

转变对外贸易增长方式，提高对外贸易效益，关键在于加强自主创新能力。只有通过自主创新，抢占国际产业发展和技术创新的制高点，才能提高加工贸易层次，才能扩大具有自主知识产权、自主品牌的高新技术产品和服务的出口，形成以质取胜的外贸发展路径。

自主创新推动外贸增长方式转型的机理如下。首先，自主创新能够改变中国目前外贸中的数量和质量严重不对称的局面，通过自主创新，我们可以培育自己的品牌和核心技术，从而使中国的产业分工移向国际价值链的高端。其次，自主创新的技术和品牌可以减少在初级产品和低端制造环节贸易中的摩擦。最后，自主创新能够减轻资源和环境的压力。

由于中国的对外贸易很大比例是"三来一补"的加工贸易，而在高技术产品的出口中有很大比例是来自于外商独资企业，因此，培育民族品牌，扩大自主品牌的出口，能够增强中国企业的竞争力。提高行业和产品

---

① 王受文：《转变外贸增长方式，促进贸易平衡发展》，《国际贸易》2007 年第 7 期。

竞争力才能实现出口增长的可持续发展。

二　拓展多元化的目标市场，促进贸易平衡发展

在稳定已有外需的基础上，拓展新的外需渠道是推动中国贸易增长方式转变的一个重要途径，这包括拓展多元化的目的地市场和优化产品结构。

第一，要拓展多元化的外贸目标市场。一方面要巩固现有的欧美日等国际市场，并促使这些国家和地区放开对中国出口的种种限制，尤其是高科技产品出口对中国的一些限制；另一方面还应积极开拓新兴的海外市场，尤其要增加对中东、非洲和中南美洲的资源的进口，减少对欧美日等市场的依赖，降低市场过于集中所带来的风险。

第二，要优化进出口产品结构。在进口方面，要积极参与国际技术合作，扩大技术贸易进口，将先进技术的引进与消化吸收相结合，不断提高自主技术创新水平；在出口方面，要鼓励具有自主品牌和自主产权产品的出口，控制"两高一资"产品的出口，减少国内资源消耗，缓解国内环境压力。

三　完善进口促进体系，积极推动进口结构优化

贸易收支基本平衡战略修正了单纯依靠出口拉动经济增长的模式，而且暗含中国通过进一步开放国内市场以促进贸易平衡，缓解世界经济失衡，保障中国对外贸易和世界经济发展的可持续性。促进贸易平衡，要调整和优化进口结构，提高进口便利化水平，并且充分利用已有的双边优惠安排来扩大进口。

（一）调整和优化进口结构

调整和优化进口商品结构，结合当前需求进口一些产品，如国内短缺的资源、先进的技术和关键装备等。调整和优化进口地区结构，增加从主要出口国（地区）市场的进口，在巩固、稳定传统市场的基础上，开拓拉丁美洲、非洲市场，积极扩大从独联体、东欧市场的进口；推动重要资源进口方式和来源的多元化，确保进口安全，规避市场风险促进贸易平衡，

同时促使美、欧等放宽对中国高新技术出口的限制。

(二) 提高进口贸易便利化水平

要扩大进口，平衡经常账户顺差，因此，有必要提高进口贸易便利化水平，比如取消自动许可证管理等。在促进进口方面，可以运用财政、金融手段支持扩大进口，仿照国际通行的做法，放宽进口的信贷政策，为进口企业提供融资便利，为进口促进活动提供支持。组织各种形式的采购团，赴相关国家进行集体采购。鼓励进口、减少中国经常账户顺差不仅有助于出口国的经济增长，而且这也是实现互利共赢开放战略的重要内容之一。

(三) 利用双边优惠安排扩大进口

2010 年 1 月 1 日，中国 – 东盟自由贸易区建成，东盟国家有中国需要的丰富的自然资源和中间产品等，因此，相关部门应加强宣传，引导企业利用这些优惠贸易协议和安排，积极扩大进口。目前中国已签订的双边优惠贸易安排包括《中国与巴基斯坦优惠贸易安排》、《内地与香港关于建立更紧密经贸关系的安排》等，中国要充分利用这些双边优惠贸易安排扩大对外进口，最终实现贸易平衡。

四 完善加工贸易政策，促进出口贸易结构转型升级

目前中国加工贸易仍处在国际产业价值链的低端制造环节，不仅经济效益低，而且资源环境代价大，因此中国加工贸易亟须进行转型升级。促进加工贸易升级，要不断促进加工贸易产业链的延长，即由加工贸易制造为主逐步向采购、设计、分销服务、售后服务以及研发、信息咨询等方向转型升级，不断延长加工贸易产品的生产加工链条，不断提高中国出口产品的附加值，提升中国加工贸易产品的国际竞争力。

加工贸易转型升级的本质是产业由低技术水平、低附加价值状态向高技术水平、高附加价值状态演变的过程。出口结构转型升级不仅可以延长产业价值链，使中国出口企业向"微笑曲线"的两端转移，而且还可以减少和广大发展中国家的贸易摩擦。近年来，中国在世贸组织中遭受的反倾

销、反补贴投诉和贸易纠纷呈现上升趋势，不仅发达国家而且发展中国家也对中国发起了立案调查。这主要和中国的出口商品主要依靠廉价的劳动力和土地成本、技术含量低有关，这些商品正是其他发展中国家大量出口的商品。

五　提升现代服务业发展水平，扩大服务贸易

发展服务贸易对转变外贸增长方式、提升现代服务业发展水平、实现国民经济又好又快发展具有深远意义。近年来，中国服务贸易迅速发展，尤其是服务贸易出口呈现迅猛增长态势，在国际服务贸易中的地位不断提高。服务贸易中的服务品消耗所在国资源少、对环境破坏少、市场风险少、产品附加值高，因此扩大服务贸易也成为中国外贸增长方式转变的重要方式。

第四节　深化金融市场开放的政策建议

中国金融市场的进一步对外开放，必须坚持"以我为主、循序渐进、安全可控、竞争合作、互利共赢"的原则。同时，在金融市场对外开放过程中，不断增强金融监管能力，提升风险管理技术，保持金融稳定，防范金融风险，切实维护国家金融稳定和安全，积极稳妥地推进中国金融开放。

一　适时、适度推进中国金融市场开放

经过 30 多年的扩大型对外开放，中国金融的对外开放程度大为提高，但金融开放可能加剧国内金融市场的波动，进而引起金融不稳定甚至金融危机爆发，因此在推进金融开放时一定要注意以下问题。

其一，要坚持循序渐进的金融开放政策。一般而言，迅速的金融开放可以克服惯性，削弱既有集团的利益和政府对企业经营活动的控制，为更广泛的经济改革提供动力，推动整体改革的进程，增加人们对政府贯彻改革承诺的信任度，有助于外部资源的流动和转移，促进投资、贸易融资和产业发展的资源供给与优化配置。但是，如果条件不完全具备，迅速的金

融开放将隐含着一国经济不得不承受可能发生的经济与金融危机。① 中国目前的金融市场并不完善，这就要求金融开放的进程一定要与本国的实际条件和国内外环境紧密结合，根据中国金融业发展的实际状况，选择适当的开放时期和开放度，逐步推进。一般来说，在刚刚开放之时要小心谨慎，要注意严格控制金融开放度，随着金融开放的逐步深入和市场条件的日益完善，可以加速开放。

其二，要做到合理安排金融开放次序。正确的金融开放次序对金融稳定也相当重要，要尽量控制开放的风险，将之降到最低限度，避免风险对金融稳定造成威胁。具体来说，应先开放对金融稳定威胁最小的领域与环节，如一些实业正确的部门，再逐渐开放威胁较大的环节与领域，最后放开威胁最大的领域与环节，如资本账目。所以应待其他领域完成开放形成一定基础、具备一定实力后，再集中力量攻克难关。

二 逐步完善人民币汇率形成机制，推进人民币国际化

从 2005 年 7 月 21 日起，中国开始实施人民币汇率机制调整，人民币汇率改革不断深入，人民币汇率形成机制向着合理化与完善化的方向迈进。但国内外复杂的经济金融环境、全球经济的衰退、人民币升值的压力、资本项目逐步开放的要求都对人民币汇率的形成机制提出了更高要求。因此，未来改革与完善人民币汇率的形成机制应从以下几方面进行。

其一，在改革与完善的方向上继续坚持市场化的取向。继续把推进汇率形成机制的市场化作为汇率形成机制改革的重点，更多地发挥市场机制的作用，让外汇市场自发寻求人民币汇率的合理、均衡水平。

其二，在操作原则上应继续坚持主动性、可控性和渐进性的原则。② 在改革与完善人民币汇率形成机制的过程中，应根据中国自身改革和发展的需要，确定汇率改革的方式、内容和时机。同时，人民币汇率的变化在宏观管理上要能控制得住，既推进改革，又不失去控制，避免出现金融市场动荡和大的经济波动。渐进性即循序渐进，从整体上把握完善人民币汇率形成机制的短期、中期和长期目标，既不能停滞不前也不宜操之过急，

---

① 陈志刚：《发展中国家金融开放的次序与渐进性》，《江西社会科学》2005 年第 1 期。

② 王元龙、张琦：《试析人民币改革三原则》，《中国外汇管理》2005 年第 8 期。

把握好改革的步伐与力度。

其三，在改革的路径上应坚持完善人民币汇率制度优先。汇率制度的选择与安排是人民币汇率形成机制的本质与核心，因此在完善形成机制的过程中应牢牢把握这一主线，同时配套跟进其他相关制度的改革。

其四，在改革的次序安排上，应结合中国外汇市场的特征，选择合理的改革次序。不能"一刀切"，给外汇市场造成较大的冲击，也不能步调缓慢，约束汇率形成机制的完善。在改革的次序上，可以首先组建汇率问题专家组，规范央行汇率监管机制；其次，放宽市场准入条件；再次，逐步放宽汇率日波幅限制；最后，培育与完善远期外汇市场。在以上过程中，应逐渐深化利率自由化改革和银行商业化改革。

其五，在把握以上总体原则与方向的同时，也应努力推进外汇市场的建设与完善、促进国内债券市场与货币市场的发展以及稳步推进利率市场化改革。与此同时，相关部门也要加强对人民币汇率制度改革的跟踪研究，关注国内市场资金变化情况，及时对汇率风险进行预警。

三　稳步开放资本账户

最终开放资本账户是中国的必然选择，但如何开放资本账户关系中国经济的核心利益，各国在这方面也不会形成相同的治理模式。中国的资本账户开放基本遵循"先经常账户，后资本账户；在资本账户内部，先长期资本流动，后短期资本流动；在长期资本的范围内，先直接投资，后证券投资；在所有形式的资本流动中，先资本流入，后资本流出"的渐进开放次序，其结果是较低的资本流动性。中国的这种方式适合中国国情，符合中国经济的根本利益，同时也会促进中国金融业的竞争力在国际市场稳步提高。其具体做法如下。

首先，让金融业融入全球市场。自2005年7月中国正式启动人民币汇率制度综合改革后，人民币对美元汇率基本沿着"在小幅波动中上涨"的轨道运行。人民币对美元升值加快一方面表明市场力量显著增强，另一方面表现出人民币的升值压力加大，市场对人民币兑美元的升值预期强化。人民币汇率因此再次处于国内外舆论的风口浪尖，中国的这种变化改变了政府的传统角色定位，使中国的金融市场逐步开放，最终开放资本账户。

其次，探索资本账户开放条件的宏观经济政策组合。目前，中国的资本流动性较低，而从国际经验来看，一国在实现经常账户完全可兑换后若继续对资本账户进行管制，则资本外逃就难以控制。从总量资本流动性的分析也可以看出，自从 1994 年人民币在经常账户可以自由兑换后，非官方统计的资本外流急剧上升，甚至在一段时间内远远超过此前一直占较大比重的 FDI；而且相关经验研究并没有找到 1997 年后中国资本管制加强对中国的资本流动性影响的证据，这表明中国目前的资本管制效力已经下降，考虑到资本监管的成本正处于上升之中，所以逐步放松资本管制就成为不可回避的政策选择。因此，应尽快构建在较高资本流动性条件下的应急机制，降低金融风险，防范金融危机，以及探索在资本流动性逐渐增大条件下，财政、货币政策有效选择和合理搭配的机制。而眼前所见的全球资本革命却如催化剂一般，直接加速了中国的资本与技术流动，加速了中国金融业国际化过程。

最后，鼓励企业对外投资，形成资本双向流动的合理格局。近年来中国资本流动性一直呈现上升趋势，同时，在中国经济快速增长的同时，产生了大量具有成长性的企业。在满足这些企业融资需求方面，股票市场可以发挥重要作用。近年来投资机构和投资者对美国股市上的"中国概念股"兴趣日渐浓厚，而中国企业股票的表现也确实很出色。中国企业在未来国际市场上将展示强大的竞争力，开放资本账户无疑对中国企业提高竞争力是一个极大促进。

四 切实增强银行稳健经营和抗风险能力

银行经营稳健与否事关经济金融体系是否安全、稳定与高效，因此推进中国金融对外开放应该注意增强银行稳健经营和抗风险能力，具体来说可从以下几方面进行。首先，完善公司治理结构和内部审计制度，加强内部控制机制建设，建立科学合理的激励机制和约束机制，从而建立起经营决策、执行、监督相互制约的内部制衡机制。其次，明确企业经营发展战略，提高自身资产质量、赢利能力和服务水平。最后，加强银行业金融监管，如控制银行业的准入和银行的业务范围；根据银行业竞争状况确定银行业务活动的范围，允许银行能够充分地分散信用风险和经营适当的业务，并限制银行涉足高风险业务；加强对银行内部管理的监管，包括评估银行报表的真实性和银行资产评价体系的质量等。

五 构建完善的金融风险预警系统

金融风险累积到一定程度，达到其临界值时，一旦有外力冲击，就有可能爆发国际金融危机。中国金融开放面临的主要风险最初是因制度转型、制度缺陷而引起的制度风险，但随着中国金融开放的推进，金融开放带来的市场风险将日趋明显，这种市场风险的不确定性就迫切需要建立一套金融风险的预警指标，以监测金融风险的累积，做到防微杜渐，确保国际金融市场稳定。

迄今为止，中国已经建立了一些金融风险预警系统，如国家统计局的一份研究资料显示，20 世纪 90 年代以来，我国经济金融风险大体上处于基本安全区间，但金融风险综合指数呈现逐步抬高之势。该报告设计了一套反映我国金融风险状况的指标体系，内容涉及宏观经济环境、银行内部稳定性、泡沫经济风险、国债风险、外债冲击风险 5 个方面，共 17 个监测指标，每一类指标构成一个监测系统。① 但是总的来说，中国建立的这些金融风险预警系统还不够完善，完善的金融风险预警系统不是一蹴而就的，是要经过不断修正和被验证的，中国的金融市场化程度的量和质之间存在着一定的偏差，所以，这进一步要求中国金融数据的统计系统要建立并逐步发挥积极作用，这样才能对金融运行的状况做出比较客观和真实的评价。②

六 强化国际金融合作，积极参与国际货币新秩序的建立

随着经济全球化发展的深入，各国联系日益紧密，一国经济波动很容易通过各种各样的方式传到他国。金融全球化和自由化的发展必将导致金融风险和金融危机的影响超出单一国家范围。因此，要防范金融风险及减轻金融危机的影响以维护国家金融安全，需要积极开展国际协调，加强国

---

① 石一话：《国家统计局研究资料显示我国金融风险逐年升高》，《国际金融报》2001 年 11 月 14 日第二版。
② 谢文霓：《金融开放与金融不稳定的相关性研究》，浙江大学硕士学位论文，2006。

际合作。

中国是个发展中大国，更应该发挥重要的作用，加强与国际经济组织及发达国家的联系，保证国际金融稳定，有效提高中国在国际金融规则制定中的话语权，维护中国乃至发展中国家与地区的合法权益。具体来说，首先，应同各国交流有关危机相关资讯，建立起防范本地区金融危机的预警机制。其次，应协调地区内部的金融政策，防止外部冲击导致地区内金融脆弱性上升。① 最后，要加强与国际经济组织和发达国家在国际金融体系制度创新上的协作。

第五节　提高利用外资质量的政策建议

利用外资是中国对外开放基本国策的一项重要内容，改革开放 30 多年来，中国积极吸引外商投资，促进了产业升级和技术进步，外商投资企业已经成为国民经济的重要组成部分，当前，中国正处于全面建设小康社会的关键时期，加快转变经济发展方式刻不容缓。目前，中国必须在科学发展观的指导下，从改善投资结构、探索有效利用外资方式等多方面入手，提高外资质量，确保经济的可持续发展。

一　改善外资投资环境，增强对外国资本的吸引力

加入 WTO 以来，中国的投资环境不断得到改善，但仍存在市场经济法律体系不健全且与国际管理不完全相符、政府的行政效率不高、金融部门运行效率低、劳动力素质分布不均等问题，为了进一步改善中国的投资环境，中国应该进一步完善投资政策法规，改善投资"软环境"。如在全国范围内大力推行依法行政、简化司法程序，加强对地方政府官员的法律教育；加大打击各种侵权行为的力度，并切实提高法律和行政法规实际执行的能力，努力创造更加优良的法律环境和政策环境，尽一切可能使中国的投资政策符合国际惯例和国际接轨，赢得良好的国际形象；建立公共服务型政府，协调规范政府职能部门，提高政府的工作效率；转变传统的行

---

① 封思贤、李炳炎：《我国资本项目开放风险管理的研究》，《求索》2005 年第 7 期。

政观念，树立现代政府理念，特别是注重加强对政府部门工作人员为公众服务意识的培养，提高职业道德水准，杜绝贪污腐败的现象；要加强科教投入，提高中国科技创新和技术配套能力；要引导企业提高员工技能并不断进行技术创新，增加政府和民间对教育培训的投入，加大对中西部地区教育的政策支持和资金扶持力度，保证贫困地区与发展较快地区的教育水平相当等；推动金融体制改革，改善金融信息服务水平等以增强中国的国际竞争力，促进经济健康、快速、稳定的发展。

二 优化利用外资结构，引导外资流向技术含量高的行业

中国利用外资结构存在来源地的结构分布不平衡、区域结构不平衡、产业结构不平衡以及行业结构不平衡等问题，因此中国要不断优化利用外资结构，需要做到以下四点。一是优化外商投资来源地结构，加强对欧美等发达国家外资的引进。中国应在巩固亚洲地区外资的同时，重点加大对发达国家的投资促进力度。通过向发达国家充分展示中国改革开放30多年的成果，让他们认识到中国经济实力的增强给世界经济和企业发展带来的巨大机遇，促进这些国家加大投资力度。二是优化利用外资区域结构，不同的区域利用外资的侧重点不同。对于东部地区，要继续发挥其对外开放、利用外资的优势，着重鼓励引进高科技含量的产业的投资。对中西部地区，政府应该实施比沿海地区更为优惠的措施，并积极引导外商投向广大中西部地区，参与西部大开发，从而拉动中西部经济发展。同时中西部地区也应发挥自身优势，如劳动力成本较低、自然资源丰富等，抓住西部大开发这个机遇，大力吸引外资，加快发展基础建设、农牧产品加工等，以带动区域经济增长。三是优化利用外资的产业结构。目前中国吸引外资主要以第二产业尤其是制造业为主，并且技术含量不高，因此优化利用外资的产业结构应该增加第一、第三产业吸收外资的比重，提高制造业利用外资的资本与技术密集度。加大对第一、第三产业的投资力度，要引导外资积极地投向高起点、高创汇的农副产品加工业，投向商贸、金融、科技、教育、文化、卫生、体育、旅游等服务业以及基础设施建设方面，扭转过去国内企业通过利用廉价劳动力成为低层次的加工生产基地的不利局面。提高制造业利用外资的资本与技术密集度，主要要鼓励外商投资由投

向简单劳动密集型产业转变为智力劳动密集型。四是优化利用外资的行业结构。中国吸引外资存在外商转移其国落后的即将淘汰的技术、更多地投向污染密集型产业以及高能耗的产业等问题，因此应该积极引导外资流向技术含量高、资本需求强、环境污染低和单位耗能少的行业，促进经济增长方式从粗放型向集约型的转变，实现经济又好又快地发展。

三　创新利用外资方式，培育招商引资新的增长点

创新利用外资方式就是要求在保持已有的外商投资方式正常发展的前提下，积极创造和发现利用外资的新方式和新途径。中国吸收外资的方式一直是重视新建企业，即通常所说的"绿地投资"，这种以获得实物资产的方式会直接导致中国生产能力、产出和就业的增长，因而它常常受到中国青睐。但是目前中国对并购投资的方式的重视程度不够，直接造成了中国利用外资并购方式发展缓慢。此外，中国对外引资在海外资本市场融资等方式上也没有得到很好的发展和利用。创新利用外资方式，就是要求我们要培育招商引资新的增长点，突破以创建新企业即"绿地投资"为主的外资方式，促进跨国并购等，做到直接引资与间接引资并重，同时推动国内各类企业到海外证券市场上市。鼓励实施"以民引外"和"以外引外"战略，并尝试"以贸引外"和"以侨引外"的方法。例如，在中国经济较发达的沿海地区，大力发展"以民引外"的战略，拓展吸收外商直接投资新空间。在经济不发达地区充分发挥劳动力、自然资源、生态环境等优势，实现吸收外资新突破。引导综合性招商向产业化招商逐渐转变，还可以运用现代信息技术进行网上招商，借助各类中介组织和会展等开展促进活动，对重大规划项目赴境外进行对口招商。[①]

四　提高引进外资技术水平，吸收先进技术的转移效应

虽然扩大型对外开放以来，中国引进外资数额较大，一直位居发展中国家之首，但是总体来说中国引进外资项目的技术水平含量并不高，且引进的具有国际先进水平的技术并不多，其技术转移效应也不是很广泛。同

① 浙江省商务厅：《浙江省外经贸发展"十一五"规划》，2006年12月。

时外资在一定程度上强化了中国对外国先进技术的依赖，使技术依赖经济的特征更为明显。因此，一方面，中国应把引进外资与推动技术进步密切结合。重点应当是吸收技术水平真正先进的项目，使之有利于中国经济结构升级，在提高劳动生产率和国际竞争能力等方面起到示范作用，并强化技术转移效应，充分发挥其对国民经济发展的积极作用。另一方面，在引进技术的同时，中国政府应该扶持和鼓励企业提升自主创新的能力。技术创新是企业持续发展的生命线和提升企业国际竞争力的关键要素。企业只有具备强大的技术创新能力，才能在激烈的市场竞争中赢得优势，赶超甚至领先于国际技术水平，并最终实现企业竞争力的提升。国家可以通过采取财政税收政策增加对企业自主创新能力的支持，如建立多渠道的促进自主创新的投融资体制。

五　规范外资监管体系，提高对外资的监管水平

加强对外资的监管，对外资要与内资一视同仁，这是建立竞争、开放、有序的市场的基本要求，也是 WTO 规则的基本要求之一。加强对外资的监管，要以维护经济安全与国家主权为标准，要借鉴发达国家经验，对外资准入及其经营活动适当监管。对外资加以适当限制，提高对外资的准入审查效率，由于中国应对危机的能力不及发达国家，因此有必要预先制定各种应对措施。建立外商投资审批责任体系，制定、实施标准化审批制度，对违规引资进行追究。针对不同类型的外国直接投资，制定危机预防和紧急处理措施。根据产业结构调整和国民经济发展需要引进外资，鼓励或允许、限制或禁止引进外资项目的管理要规范化，通过政策、制度、法规、经济杠杆等，从政治、经济、技术、法规等方面正确引导和科学管理，减少外资投向的盲目性和随意性。此外，顺应国际投资自由度的提高，应加大外资准入审查透明度。做好对外商投资企业的后期经营管理，要加强从中央到地方的各个经济综合部门的工作联系与协调。对部分外商用不法手段转移利润、逃避税收等恶劣行为，制定详细严谨的法律法规，对其进行严厉打击。对从事资产评估、财务审计、查资验资工作的机构加强监督，使之规范化并逐步国际化。规范和约束跨国公司对境内企业的并购行为与外商投资企业的市场竞争行为，防止任何形式的垄断和不正当竞

争危害国内市场的公平竞争环境。

第六节　加快"走出去"步伐的政策建议

经过 30 多年的扩大型对外开放，中国与世界经济的联系越来越密切，企业的整体实力越来越强，许多企业具备了进入国际市场的能力。特别是在加入 WTO 之后，中国在经济方面加强了与世界各国的交往，为中国企业到境外投资、直接参与国际竞争提供了机遇。不仅是发展中国家和地区，一些发达国家和地区也都欢迎中国企业去投资，中国对外直接投资呈现出投资领域和投资形式不断扩展、投资战略不断丰富、境外投资主体队伍不断壮大的特点，但也出现了不注意舆论宣传工作、急于求成、缺乏对投资目的地的深入了解、对困难估计不足、合作渠道狭窄、缺少专业人才等问题，这些问题影响中国企业"走出去"的成效。

一　树立互利共赢的对外投资指导思想

互利共赢是中国对外开放以来，旨在与合作对方和谐相处、协调发展的重要基石。"走出去"的企业要扩大互利合作和共同开发。无论是到海外投资，还是在海外承包工程项目和劳务输出，都要遵循这个原则，使东道国感受到，中国企业前来投资，是本着合作共赢的态度，真诚地愿意与东道国共同分享发展的利益。例如，中国在海外开发资源，与一些发达国家的做法是不一样的。发达国家一般将开发权拿到手后，长期将资源封存，作为"战略性拥有"，这并不能为当地经济带来现实利益。而中国会及时开发和利用资源，带动东道国经济发展，获得东道国的欢迎。因此，在对外投资中，中国要继续不断提升与东道国的共同利益，寻求与东道国间的长期共同发展。

二　优化企业"走出去"的投资环境

完善企业"走出去"的投资环境要从以下几方面开展。第一，要明确实施"走出去"战略法律框架，使"走出去"的企业做到有法可依，这就要求建立和完善中国海外投资的法律体系。同时为鼓励中国企业海外投资，保障中国企业跨国投资的权益，应提高海外投资政策法规的透明度。第二，要组建中国海外投资的专门执行机构。中国政府在海外投资管理领域的组织存在缺位、协调不力等问题，这将制约中国海外投资快速发展。因此，为了促进本国对外直接投资的发展，中国应该设立专门的政府服务机构为本国对外投资者提供多种形式的服务。第三，要完善境外投资审批制度，健全对"走出去"企业的事后监管体系。政府在减少和消除阻碍企业直接进入国际市场的因素，为企业提供有利的外部环境，推动企业"走出去"后，还要通过必要的监督管理保障企业在海外健康发展。第四，要加强对境外投资的保护。在中国目前已"走出去"的企业中，有 2/3 处于不赢利状态，准备"走出去"的企业面对海外市场风险和不确定性也缺乏"走出去"的动力。因此，政府要加强对境外投资的保护，建立促进中国企业"走出去"的有效风险防范体系，进一步完善"走出去"的激励机制。第五，中国还应积极参与 WTO 多边贸易谈判，为企业"走出去"创造更为有利的国际环境，并争取有利于中国企业发展的国际规则等。

三　提升中国制造业的国际竞争力

到目前为止，中国已经拥有了一批有一定技术经济实力和投资规模、能适应国际市场激烈竞争、已经"走出去"的制造业企业。例如在家电行业，海尔公司从 20 世纪 80 年代开始，先后在 128 个国家或地区注册了商标，建立了五个海外生产基地，已成为一家拥有国际知名品牌的企业。除了海尔以外，春兰、格兰仕等企业也有较好发展。但是总体来说，中国制造业海外投资与发达国家相比还存在较大差距，如生产规模较小、新产品和新技术的研发能力较差、产业结构层次较低，国际竞争力不高等。因此，中国制造业要想在"走出去"战略实施中取得较好成效，重点是提升企业的国际竞争力。为此，中国必须培养具备拥有自主品牌和自主知识产权、规模经济效益好、具有持续创新能力和抵御风险能力的制造类企业，塑造一批技术创新能力强、富有市场开拓能力、能适应国际化经营的优秀人才，只有这样，中国"走出去"的制造业才能在国际市场上较快发展，取得成功。

四 创新对外投资和合作方式

创新对外投资和合作方式是构筑中国参与国际经济合作和竞争新优势的重要路径之一。可以从四方面着手。一是开展跨国并购，通过并购以较低成本进入发达国家市场，更为深入地进入全球价值链，特别是向全球价值链上游拓展。通过学习型投资，不断加强企业技术积累的速度和效果，增强其所有权优势，进而有效提高其后期的竞争力，还可以树立自己的国际知名品牌，将其打入国际主流市场。二是积极开展国际能源资源互利合作。推动中国企业在资源密集地区进行能源资源开发、农业项目综合开发和远洋渔业资源开发，建立多元、稳定、可靠的能源资源供应保障。三是开展境外加工贸易。通过加工贸易方式，有效释放中国已经形成的充足生产能力，规避贸易壁垒，带动相关产品出口。目前，中国已经启动八个境外经济贸易合作区的建设，从政策、资金配套服务等方面，积极支持企业"走出去"。四是有序推动对外间接投资。以国家外汇投资公司等方式，拓展境外投资渠道，逐步形成以企业和居民为主体的对外间接投资格局。

第七节 加快创新型国家建设的政策建议

随着经济全球化的深入，科技竞争和创新能力的竞争成为国家间竞争的焦点之一。中国在"十一五"规划中明确提出了建设创新型国家战略，并在《中共中央关于制定国民经济和社会发展第十二个五年规划的建议》中把"科学发展"作为主题，将增强自主创新能力视为科学技术发展的战略基点和调整产业结构、转变增长方式的中心环节。建设创新型国家战略与互利共赢的开放战略都是科学发展观的具体体现，是一脉相承、相互支撑的。在新的开放阶段，我们必须加快创新型国家建设，才能有效提升中国的国际竞争力，推动"互利共赢"开放战略的实施。

一 建立良性互动的科技创新机制，打造自主创新的基础平台

"科学技术是第一生产力"揭示了科学技术在发展国民经济中的重要作用。透过每一次的科技变革，我们都可以清晰地看到科技创新对经济增

长的强大推动力。随着知识经济的发展和经济全球化的深入，各国纷纷投入大量人力、物力、财力，加大科技创新力度，抢占科技制高点，以科技优势谋取经济竞争中的绝对优势。21 世纪互利共赢开放战略的提出与实施，为中国坚持走科技创新和跨越式发展之路提供了机遇。

但是，在科技创新过程中那种只凭热情一哄而上，各自为战的科技创新方式是不可取的。这种方式不仅存在大量重复工作，资源浪费严重，而且取得的创新成果自成体系，难以实现成果间的系统配套。

要保证科技创新健康有序发展，必须建立健全良性互动的科技创新机制。这种良性互动科技创新机制的建立，一方面需要充分利用科技创新的人力、物力和财力资源，充分发挥其效率，以实现"好钢用在刀刃上"。另一方面则需要有效解决科技与经济脱节的问题，提高科技创新的针对性和成果转化率，并有效地防止浪费和重复建设，这在当前资源有限的条件下显得尤其重要。

建立良性互动的科技创新机制，需要加快构建以企业为主体、市场为导向、产学研相结合的技术创新体系，促进科技资源优化配置、开放共享和高效利用，最大限度地激发广大科技工作者和全社会的创新活力。现代科技创新是多学科、多领域的学科交叉，而高校和科研院所既有人才优势，又是科研创新的主要力量，可以充分发挥其人才技术优势提高科技创新的质量。生产企业作为将科技成果转化为实际产品的主导力量，应在有效转化科技成果上攻坚克难。科技创新的领导机构应在科学地制定科技创新规划，严格论证创新课题，合理配置科研资源及组织创新成果的鉴定、验收、评估和转化过程中，发挥好领导和穿针引线的重要作用，以促使科技创新有关各方形成合力，保证创新过程有序、合理、健康地发展。只有完善"官、学、民、产、研、用"相结合的创新协调机制，才能在广泛整合科研资源的基础上，强化对创新过程的监督、检查和评估验收，及时将科技创新成果转化到生产实践中，实现创新成果对生产效率提高的倍增作用，从而真正体现科学技术是重要战斗力的价值。

二　提高科研投入强度，构建多元化研发资金投入体系

提高科研投入强度，这是创新型国家建设的基础条件之一。综观世界

先进创新型国家，无一不具有高强度的研发创新投入。近年来，中国研发经费投入占 GDP 的比重虽然持续增长，但仍低于发达国家甚至是一些发展中国家。因此，加大研发投入、提高研发强度已刻不容缓。

首先，建立财政科研支出稳定增长机制。政府要把构建创新型国家投入作为重要的公共战略性投资，通过政策引导、考核监督等多种手段，加快建立多元化创新的投融资长效机制，为国家创新提供强有力的经费保障。此外，要把调整财政科技投入结构作为今后工作的重心，重点支持基础学科、前沿学科以及社会公益学科的研究，加强对重大战略产品、重大科技工程、重点实验室的支持力度。

其次，鼓励企业加强对技术开发的投入。企业是技术开发的主体，是国家创新体系的重要组成部分。企业研发投入的增多有利于科技成果向生产成果的转化，有利于"官、民、学、产、研、用"的结合。政府可以通过制定有利于企业融资的税收优惠政策和信贷政策，以引导、激励企业增大对科研的投入，力争在短时间内实现科研投入以企业为主。例如，可以允许企业在税前列支技术开发经费；支持企业获得银行的低息贷款，以购买开发新技术、研制新产品所需要的关键设备、测试仪器。

最后，要改变中国研发资源配置不合理的现状，建立多元化多渠道的资金投入体系，加大高新技术产业的资金投入力度。设立国家高新技术产业发展基金，专门用于技术创新和成果转化，以及扶持带有共性的技术引进、消化、吸收项目。把建立风险投资基金和风险投入机制作为一项重要的政策措施，鼓励地方和社会各界采取多种形式进行高技术风险投资。

三 营造良好的创新环境，增强社会创新意识和能力

营造良好的创新环境，是创新型国家建设的根本途径。良好的创新环境能够孕育创新能力，较强的创新能力又能激发创新环境的良好氛围。创新环境是创新型国家管理体系运行的内核，集中表现在观念、意识和舆论氛围的创新上，它不仅影响着创新人才以及管理者的行为，还决定着创新的模式及效率。一项新技术的诞生、发展和应用，最后转化为生产力，都离不开创新观念的引导和支持，离不开勇于创新、乐于创业、允许失败的创新精神。良好的创新意识和创新氛围，能激励创新、尊重个性、鼓励冒

尖、宽容失败，有利于培养独立思考、理性判断的精神，增强公众的创新意识和创新能力。

建立良好的创新环境，首先，需要努力营造尊重创新知识和创新人才的浓厚气氛，使之有助于创新人才的成长和脱颖而出。其次，需要努力激发创新思维，以活跃学术气氛，在全社会范围内形成宽松和谐、健康向上的创新文化氛围。再次，需要努力提倡理性怀疑和批判的精神，在尊重个性和宽容失败的基础上，倡导学术自由，鼓励广大研究人员形成勇于探索和敢于冒尖的学术精神，为其提出新的理论和学说创造宽松的学术环境。最后，还要大力加强学术研究的职业道德建设，坚决遏制创新研究中的浮躁风气和学术不端风气。[1]

要建立良好的创新环境，需要加强对知识产权的创造、运用、保护和管理。保护知识产权是尊重创造性劳动和激励创新的一项基本制度，是建设创新型国家，完善社会主义市场经济体制的重要内容。在加强知识产权保护的过程中，首先需要突出重点，务求实效。按照中央的统一部署，集中力量查处各自领域的突出问题，加强执法协作，提高执法效能，加大执法力度，遏制规模性侵犯知识产权行为。其次，需要强化监管与执法。加大生产源头治理力度。加强市场监管，防止侵权、假冒商品进入流通领域并最终流向消费者。再次，需要坚持有破有立，积极营造知识产权保护的良好环境。既要曝光一批违规违法的企业和个人，也要树立一批创造、运用和保护知识产权的先进典型，弘扬正气。广泛开展知识产权普及性教育。重点培育各类市场主体的知识产权保护能力。最后，需要加快完善知识产权保护的法制、政策和体制，形成长效机制。要加强知识产权法制建设，完善知识产权保护的政策体系，探索建立更有效的知识产权行政管理模式，继续加强知识产权对外交流与合作。

四 加快创新型人才培养，为建设创新型国家提供人才基础

加快创新型人才培养，是创新型国家建设的根本大计。提高自主创新能力，加快创新型国家建设，人才是根本。离开了人才，提高自主创新能

---

[1] 梁永丽：《增强自主创新能力建设创新型国家》，厦门大学硕士学位论文，2006。

力，建设创新型国家就无从谈起。而提高国民素质，培养和造就人才队伍，主要是要依靠教育。面对新的国际形势，我们应该按照优先发展、育人为本、改革创新、促进公平、提高质量的要求，推动教育事业发展，提高现代化教育水平，为建设创新型国家提供良好的人才基础。

加快教育改革发展，培养创新型人才，必须牢固树立人才资源是第一资源的观念，大力实施科教兴国和人才强国战略，全面落实自主创新、重点跨越、支撑发展、引领未来的科技发展方针，切实把教育放在优先发展的战略地位。教育要发展，根本靠改革。要创新人才培养体制、教育管理体制、办学体制，改革教学内容、教学方法、质量评价、考试招生制度。要多渠道增加对教育和人力资源的开发投入，继续加强基础教育、职业教育和继续教育，积极发展高等教育，推进高水平大学和重点学科建设，优化教育结构，全面推进素质教育，增强学生的创新和实践能力，努力培养和造就数以亿计的高素质劳动者、数以千万计的专门人才和一大批拔尖创新人才，建设规模宏大、结构合理、素质较高的人才队伍。同时，还要使科技创新与人才培养有机结合起来，鼓励科研院所与高等院校合作，以培养研究型、创新型人才。为此，可以通过支持研究生参与或承担科研项目、鼓励本科生投入科研工作，来培养学生对科学研究进行探索的兴趣；可以通过调整高等院校的专业结构，设置一些交叉学科、新兴学科，来适应国家科技发展战略和市场对创新人才的需求；可以通过加强职业教育、继续教育与培训，来培养适应经济社会发展需求的各类实用技术专业人才。

五　加强国内外技术合作与交流，建设人才强国

人才是第一资源，要更好地为全面建设小康社会提供坚强的人才保证和智力支持，构建互利共赢的创新型国家，必须大力实施人才强国战略，统筹推进各类人才队伍的建设。加强国际技术合作与交流，引入国际科技人才，是创新型国家建设的重要渠道。

在"互利共赢"的框架下，要更好地营造创新环境，增强创新人才素质，提高创新投资人收益，就必须充分重视国内外技术的合作与交流，组织开展跨国境、跨行业的交流市场开拓活动，寻找科技创新的新方向，探

索各国创新体系共同发展的新模式。在国际技术交流与合作中，要努力建立友好互助的合作模式，建立统一的技术标准和规范，促进公益性、基础性科技成果的跨国交流，在加强本国技术的基础上，实现各国技术研发水平的共同发展。

此外，还要加大引进留学和海外高层次人才的工作力度。采取多种方式，建立符合留学人员特点的引才机制，重点吸引高层次人才和紧缺人才回国工作和为国服务；加大高层次创新人才海内外公开招聘力度，增强对高层次留学人才回国的资助力度，完善留学人才为国服务的政策措施。

第八节　推进国际区域经济合作的政策建议

在"互利共赢"的框架下，要想使中国经济向更加均衡的发展方式转变，形成内需为主和积极利用外需共同拉动经济增长的格局，并推动经济社会又好又快发展，必须统筹国内和国际两个大局，准确把握世界经济走势。这就要求我们要内外兼修，一方面，要坚定不移促进自身经济社会的发展，保增长，扩内需，调结构，抓改革，重民生；另一方面，要妥善应对来自世界各地区的挑战，不仅要积极推动多边贸易谈判，构建相对公正公平的世界贸易秩序，而且要加强国际区域经济合作，争取加大国际经济决策的发言权。稳步推进国际区域经济合作，不仅有利于坚持对外开放的基本国策，还有利于形成立足自身发展、面向世界的互补性竞争型国际经济新格局。

一　制定经济合作发展的整体规划

在"互利共赢"开放战略的框架下，世界各国的联系将更加紧密，相互依存、你中有我、我中有你的发展态势，使得任何一个国家或地区的发展都显著影响着世界经济格局的变化。作为一个发展中的大国，中国虽然在国际区域经济合作中是个后来者，却有着相当大的发展潜力，在新形势下，要想充分利用国内、国外两种资源，在推动自身经济快速稳定发展的同时，促进国际经济的和谐发展，关键是要在国际区域经济合作中合理定位，并制定合适的国际区域经济合作整体规划，循序渐进，务实合作。

首先，中国需要对自身状况有明确、合理的定位。作为最大的发展中国家，中国的第一要务是推动自身经济的发展，这就需要中国与尽可能多的国家和地区保持互利共赢的经贸关系，又需要中国积极主动地承担与自身能力相当的国际责任和义务。作为一种普惠、共赢的经济贸易安排，区域经济合作强调相互开放市场，以共同获取利益，因此，各方必须拥有互利共赢的精神和开放心态。在维护国家自身发展利益的基础上，兼顾合作伙伴的利益诉求，才能有助于推动区域经济合作的深入。

其次，中国需要循序渐进地推进国际区域经济合作的建设。从已签署的区域经济合作协议看，中国的国际区域经济合作始终贯彻"先易后难，逐步推进"的渐进原则，协定的基本内容都是先从货物贸易领域分阶段逐步降低关税，逐步推进其他领域的合作。由于中国参与国际区域经济合作起步较晚，水平较低，所面临的周边政治、经济环境又极为复杂，因此，中国的区域经济合作更要循序渐进，不能急于求成。[1] 为了确保中国国内产业发展和对外开放的平稳进行，中国应积极探讨参与每一个国际区域经济合作协议的必要性和可行性，深入研究由此带来的影响，权衡利弊，有步骤、有层次、由低到高地逐步参与国际区域经济合作，尽可能降低调整成本，在互利共赢的基础上与其他国家或地区建立更为紧密的经贸关系。具体而言，中国在选择国际区域经济合作伙伴时应遵循以下基本原则：第一，先选择地理相近、经贸关系紧密、政治关系和睦的经济体；第二，先选择相对竞争性的经济体和规模较小的发达经济体；第三，先选择双边FTA战略较为成熟的国家和地区，再发展其周边区域。

二　构建多元化经济合作组织

对国际区域经济合作组织的伙伴国家的选择，是构建中国国际区域经济合作网络的重点，需要有步骤、有选择、有重点地推进。根据中国转变贸易增长方式的需要，选择与中国贸易结构互补，而相对中国产品竞争力较弱的国家建立贸易互补型区域经济合作组织，以促进双边贸易额的增长；选择与中国贸易结构相近，双边贸易替代性强的国家，建立贸易替代

---

① 张月瀛：《对新形势下我国加强国际区域经济合作的思考》，《特区经济》2010 年第 1 期。

型国际区域经济合作组织，以规避贸易转移效应。根据中国实施能源战略的需求，选择对中国市场依赖程度较高，富有能源资源的非洲、美洲国家建立能源型国际区域经济合作组织，在实现中国产品市场多元化的同时促进能源的进口。根据中国的地理位置，选择地缘接近的国家和地区构建地缘型国际区域经济合作组织。

在构建多元化国际区域经济合作组织的过程中，中国需要特别注重立足亚洲，谋求与周边国家形成区域或次区域经济合作组织。[①] 亚洲是新世纪最具经济活力的大陆板块和经济实体，也是中国进行国际经济交往最重要和最有地缘优势的地区之一。因此，亚洲是中国进行区域经济合作的重心。从现有情况看，借助东盟"10 + 3"框架建立东亚区域经济合作组织，是探索亚洲区域经济合作的一条可行道路。东亚国家之间的合作应从各方较易形成共识的领域入手，巩固合作基础然后逐步扩大，中国应积极倡导在东亚地区建立区域经济合作组织，率先提出一整套区域经济整合方案，以起到引导作用，为进一步建立组织打下基础。而在同周边国家进行区域合作时，可以通过合作建设跨国通道形成交道运输网络，使货物的交易更加便利，从而促进两国经济的交流，实现互惠互利。联合建立次区域经济合作时先小范围内合作，再通过通道建设，连接沿线各大城市，逐步由点而轴、由轴到面地推进。共同建立区域经济合作新机制，争取国际组织的资金、技术、物资支持，使区域经济合作得以有序进行。

三　合理处理经济合作中的矛盾与冲突

第一，要处理好国际区域经济合作与资源战略的关系。中国在国际区域经济合作组织中的对外贸易建设面临着高能耗产品出口和资源型产品进口急剧上升的双重压力。快速增长的高耗能产品出口将为国内资源的供应造成巨大负担，而过度依赖资源型产品的进口则会使中国经济的发展受制于人，当两种压力同时存在时，贸易摩擦就不可避免。要有效解决这一问题，一方面需要转变中国的外贸增长方式，发展高新技术产品和服务贸易；另一方面，需要选择对中国市场依赖程度较高，并且资源丰富的国家

---

① 李宏岳：《中国参与国际区域经济合作的战略思考》，《经济问题探索》2010 年第 1 期。

作为伙伴国，通过建立深层次的区域经济合作机制，合理利用国外资源，发展中国经济。

第二，要处理好国际区域经济合作与农产品贸易开放的关系。农产品贸易一直是国际区域经济合作组织建设中最为敏感的问题。在贸易保护盛行的国际环境下，农产品的市场准入、技术贸易壁垒严重制约了国际区域经济一体化的深化。为此，中国需要建立农业生产的补偿机制，以促进农民种植结构的调整，保护农民生产的积极性；加强对农业产品生产的技术与资金投入，严格按照国际标准进行生产，确保农产品质量。同时，还应在国际区域经济合作的谈判中，根据中国农产品的特性，就市场准入、技术壁垒等问题进行磋商，以降低对中国农产品出口的负面影响。

四　推进区域经济合作向纵深发展

在即将到来的"十二五"建设阶段，中国所面临的国内外环境和条件发生了深刻的变化，对外开放进入由出口为主向进口和出口并重、由吸收外资为主向吸收外资和对外投资并重、由注重数量向注重质量转变的新阶段。中国国际地位进一步提高和内外联系更为密切，这也对中国与国际社会实现良性互动和互利共赢提出了更高要求。"十二五"时期，要适应新变化、新要求，进一步提高对外开放水平，创造中国参与国际区域经济合作的新优势，扩大和深化同各方的共同利益，以开放促发展、促改革、促创新。

为此，需要在稳步推进现有国际区域经济合作组织的基础上，加快推动区域投资协议的谈判，为中国企业"走出去"奠定基础；需要加快推进区域服务贸易协议的谈判，为中国承接服务外包创造更大的发展空间；需要加快推进企业金融相关协议的谈判，为提升人民币的国际地位，促进双边金融市场稳定提供良好的环境。同时，还需要加快推进国际区域技术的合作，通过共享科技信息和人员的交流，来提升双方的技术水平，推动国际区域经济合作向更深层次发展。

[1] 华民：《我们究竟应当怎样来看待中国对外开放的效益?》，《国际经济评论》2006 年第 1 期。

[2] 江春明、佟家栋：《世界经济概论》，天津人民出版社，2007。

[3] 陈争平：《共和国开放三阶段外贸发展特点》，《中国经济史研究》2009 年第 3 期。

[4] 唐海燕：《全球化与中国开放战略》，华东师范大学出版社，2003。

[5] 李安方：《探索对外开放的战略创新——"新开放观"研究的时代背景与理论内涵》，《世界经济研究》2007 年第 3 期。

[6] 江小涓：《开放兼容才能强国》，《人民日报》2008 年 4 月 16 日。

[7] 陈文敬：《中国对外开放三十年回顾与展望》，《国际贸易》2008 年第 2 期和第 3 期。

[8] 吴科达：《关于马克思、恩格斯、列宁对外开放思想的两个问题》，《青岛大学师范学院学报》2003 年第 2 期。

[9] 孙德杰、贾曦：《列宁的对外开放思想及其启示》，《社会主义研究》1998 年第 2 期。

[10] 陈家勤、范新宇：《国际经贸理论通鉴：中国党和国家领导人论国际经贸卷》，对外经济与贸易大学（内部发行），2007。

[11] 蒋建农：《毛泽东的开放观和邓小平的创造性发展》，《中共党史研究》1995 年第 3 期。

[12] 钱胜：《江泽民经济思想研究》，安徽人民出版社，2005。

[13] 张晓彤：《试论胡锦涛的时代观》，《瞭望（新闻周刊）》2009 年第 43 期。

[14] 张定胜：《互利共赢的博弈论分析》，《理论月刊》2008 年第 12 期。

［15］姜波等：《喜迎十七大：扩大对外开放 实现互利共赢——全面提高开放型经济水平的实践与思考》，《经济日报》2007 年 10 月 13 日。

［16］张幼文：《经济全球化与国家经济实力——以"新开放观"看开放效益的评估方法》，《国际经济评论》2005 年第 9~10 期。

［17］胡鞍钢：《中国崛起与对外开放：从世界性开放大国到世界性开放强国》，《学术月刊》2007 年第 9 期。

［18］胡艺、陈继勇：《迈向互利共赢的开放之路》，《亚太经济》2008 年第 6 期。

［19］郭吉平：《中国的和平发展和世界共荣》，《人民日报》2006 年 3 月 31 日。

［20］耿协威：《转变外贸增长方式 促进对外贸易可持续发展》，《国际经贸探索》2005 年第 4 期。

［21］李坤望：《改革开放三十年来中国对外贸易发展评述》，《经济社会体制比较研究》2008 年第 4 期。

［22］李计广、张汉林、桑百川：《改革开放三十年中国对外贸易发展战略回顾与展望》，《世界经济研究》2008 年第 6 期。

［23］牟新生：《关于当前中国对外贸易发展及其顺差问题的一些思考》，《求是》2007 年第 5 期。

［24］杜荣：《建国 60 年中国对外贸易发展回顾与启示》，《国际经贸探索》2009 年第 7 期。

［25］陈继勇、胡渊：《中国实施互利共赢的对外贸易战略》，《武汉大学学报》（哲学社会科学版）2009 年第 5 期。

［26］包玲：《中国对外贸易发展面临的新机遇和新挑战》，《对外经贸实务》2009 年第 7 期。

［27］于津平：《外资政策、国民利益与经济发展》，《经济研究》2007 年第 4 期。

［28］罗丙志：《以改革求发展——中国外贸 1993 年回顾与 1994 年展望》，《国际经贸探索》1994 年第 1 期。

［29］张学兵、钟思远：《论中国出口导向型经济转变》，《天府新论》2009 年第 5 期。

［30］贾康、周雪飞：《转型时期中国金融改革与风险防范》，中国财政经

济出版社，2003。

[31] 张艺博、周琪：《中国互利共赢的金融开放新战略》，《武汉大学学报》（哲学社会科学版）2009 年第 5 期。

[32] 江其务：《中国金融开放的成本、风险和应对策略》，《西安金融》2001 年第 10 期。

[33] 杨建：《关于国家金融风险防范体系的思考》，《财政金融》2002 年第 6 期。

[34] 夏斌：《中国金融开放应坚持"以我为主"战略》，《金融经济》2007 年第 5 期。

[35] 项俊波：《国家战略视角下的国际金融中心建设问题研究》，经济科学出版社，2007。

[36] 朱新武：《2009 年度经济述评之一："V 字"是怎样炼成的》，《中小企业管理与科技》2010 年第 5 期。

[37] 汤凌霄：《中国金融安全报告：预警与风险化解》，红旗出版社，2008。

[38] 北京国际金融论坛课题组：《中国金融对外开放：历程、挑战与应对》，《经济研究参考》2009 年第 4 期。

[39] 李德：《经济开放中的中国金融风险报告和政策措施》，《广东金融学院学报》2006 年第 3 期。

[40] 李若谷：《克服金融失衡 建设和谐世界，走向世界的中国金融》，中国金融出版社，2006。

[41] 高海红：《金融全球化与国际金融体系的：对东亚的挑战》，《当代亚太》2008 年第 2 期。

[42] 李华民：《金融开放格局下的外源性金融危机：危机源甄别及其政策含义》，《中国软科学》2007 年第 3 期。

[43] 周琪：《外源性金融风险产生的背景和原因》，《亚太经济》2010 年第 2 期。

[44] 陈继勇、肖光恩：《高科技发展与世界经济重构》，《求是》2006 年第 7 期。

[45] 肖光恩，周淙：《论互利共赢条件下中国外商直接投资开放战略的调整——基于国际生产分割的理论视角》，《武汉大学学报》2009 年

第 5 期。

[46] 陈继勇、肖光恩：《研究世界贸易组织，确保经济运行的安全和平衡：从世界贸易组织协调重点与跨国公司投资特点的变化谈起》，《湖北日报》2001 年 11 月 9 日。

[47] 陈继勇、肖光恩：《美国公司治理结构改革的最新发展及其启示》，《经济评论》2004 年第 5 期。

[48] 肖光恩等：《第五次世界经济长波与我国面临的战略机遇》，《光明日报》2004 年 7 月 27 日。

[49] 肖光恩：《生产为什么会在全球范围内分割？》，《经济学消息报》2009 年 4 月 24 日。

[50] 张正义：《知识外溢当地化、企业家精神与产业集中——国外一个基于知识生产函数视角的理论综述》，《江汉论坛》2007 年第 11 期。

[51] 陈继勇、肖光恩：《国外关于聚集经济研究的新进展》，《江汉论坛》2005 年第 4 期。

[52] 肖光恩、张正义：《关系资产：FDI 区位竞争新优势及其政策内含》，《经济学消息报》2008 年 1 月 4 日。

[53] 肖光恩：《新经济地理有何经济学解释力？》，《经济学消息报》2008 年 12 月 12 日。

[54] 肖光恩、周淙：《Ipod 为什么会在全球生产？——基于跨国公司产品内国际分工和产品内贸易的理论解释》，《经济学消息报》2008 年 2 月 1 日。

[55] 肖光恩：《新经济地理理论的发展变化——基于新贸易理论发展视角理论综述》，《区域经济开放与发展评论》（第三辑），浙江大学出版社，2009。

[56] 崔新健：《中国利用外资三十年》，中国财政经济出版社，2008。

[57] 江小娟：《数额稳中略降，质量继续提高》，《2007 年中国外商投资报告》，中华人民共和国商务部，2007。

[58] 陈继勇：《加入 WTO 与我国政府职能的战略转变》，《光明日报》2001 年 12 月 1 日。

[59] 严学军、肖光恩：《积极实施"引进来"和"走出去"并举的开放

战略》，《理论月刊》2002 年第 11 期。

[60] 肖光恩：《知识经济对国际贸易的影响及我国对策》，《世界经济研究》1999 年第 4 期。

[61] 沙文兵、石涛：《外商直接投资的环境效应——基于中国省级面板数据的实证分析》，《世界经济研究》2006 年第 6 期。

[62] 张幼文、李安方：《互利共赢：提高开放型经济水平》，上海人民出版社，2007。

[63] 陈德铭：《全面提升开放型经济水平》，《经济日报》2010 年 9 月 29 日。

[64] 胡艺：《中国对外开放中的国际技术创新与合作战略》，《武汉大学学报》2009 年第 5 期。

[65] 江小涓：《理解科技全球化—资源重组、优势集成和自主创新能力的提升》，《管理世界》2004 年第 6 期。

[66] 王炳林：《从封闭到开放——中国开放的历程》，安徽人民出版社，1998。

[67] 程如烟：《30 年来中国国际科技合作战略和政策演变》，《中国科技论坛》2008 年第 7 期。

[68] 黄烨菁：《开放条件下的技术进步——从技术引进到自主创新》，《世界经济研究》2008 年第 6 期。

[69] 肖利，汪飚翔：《主要发达国家国际科技合作的资助政策及其启示》，《科学学与科学技术管理》2006 年第 12 期。

[70] 伊彤：《我国国际科技合作中的技术转移》，《中国科技论坛》2007 年第 7 期。

[71] 陈志刚：《发展中国家金融开放的次序与渐进性》，《江西社会科学》2005 年第 1 期。

[72] 封思贤、李炳炎：《我国资本项目开放风险管理的研究》，《求索》2005 年第 7 期。

[73] 国家发改委投资研究所课题组：《高储蓄是中国经济失衡主因》，《中国投资》2008 年第 8 期。

[74] 赖青莎：《构建有效的科技投入机制》，《发展研究》2005 年第 2 期。

[75] 张彬：《国际区域经济一体化比较研究》，人民出版社，2010。

[76] 张彬：《国际经济一体化福利效应：基于发展中国家视角的比较研

究》，社会科学文献出版社，2009。

[77] 余振：《东亚区域贸易安排——福利效应与中国的参与战略》，科学出版社，2009。

[78] 余振：《中国互利共赢的国际区域经济合作战略》，《武汉大学学报》（哲学社会科学版）2009 年第 5 期。

[79] 刘晨阳：《中国参与双边 FTA 问题研究》，南开大学出版社，2006。

[80] 张月瀛：《对新形势下我国加强国际区域经济合作的思考》，《特区经济》2010 年第 1 期。

[81] 李宏岳：《中国参与国际区域经济合作的战略思考》，《经济问题探索》2010 年第 1 期。

[82] 王元龙、张琦：《试析人民币改革三原则》，《中国外汇管理》2005 年第 8 期。

[83] 王受文：《转变外贸增长方式，促进贸易平衡发展》，《国际贸易》2007 年第 7 期。

[84] 卫兴华、侯为民：《中国经济增长方式的选择与转换途径》，《经济研究》2007 年第 7 期。

[85] Aitken B. and Harrison. A., "Do Domestic Firms Benefit from Direct Foreign Investment, Evidence from Venezuela?" *American Economic Review*, 1999, 89 (3), pp. 605 – 18.

[86] Alexander, S., Effect of Devaluation on a Trade Balance, IMF Staff Paper, 1952, pp. 263 – 278.

[87] Andriamananjara, Soamiely & Schiff, Maurice, "Regional Groupings among Microstates," Policy Research Working Paper Series 1922, The World Bank. 1998.

[88] Arrow K., "The Economics Implications of Learning by Doing". *Review of Economic Studies*, 1962, 29 (1), pp. 155 – 173.

[89] Ashoka Mody, Franziska Ohnsorge, "After the Crises: Lower Consumption Growth but Narrower Global Imbalance?", IMF Working Paper, 2010.

[90] Bai Chong - en, Chang - Tai Hsieh and Yingyi Qian, 2006, "the Return to Capital in China", NBER Working Paper NO. 12755.

[91] Barry Eichengreen, Andrew K. Rose, "Staying Afloat When the Wind Shifts: External Factors and Emerging - Market Banking Crises", NBER Working No. 6370。

[92] Bin Xu. "Multinational Enterprises, Technology Diffusion, and Host Country Productivity Growth". *Journal of Development Economics*, 2000, 62, pp: 477 – 493.

[93] Blalock, G, P. J. Gertler, "Technology from Foreign Direct Investment and Welfare Gains through the Supply Chain", Working Paper, Department of Applied Economics and Management, Cornel University, 2003.

[94] Blomstrom, M., Sjoholm, F., "Technology Transfer and Spillovers: Does Local Participation with Multinationals Matter?" *European Economic Review*, 1999, 43: 915 – 923.

[95] Borensztein G, Lee. "How Does Foreign Direct Investment Affect Economic Growth", *Journal of Development Economics*, 1998, 45, pp. 115 –135.

[96] Branstetter, L., and N. Lardy, 2006, "China's Embrace of Globalization", NBER Working Paper NO. 12373.

[97] Bretschger, L., Steger, M., "the Dynamics of Economic Integration: Theory and Policy", *International Economics and Economic Policy*, 2004, 1, pp. 119 –134.

[98] Caballero, R., E. Farhi and P. - O. Gourinchas, "An Equilibrium Model of Global Imbalances' and Low Interest Rates," *American Economic Review*, 2008.

[99] Caves R., "Multinational Firms, Competition and Productivity in Hostcountry Markets". *Economica*, 1974, 41, pp. 176 – 193.

[100] Christopher Gust, Sylvain Leduc, Nathan Sheets, "The Ajustment of Global External Blances: Does Partial Exchange - rate Pass - through to Trade Prices Matter?", *Journal of International Economics*, 2009, 79.

[101] Coe, D. and Helpman, E. "International R&D Spillcvers", *European Economic Review*, 1995, Vol. 39, pp. 859 – 887.

［102］ Coe, D. Helpman, E. and Hoffmaister, A., "North - south Spillover", *Economic Journal*, 1997, Vol. 107, pp. 134 – 149.

［103］ Curcuru E. Stephanie, Thomas P. Charles, "Current Account Sustainability and Relative Reliability", NBER Working Paper 14295, 2008.

［104］ Eaton J, Kortum S., "Trade in Ideas: Patenting and Productivity in the OECD", *Journal of International Economics*, 1996, 40, pp. 251 – 278.

［105］ Foster and Rosenzweig. "Economic Growth and the Rise of Forests". *The Quarterly Journal of Economics*, 2003, 2, pp. 601 – 637.

［106］ Grossman G. and E. Helpman., Innovation and Growth in the World Economy. 1991, Cambridge (Mass.): MIT Press.

［107］ Gruber, Joseph W. and Kamin, Steven B., "Explaining the Global Pattern of Current Imbalance", *Journal of International Money and Finance*, 2007, 26 (4).

［108］ Haddad M, Harrison A., "Are There Positive Spillovers from FDI, Evidence from Panel Data for Morocco?" *Journal of Development Economics*, 1993, 42, pp. 51 – 74.

［109］ Jaewoo Lee, Pau Rabanal and Damiano Sandri, "U. S. Consumption after the 2008 Crisis," IMF Working Paper, 2010.

［110］ Kokko A., "Productivity Spillovers from Competition between Local Firms and Foreign Affiliate". *Journal of International Development*, 1996, 8: 517 – 530.

［111］ Kose, M. Ayhan and Riezman, Raymond, Small Countries and Preferential Trade Agreements "How Severe is the Innocent Bystander Problem?", CESifo Working Paper Series CESifo Working Paper No. , CESifo GmbH 2000.

［112］ Lee, J - W. and Barro, R. J. "International Data on Educational Attainment: Updates and Implications," 2000, CID Working Paper, No. 42.

［113］ Martin S. Feldstein, "Resolving the Global Imbalance: The Dollar and the U. S. Saving Rate," NBER Working Paper No. 13952, 2008.

［114］ Mcdougall G., "The Benefits and Costs of Private Investment From abroad". Bulletin of the Oxford University Institute of Stastics, 1960, 22, pp. 189 - 211.

[115] Michael D. Bordo, Alberto F. Cavallo, Christopher M. Meissnet, "Suddeng stops: Determinants and Output Effects in the First Era of Globalization, 1880 - 1913", *Jouranl of Development Economics*, 2010, 91, pp. 227 - 241.

[116] Mundell R. "International Trade and Factor Mobility". *American Economic Review*, 1957, 47 (3), pp. 321 - 335.

[117] Paul Krugman, "The Move toward Free Trade Zones," Proceedings, Federal Reserve Bank of Kansas City, 1991.

[118] Qingyuan Du, Shangjin Wei, "A Sexually Unbalanced Model of Current Account Imbalances", NBER Working Paper 16000, 2010.

[119] Reuven Glick, Andrew K. Rose, "Contagion and Trade: Why Are Currency Crisis Regional?", NBER Working Paper No. 6806。

[120] Richardo J. Caballero, "The 'Other' Imbalance and the Financial Crisis", NBER Working Paper 15636, 2010.

[121] Richard Portes, "Global Imbalances," Working Paper in London Business School and CEPR, 2009.

[122] Robert D. Putnam. "Diplomacy and Domestic Politics: The Logic of Two - Level Games." International Organization. 42 (Summer 1988): 427 - 460

[123] UNCTAD：《World Investment Report 2009》, United Nations Publication, 2009, pp. 232 - 233.

[124] Venables, A., "Winners and Losers from Regional Integration Agreements", *Economic Journal*, 2003, 490, pp. 747 - 761.

[125] Whalley, J. and Xian Xin, 2006, "China' s FDI and Non - FDI Economies and the Sustainability of Future High Chinese Growth", NBER Working Paper No. 12249.

[126] Zhang Youwen. China: Rising International Status and New Themes of Opening - up Policy. *International Review*.

后 记

　　本书是陈继勇教授主持的国家社会科学基金重点项目"经济全球化背景下中国互利共赢对外经济开放战略研究"（项目批准号：07AJL016）的最终成果，也是陈继勇教授主持的国家社会科学基金重大攻关项目"后金融危机时代中国参与全球经济再平衡的战略与路径研究"（项目批准号：11&ZD008）和武汉大学哲学社会科学优势和特色学术领域建设计划项目"后危机时代世界经济格局变动对中国的机遇和挑战"的阶段性成果。

　　参与本书写作的主要是武汉大学经济与管理学院的教师和博士研究生，在陈继勇教授的组织和指导下，收集了大量的资料和数据，并进行了深入而广泛的调研。陈继勇教授领导的研究团队围绕中国互利共赢对外开放战略这一主题在《经济研究》《管理世界》《世界经济》《数量经济技术经济研究》《财贸经济》《经济管理》《国际贸易问题》《世界经济研究》等重要期刊上发表学术论文 80 多篇，被 *Frontiers of Economics in China*、*China Economist*、人大《复印报刊资料》、国研网等大量转载，相关成果已获得教育部高等学校科学研究优秀成果（人文社科）二等奖、三等奖各一次，湖北省社会科学优秀成果一等奖（3 次），湖北省发展研究一等奖（1 次），商务部全国商务发展研究成果二等奖（1 次），商务部"提升产业国际竞争力"论文类一等奖（1 次）、三等奖（1 次），武汉市社会科学优秀成果一等奖（3 次）等省部级奖励。

　　全书由陈继勇教授拟定写作提纲、制订写作计划并负责组织协调工作。各章书稿完成后，先由胡艺副教授初步修订，然后由陈继勇教授多次通读、修改全部书稿，最后得以定稿。具体各章写作安排如下：前言由陈继勇、胡艺撰写；第一章由陈继勇、胡艺、刘威撰写；第二章由陈继勇、胡渊、刘威撰写；第三章由陈继勇、周琪、张晨撰写；第四章由肖光恩撰写；第五章由胡艺、彭巍撰写；第六章由余振撰写；第七章由陈继勇、雷欣、梁柱、姚爱萍撰写。

　　本书在写作过程中，参考了大量的中外文文献资料，在此对所有作者表示衷心的感谢。本书的出版得益于社会科学文献出版社的大力支持，感谢所有为本书的出版付出辛勤劳动的出版社同志们。

中国美国经济学会会长

中国世界经济学会副会长

中国亚太学会副会长

武汉大学世界经济研究所所长

陈继勇

2014 年 5 月于珞珈山

图书在版编目（CIP）数据

中国互利共赢的对外开放战略/陈继勇，胡艺著.
—北京：社会科学文献出版社，2014.7
（对外开放战略研究丛书）
ISBN 978 - 7 - 5097 - 2434 - 7

Ⅰ.①中… Ⅱ.①陈… ②胡… Ⅲ.①对外开放 –
开放战略 – 研究 – 中国 Ⅳ.①F120

中国版本图书馆 CIP 数据核字（2011）第 119516 号

· 对外开放战略研究丛书·

中国互利共赢的对外开放战略

著　　者／陈继勇　胡　艺

出 版 人／谢寿光
出 版 者／社会科学文献出版社
地　　址／北京市西城区北三环中路甲 29 号院 3 号楼华龙大厦
邮政编码／100029

责任部门／经济与管理出版中心（010）59367127　　责任编辑／林　尧
电子信箱／caijingbu@ ssap. cn　　　　　　　　　　责任校对／张玉芬
项目统筹／周　丽　林　尧　　　　　　　　　　　　责任印制／岳　阳
经　　销／社会科学文献出版社市场营销中心（010）59367081　59367089
读者服务／读者服务中心（010）59367028

印　　装／三河市尚艺印装有限公司
开　　本／787mm×1092mm　1/16　　　　　　　　印　　张／19.25
版　　次／2014 年 7 月第 1 版　　　　　　　　　　字　　数／304 千字
印　　次／2014 年 7 月第 1 次印刷
书　　号／ISBN 978 - 7 - 5097 - 2434 - 7
定　　价／69.00 元